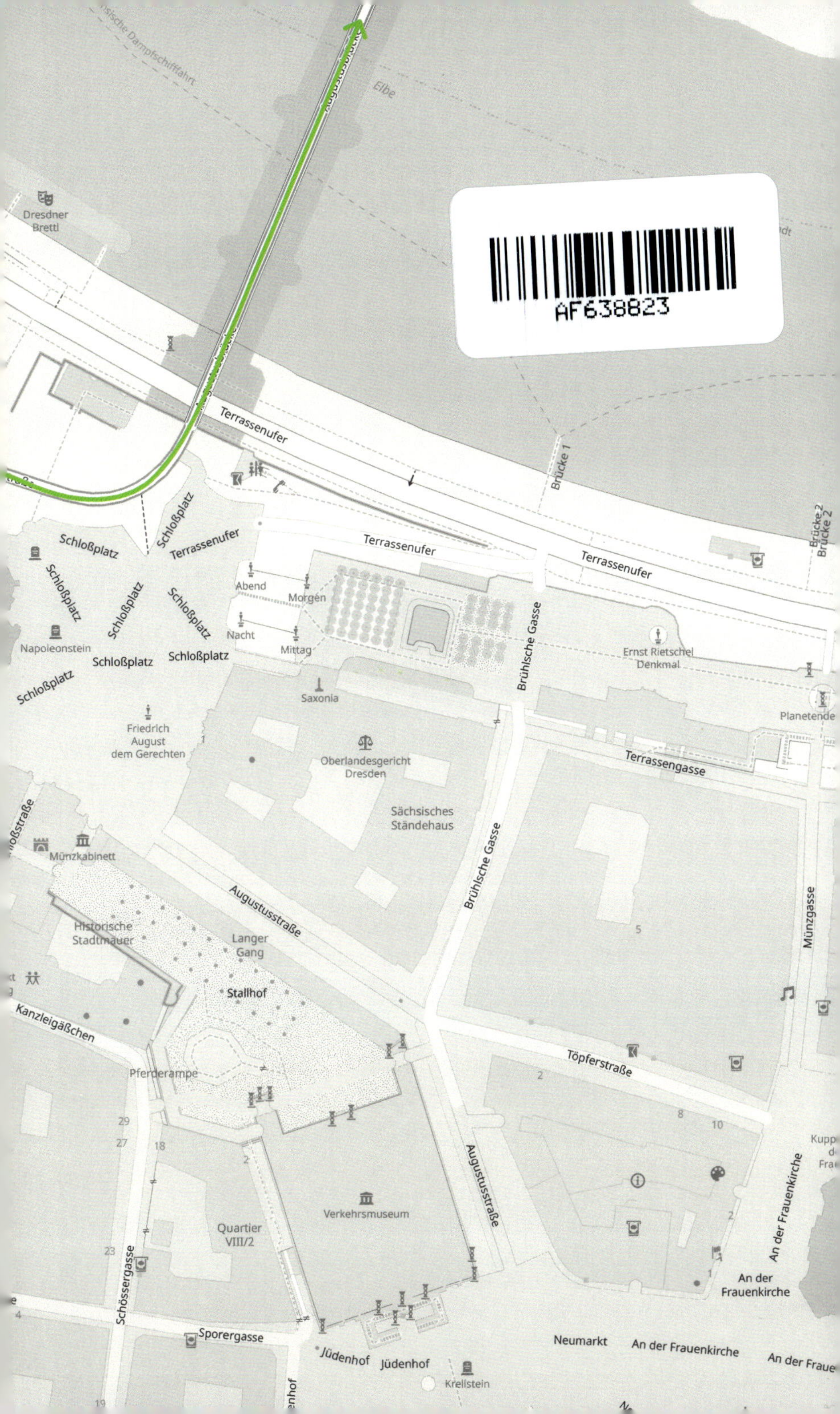
Elbe
Dresdner Brettl
Terrassenufer
Brücke 1
Brücke 2
Schloßplatz
Napoleonstein
Abend
Morgen
Nacht
Mittag
Saxonia
Ernst Rietschel Denkmal
Planetende
Brühlsche Gasse
Friedrich August dem Gerechten
Oberlandesgericht Dresden
Sächsisches Ständehaus
Terrassengasse
Münzkabinett
Historische Stadtmauer
Augustusstraße
Langer Gang
Stallhof
Münzgasse
Kanzleigäßchen
Töpferstraße
Pferderampe
Verkehrsmuseum
Quartier VIII/2
Schössergasse
Sporergasse
An der Frauenkirche
Neumarkt
Jüdenhof
Krellstein

Butz Peters

Der Clan und die Juwelen

Das Cover zeigt den »Stein des Anstoßes« für den Jahrhundertdiebstahl: Den »Dresdner Grünen Diamanten« (Seite 204 f.)

Butz Peters

Der Clan und die Juwelen

Der Einbruch ins Dresdner Grüne Gewölbe und die Macht der Remmos

riva

Bibliografische Information der Deutschen Nationalbibliothek
Die Deutsche Nationalbibliothek verzeichnet diese Publikation in der Deutschen Nationalbibliografie. Detaillierte bibliografische Daten sind im Internet über https://dnb.de abrufbar.

Für Fragen und Anregungen
info@m-vg.de

Wichtiger Hinweis
Ausschließlich zum Zweck der besseren Lesbarkeit wurde auf eine genderspezifische Schreibweise sowie eine Mehrfachbezeichnung verzichtet. Alle personenbezogenen Bezeichnungen sind somit geschlechtsneutral zu verstehen.

Originalausgabe
1. Auflage 2024

Türkenstraße 89
80799 München
Tel.: 089 651285-0
Fax: 089 652096

Redaktion: Annalisa Viviani
Umschlaggestaltung: Marc-Torben Fischer
Umschlagabbildung: picture-alliance/ZB
Satz: Daniel Förster
Druck: GGP Media GmbH, Pößneck
Printed in Germany

ISBN Print 978-3-7423-2503-7
ISBN E-Book (PDF) 978-3-7453-2276-7
ISBN E-Book (EPUB, Mobi) 978-3-7453-2277-4

Wir produzieren nachhaltig
www.m-vg.de

Weitere Informationen zum Verlag finden Sie unter
www.rivaverlag.de
Beachten Sie auch unsere weiteren Verlage unter www.m-vg.de

INHALT

VORWORT

Die einen leugneten das Thema aus politischen Gründen über viele Jahre, andere begriffen nicht die Brisanz. So ist die Clankriminalität zu einem Riesenproblem für Polizei und Justiz in Deutschland geworden. In Berlin und in vielen anderen deutschen Großstädten. Aber nicht nur dort. Nun brennt es der Politik unter den Nägeln. Derzeit gibt es wöchentlich mehrere Vorschläge, was schnellstens getan werden müsste – mehr Ermittler, schneller arbeitende Strafgerichte, größere Gefängnisse, effizientere Gewinnabschöpfungen. Bundesinnenministerin Nancy Faeser kündigte eine »Allianz gegen Clankriminalität« an, um »entschlossen durchgreifen« zu können. Höchste Zeit.

Die Was-tun-Diskussion in Talkshows und auf Symposien ist das eine. Etwas anderes ist die Tatsache, dass schon seit Jahren Polizei und Justiz bei der Bekämpfung der Clankriminalität personell und materiell hoffnungslos überfordert sind. Das Buch zeigt auf, wie die Clankriminalität unsere Gesellschaft bedroht.

Der Humus, auf dem diese Form Organisierter Kriminalität seit den Achtzigerjahren wächst und gedeiht, sind Parallelgesellschaften, die die deutschen Rechtsnormen und Werte ablehnen.

Wie einer der größten Clans in Deutschland funktioniert, schildert das Buch, das Sie in den Händen halten, am Beispiel des Einbruchs ins »Historische Grüne Gewölbe« in Dresden: In der Nacht zum 25. November 2019 erbeutete ein sechsköpfiges Einbruchskommando des Berliner Remmo-Clans einen Teil des »sächsischen Staatsschatzes«. Den Schaden veranschlagte die Staatsanwaltschaft auf 113,8 Millionen Euro: der größte Kunstdiebstahl der deutschen Nachkriegsgeschichte.

Dargelegt wird, wie die Täter über fast zwei Jahre den »Jahrhundertdiebstahl« planten: ihre Vorbereitungen, Ausspähungen und Testläufe, ihre spurenvermeidende und spurenvernichtende Arbeitsweise, den für unmöglich gehaltenen Einbruch ins Historische Grüne Gewölbe – und wie ihnen die Polizei auf die Schliche kam.

Wie kein anderer Coup eines Clans bietet dieser Fall tiefe Einblicke in das Denken und Handeln der Remmos – aufgrund ihrer Geständnisse im Dresdner Hochsicherheitstrakt und der akribischen Ermittlungen der »Soko Epaulette«. Ein Denken und Handeln, das sich gegen die Grundfesten unseres Staates richtet.

So mancher ist rein zufällig in die Geschehnisse um den Jahrhundertdiebstahl oder bei einer anderen Straftat des Remmo-Clans hineingeraten, beispielsweise als Wachmann oder Verkäufer eines Fluchtfahrzeugs. Um die Persönlichkeitsrechte dieser Menschen zu wahren, wurden ihre Namen geändert und *kursiv* gesetzt.

Dresden, im September 2023
Butz Peters

KAPITEL 1

DAS URTEIL

Sofort nachdem der Vorsitzende die Verhandlung geschlossen hat, kommt bei den Angeklagten im Dresdner Hochsicherheitstrakt ein Hauch von Post-Match-Stimmung auf: Die drei »Sieger« des Tages klatschen sich ab – sie kommen auf freien Fuß: Rabieh Remo, Bashir und Mohamed Remmo. Der »Verlierer« des Tages, Abdul Majed Remmo, wirkt am Boden zerstört, ringt sichtlich um Fassung: Er hatte gehofft, ebenfalls freizukommen – und damit letztlich vom »Deal« zu partizipieren, ohne an ihm beteiligt gewesen zu sein. Trost spendet ihm seine Familie. Sein Zwillingsbruder Mohamed, der Sunnyboy, nimmt ihn in den Arm und redet besänftigend auf ihn ein. Ein Angeklagter küsst ihn auf die Wange. Ein anderer drückt ihn herzlich.

Dann treten auch schon zwei Justizwachtmeister auf Abdul Majed Remmo zu. Es bedarf keiner Worte. Er streckt ihnen seine Arme entgegen. Es klickt viermal – zwei Paar Handschellen werden ihm angelegt. Zwei Wachtmeister bringen ihn hinaus. Auch Wissam und Ahmed Remmo führen Justizwachtmeister hinaus – sie müssen zurück ins Gefängnis, weil sie noch ihre Strafe für den Diebstahl der Goldmünze aus dem Berliner Bode-Museum abzusitzen haben.

An dem Tisch, an dem eben noch Abdul Majed Remmo von seinen Clankomplizen getröstet wurde, stehen seine beiden Verteidiger und blicken konsterniert. Ihnen ist die Bestürzung anzusehen. Ihre Rechnung ist nicht aufgegangen. Verzockt? Sie hatten für ihren Mandanten beantragt, den Haftbefehl außer Vollzug zu setzen – »wie bei seinem Zwillingsbruder«.

Der macht jetzt Handzeichen zu Bekannten im Zuschauerraum – hinter der Glasscheibe. Einem ruft er etwas zu. Wegen der schallschluckenden Scheibe kann der ihn aber nicht verstehen. Kurz entschlossen steigt Mohamed Remmo auf einen Stuhl vor der Scheibe und ruft von dort aus. Ein Wachtmeister eilt herbei, fordert ihn auf, sofort herunterzusteigen. Aber jetzt scheint Mohamed Remmo sich von einem Wächter der Justiz nichts mehr sagen zu lassen. Erst als der Wachtmeister mit Verstärkung auf ihn zukommt, steigt er herunter – und lächelt freundlich. Er kann sehr charmant sein.

Draußen, vor dem Dresdner Hochsicherheitstrakt, erwarten über anderthalb Dutzend aus Berlin angereiste Männer die Familienmitglieder, die »rückkehrenden Brüder«: junge Männer im Alter der Angeklagten. Alle mit schneidigen Kurzhaarschnitten. Als Ersten in Freiheit zu sehen bekommen sie Mohamed Remmo. Um 11:58 Uhr fährt er in einem schwarzen BMW-Cabrio aus der Einfahrt zum Hochsicherheitstrakt. Er grüßt lächelnd vom Beifahrersitz – mit FFP2-Maske. Am Steuer sitzt seine Verteidigerin Ines Kilian.

Es folgt ein bisschen »Remmodemmi«. Hurrarufe für den »Freigelassenen«. Böse Worte für Nadja Malak, Fernsehjournalistin der MDR-Rechercheredaktion. Sie hatte mehrfach über den Remmo-Clan im MDR-Fernsehen und in der ARD berichtet und wurde vor dem Hochsicherheitstrakt von Remmo & Friends erkannt. »Du Schlampe Nadja«, sagt ein junger Mann zu ihr; ein anderer: »Du fettes Schwein.« Sie erstattet Anzeige bei einem Polizisten – dreißig Beamte und zwei Diensthunde ziehen auf. Als sich einer der Beleidiger – vermummt mit der Kapuze seiner Jacke und FFP2-Maske – aus dem

Staub machen will, stoppt ihn ein Polizist mit einem unsanften Griff an der Schulter. »Stehen bleiben, habe ich gesagt.« Der Mann aus der Remmo-Begrüßungsdelegation kann sich nicht ausweisen. Er wird von vier Beamten umstellt – und muss mit auf die Wache. An einer Polizistin fährt ein Clanfahrzeug so dicht vorbei, dass es ihr Holster streift. Ausweiskontrolle. An der nächsten Ecke steigt Mohamed aus dem BMW, um sich begrüßen zu lassen. Männer nehmen ihn in den Arm. Drücken ihn. Einer nach dem anderen. »Mohamed, wie ist es in Freiheit?«, fragt ein *Spiegel-TV*-Reporter. »Verpiss dich«, sagt einer zu dem Fernsehreporter, »du Arschloch, du Hurensohn.« Einige der Männer schotten den gerade Entlassenen ab – bleiben vor dem Kamerateam stehen, während Mohamed Remmo weggeht.

Aus dem Besuchereingang des Hochsicherheitstrakts eilt »Frontmann« Rabieh Remo im blauen Dodgers-Baseball-Shirt, Bluejeans, leuchtend weiße Turnschuhe. Zum Schutz vor Fotografen hat er sein grünes Nike-Basecap aufgesetzt und eine FFP2-Maske bis knapp unter die Augen hochgezogen.

Nach zweieinhalb Jahren wieder auf freiem Fuß: Rabieh Remo verlässt den Dresdner Hochsicherheitstrakt

Weil die Polizei die Fahrbahn vor dem Hochsicherheitstrakt gesperrt hat, erwartet ihn sein »Abholkommando« um die Ecke in der Stauffenbergallee: in einem schwarzen VW Golf R – hinten vier mega-große Auspuffrohre, vorne 320 PS unter der Haube – und einem schwarzen Audi mit getönten Scheiben. Beide mit Berliner Kennzeichen. Dorthin flitzt Rabieh Remo im Sauseschritt, springt auf den Beifahrersitz des Golf und schlägt die Tür zu. Der Golf braust zügig los, der Audi hinterher.

Das sind die Schlussszenen aus dem Grüne-Gewölbe-Prozess – Dienstagmittag, 16. Mai 2023: Dreieinhalb Jahre nach dem größten Kunstdiebstahl der deutschen Nachkriegsgeschichte verkündete die 2. Strafkammer des Landgerichts Dresden ihr Urteil. Fünf Verurteilungen zu mehrjährigen Haftstrafen. Ein Freispruch. Die Strafkammer setzte die halbe Crew des Einbruchskommandos auf freien Fuß. Vorerst.

Es ging um einen spektakulären Blitzeinbruch in weniger als fünf Minuten – mit akribischen Vorbereitungen über anderthalb Jahre, wie sich in dem Verfahren herausgestellt hat: Aus dem berühmten Schatzkammermuseum im Dresdner Residenzschloss hatte ein sechsköpfiges Einbruchskommando in den frühen Morgenstunden des 25. November 2019 einundzwanzig wertvolle Schmuckstücke gestohlen. Besetzt mit 4316 Diamanten. Pretiosen der sächsischen Könige und Kurfürsten. Schaden laut Anklageschrift: 113 Millionen Euro.

Zu Prozessbeginn, fünfzehn Monate zuvor, hatte der Pressesprecher des Landgerichts Thomas Ziegler (54) erklärt, das Verfahren könne nicht im Landgericht am Sachsenplatz stattfinden – ein Sandstein-Justizpalast an der Elbe –, weil es um »Organisierte Kriminalität« gehe. Deshalb der Hochsicherheitstrakt des Oberlandesgerichts Dresden. Ein schmuckloser Betonflachbau am nördlichen Stadtrand. Errichtet für Terroristenprozesse und andere Staatsschutzsachen.

Vor dem Hochsicherheitstrakt ist der Lärm am Morgen der Urteilsverkündung, dem 47. Verhandlungstag, ohrenbetäubend.

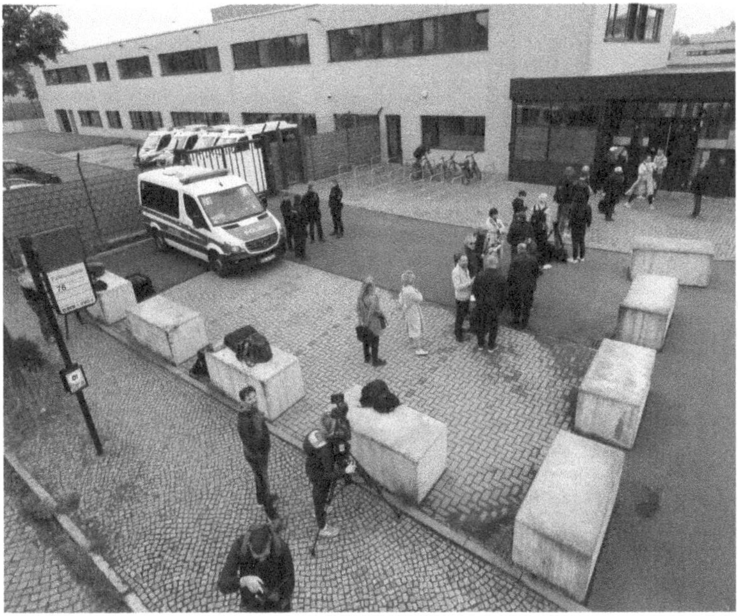

Hammerweg: Der Dresdner Hochsicherheitstrakt

Oben, einige Hundert Meter hoch, rührt sich ein Polizeihubschrauber nicht von der Stelle. Sein Knattern geht durch Mark und Bein. Man versteht das eigene Wort kaum mehr – der Lärm des Triebwerks und der rotierenden Propellerblätter: Die Maschine »sichert« aus der Luft das Gebäude und den Transport der Häftlinge. Höchste Sicherheitsstufe. Die Bilder ihrer Kamera werden direkt zum Polizeieinsatzführer übertragen.

Unten, auf den Zufahrtsstraßen zum Hochsicherheitstrakt, wird das halbe Dutzend Angeklagter aus sächsischen Gefängnissen gebracht. Jeder kommt in einem eigenen Konvoi: jeweils vier Kleinbusse mit Blaulicht und Tatütata. Im ersten Wagen Polizisten, in der Mitte ein Bus der Justiz mit mehreren Wachtmeistern. Am Ende SEK-Polizisten mit »Sturmhauben«, Helmen und Maschinenpistolen. Bevor die Konvois in den Hammerweg einbiegen, sperren Polizisten die Straße für den Verkehr. Alle Angeklagten sind Angehörige der Berliner kurdisch-libanesischstämmigen Großfamilie Remmo. Drei Brüder, drei Cousins. Alle zwischen dreiundzwanzig und neunundzwanzig. Alle in Berlin geboren – zwischen 1993 und 1999.

Drinnen, im Zuschauerraum, herrscht freudige Erwartung auf den hinteren Plätzen: Aus Berlin sind über ein Dutzend Remmo-Familienmitglieder und -Freunde angereist. Sie erwarten, dass in den nächsten Stunden mindestens die Hälfte der Angeklagten auf freien Fuß kommt. So wie in dem »Deal« zwischen Gericht, Staatsanwaltschaft, Angeklagten und Verteidigern vor vier Monaten ausgehandelt: dass die Strafkammer mit der Verkündung des Urteils ihre Haftbefehle aufhebt.

Getrennt vom Sitzungssaal ist der Zuhörerraum durch 2,20 Meter hohe Glasscheiben. Kurz nach zehn öffnet sich im Sitzungssaal langsam eine schwere Eisentür. Hinein schaut ein Beamter im blauen Kampfanzug der SGO-Sondereinheit, der »Sicherungsgruppe der Justizwachtmeister für die ordentliche Gerichtsbarkeit«. Sein Blick schweift durch den Gerichtssaal. Er dreht sich um und nickt nach hinten. Das Zeichen für seine Kollegen, die sechs Angeklagten aus den Einzelzellen im Haftkeller vorzuführen – seit zwei Jahren sitzen sie in Untersuchungshaft. Vor ihren Tischen haben sich über ein Dutzend Fotografen und Kameramänner aufgebaut.

Als Erster wird Wissam Remmo (26) von zwei SGO-Männern hereingeführt – gefesselt mit der »doppelten Handschellensicherung«. Die eine Acht umschließt seine Handgelenke. Die andere sein rechtes Handgelenk und das linke Handgelenk eines Justizwachtmeisters. Vor den Linsen der Kameras verbirgt er sein Gesicht hinter einer riesengroßen schwarzen Kladde. Er trägt eine schwarze »The North Face«-Fleecejacke und dunkle Jeans. 1,84 Meter groß. Drahtig. Durchtrainiert.

Fünfzehn Monate ist es her. Erster Verhandlungstag. Da betonte sein Verteidiger, die Formulierung in den Medien, der Angeklagte sei »Mitglied des Remmo-Clans«, sei eine »Vorverurteilung«. Denn »Clan« besage »Kriminalität«.

Tatsächlich ist Wissam Remmo der Prototyp eines Clan-Nachwuchsgangsters: Nach den Feststellungen der Staatsanwaltschaft Berlin wurde er bei zwanzig Straftaten erwischt. Im Alter zwischen vierzehn und einundzwanzig. Vor allem waren es Eigentums- und Rohheitsdelikte. Diebstahl mit Waffen, räuberischer Diebstahl, Wohnungseinbruch … Mehrere Verfahren wurden allerdings ohne Verurteilung eingestellt. Paradoxerweise wegen anderer Verfahren – eine Art strafverfahrensrechtlicher Mehrfachtäterbonus aus dem Jugendgerichtsgesetz, auf den Amtsrichter in Remmo-Strafverfahren immer wieder zurückgreifen.

Höhepunkt seiner bisherigen kriminellen Laufbahn ist der Einbruch ins Berliner Bode-Museum: Einer der Megacoups der deutschen Kriminalgeschichte. Zweieinhalb Jahre vor dem Diebstahl aus dem Grünen Gewölbe holte er dort zusammen mit drei Komplizen die einhundert Kilo schwere »Big Maple Leaf«-Goldmünze im Wert von 3,3 Millionen Euro heraus. Anschließend wurde die Münze zersägt und portionsweise verkauft. Der Tat überführt wurde Wissam Remmo unter anderem durch seine DNA am Tatort und Goldstaub in einer Jacke in seiner Wohnung. Der Titel »Meisterdieb« für diesen sensationellen Einbruch erfülle ihn mit Stolz, erklärte im Grüne-Gewölbe-Prozess sein Anwalt. Und hier räumte Wissam Remmo auch ein, mit einer hydraulischen Schere das Gitter vor dem Einstiegsfenster zum Grünen Gewölbe durchgetrennt und das Pegelhaus in Brand gesteckt zu haben. In ihm stand ein Stromverteilerkasten. Remmos Idee: Das gesamte Residenzschloss, in dem sich das Grüne Gewölbe befindet, Sekunden vor dem Einbruch komplett vom Stromnetz abzukappen.

Wissam Remmo ist ein Mann mit eiskalten Augen und hundert Gesichtern. Mal erscheint er mit ausrasiertem Bart und nach hinten geföhnten Haaren. Mal jugendlich bartlos; die Haare tief in der Stirn. Ein anderes Mal mit raspelkurzen Haaren. Immer mal wieder völlig anders.

Erst an seinem Platz werden ihm die beiden Achten abgenommen. An dem breiten Tisch erwarten ihn seine beiden Verteidiger. Sein Platz ist zwischen ihnen. Wissam Remmo begrüßt sie, setzt sich und plaudert mit ihnen entspannt. Neben ihm bleiben die beiden Justizwachtmeister in Habachtstellung stehen.

Als Zweiter kommt Mohamed Remmo (24) herein. Ein Strahlemann. Ein Sunnyboy. Sichtlich entspannt schlendert er daher. Dunkler Teint. Gegelte Haare, nach hinten gekämmt. Funkelnde braune Augen. Vollbart. Fast wie der junge Georges Moustaki in den frühen Sechzigerjahren. Er könnte sofort als Dressman für ein Country-Style-Magazin arbeiten. »Liebling« so mancher Prozessbeobachterin. Heute trägt er zu einem schwarzen Pullover mit weißen Zierstreifen auf den Ärmeln eine weiße FFP2-Maske – zum Schutz vor den Kameras.

Hinter der Glasscheibe erblickt er etliche Bekannte im Zuschauerraum. Fröhlich nickt er ihnen zu. Strahlt zuversichtlich. Anders als die beiden Justizwachtmeister neben ihm, die die doppelte Handfesselung aufschließen. So als ob sie ahnten, dass der Häftling, den sie gerade als Schwerstverbrecher hereingeführt haben, in nicht einmal zwei Stunden lächelnd den Hochsicherheitstrakt als freier Mann verlassen wird.

Zum Prozessauftakt hatte seine Strafverteidigerin erklärt, strafrechtlich sei er unbelastet. Abgesehen von einer einzigen Verurteilung – ausweislich des Bundeszentralregisters: 40 Tagessätze wegen eines Verstoßes gegen die Coronavorschriften 2020.

Ähnlich gelassen und entspannt lässt sich Rabieh Remo (29) an seinen Platz führen. Braunes Haar. Vollbart. Kräftige Oberarme. Typ cooler Zapfer in der nächsten Eckkneipe. Er trägt ein blaues Shirt der Dodgers. Eines Baseballteams in Los Angeles. Der einzige Angeklagte, der nur ein »m« in seinem Nachnamen hat. Warum? Das konnte das Verfahren nicht klären: Zu Beginn fragte ihn der Vorsitzende Andreas Ziegel (61), graue Haare, hohe Stirn, in seiner väterlichen Art, ob es dafür eine Erklärung gebe. Vielsagend grinste der

Nur-ein-»m«-Mann. »Herr Vorsitzender, das frage ich mich schon ein halbes Leben lang.« Unstreitig ist, dass er zur Remmo-Großfamilie gehört. In Anbetracht einiger Verzweigungen – sie umfasst nach Polizeierkenntnissen über eintausend Menschen in Berlin – existieren unterschiedliche Schreibweisen. Remmo, Rammo, Rammou und Remo.

Der Neunundzwanzigjährige ist der – bislang einzige bekannte – »Frontmann« des Einbruchskommandos. »Ich war selbst im Grünen Gewölbe«, ließ er vor vier Monaten zur Verblüffung aller im Gerichtssaal von seinem Verteidiger ausrichten. Am 35. Sitzungstag. Die Stille im Raum war atemberaubend – man hätte eine Stecknadel fallen hören. »Ich bin der mit der Taschenlampe gewesen!«, trug sein Verteidiger vor. Die Erklärung bezog sich auf die lausig schlechten Videoaufnahmen von der Tat aus dem Grünen Gewölbe. Sie sorgten für Spott im Netz: Zu sehen ist auf ihnen, dass einer der beiden Einbrecher im Grünen Gewölbe eine Taschenlampe in der Hand hält. Seine Rolle bei dem Einbruch sei gewesen, lässt Rabieh Remo seinen Verteidiger weiter erklären, »mit einer anderen Person das Vitrinenglas mit großer Kraft einzuschlagen«. Der andere hätte ihm gesagt, »wo es langgeht«. Sprich: ihn ins Juwelenzimmer gelotst. Zur Vitrine. Dessen Glas er dann aufhackte. Zunächst war der 100-Kilo-Mann zu weit gelaufen. An der Vitrine vorbei. Voller Tateifer.

Auskunft über einen Teil seines Lebens gibt das Bundeszentralregister. Auf zwölf Einträge brachte er es. Bis zu seinem sechsundzwanzigsten Lebensjahr. Die Kette von Paragrafen aus dem Strafgesetzbuch – Diebstahl, Körperverletzung, versuchte Nötigung und anderes – riss erst ab, als er wegen des Grüne-Gewölbe-Einbruchs in Untersuchungshaft landete. Zweieinhalb Jahre ist es her. An diesem Dienstagmorgen hält sich Rabieh Remo ein grünes Nike-Basecap vors Gesicht. Zum Schutz vor den Kameras. Nachdem er Platz genommen hat, wechselt er blitzschnell das Basecap vor seiner Nase gegen eine Doppelseite aus der *Sächsischen Zeitung* vom Wochenende.

Rabieh Remo: »Weil sie es können«

Zu lesen ist dort eine ausführliche Zusammenfassung der bisherigen Ergebnisse des Grüne-Gewölbe-Strafprozesses – unter der Überschrift »Weil sie es können«. Mit »sie« sind die Remmos gemeint. Das Gesicht hinter der Doppelseite verborgen, fängt Rabieh Remo an zu lachen. Diebische Freude scheint er daran zu haben, dass ihm die *Sächsische Zeitung* attestiert, ein »Könner« zu sein. Ganovenstolz. Auch Verteidiger und – hinter der Scheibe – Zuschauer müssen lachen.

Unscheinbar wie immer kommt Bashir Remmo (27) daher. Eine Tolle fällt auf seine Stirn. Dreitagebart. Schüchtern lugt er hinter seiner Kamera-Schutz-FFP2-Maske hervor. Über einem weißen T-Shirt trägt er eine schwarze Kapuzenjacke. Fünfzehn Monate ist es her, da hatte sein Verteidiger Michael Nagel – Rechtsanwalt mit Professorentitel –, angereist aus Hannover, den Richtern erklärt, mit dem Einbruch ins

Grüne Gewölbe hätte sein Mandant nichts zu tun. Deshalb sitze er zu Unrecht in Untersuchungshaft. Stets sei er ein »guter Junge« gewesen. Nun werde sein Name, nur weil er Mitglied der Remmo-Familie sei, von den Medien dem Clan zugeschlagen. Ihre Berichterstattung hätte zu einer öffentlichen Vorverurteilung geführt. Dadurch bestehe die Gefahr, dass diese Vorverurteilung im Gerichtssaal angekommen sei. Die Vorwürfe gegen ihn seien ungerechtfertigt. Er werde freigesprochen. Das Fazit des Verteidigers: »Nur weil jemand Mitglied einer bestimmten Familie ist, gibt es keinen Grund, ihn einer kriminellen Bande zuzurechnen.«

Ein Jahr später ist alles anders. Zuvor war in dem Verfahren bekannt geworden, dass von Bashir Remmo an der Rückseite der Mauer, über die die Einbrecher geklettert waren, DNA-Material festgestellt worden war. Da erklärte am 36. Verhandlungstag für ihn sein anderer Verteidiger Carsten Brunzel, dass er zu dem Einbruchskommando gehörte und die Juwelen vom Einstiegsfenster zur Schlossmauer getragen habe. Hinter ihr stand der Fluchtwagen.

Wie sein Zwillingsbruder Mohamed hat auch Abdul Majed Remmo (24) eine FFP2-Maske zum Schutz vor den Fotografen aufgesetzt. Über den Ohren hat er die Haare zwei Fingerbreit ausrasiert. Wie immer blickt er leidend. Durch seinen Vollbart vermittelt er einen Hauch von mittelalterlichem Mönch. Im optischen Gegensatz dazu trägt er ein blaues Adidas-Kapuzensweatshirt. Auch er ließ, zehn Monate ist es her, von seinem Verteidiger ausrichten, dass er »nur wegen« seines Familiennamens angeklagt worden sei – und: »Ich bin unschuldig.«

Ein halbes Jahr später räumt er ein, die Äxte, mit denen das Glas der Vitrine im Grünen Gewölbe eingeschlagen wurde, in einem Hellweg-Baumarkt in Berlin gestohlen und einiges mehr für die Tat beschafft zu haben. Aber in Dresden sei er nicht dabei gewesen. In der Nacht des Einbruchs habe er in Berlin seinen Eltern geholfen – beim Einpacken von Umzugskartons.

Ahmed Remmo (25) hat sein schwarzes Basecap tief in die Stirn gezogen. Er ist der Bruder der Zwillinge Mohamed und Abdul Majed. Ein Jahr älter. Sein Gesicht und seinen Vollbart versteckt er hinter einer großen Plastikhülle. Unsicher wirkt er. Schüchtern. Wie immer. Ausdrucksstark ist sein Vorstrafenregister. Remmo-typische Delikte: gemeinschaftlicher Diebstahl, Wohnungseinbrüche, Diebstahl mit Waffen. Höhepunkt seiner kriminellen Laufbahn ist der Diebstahl der 100-Kilo-Goldmünze aus dem Bode-Museum. Wie sein Cousin Wissam Remmo wurde er dafür zu vier Jahren und sechs Monaten Jugendstrafe verurteilt.

Er ist der einzige Angeklagte, von dem keine DNA auf der Rückseite der Mauer vor dem Residenzschlosses gefunden wurde. Im Laufe des Prozesses stellte sich heraus, dass er für die Tatnacht ein Alibi hat: In der Notaufnahme des Vivantes Klinikums in Berlin-Neukölln erschien er um 0:40 Uhr. Drei Minuten später schoss er dort ein Selfie und verschickte es. Um 2:46 Uhr wurde sein Arztbrief ausgedruckt. Nach den Ermittlungen der Polizei erscheint ausgeschlossen, dass er anschließend noch nach Dresden zu dem Einbruchskommando gefahren und zu ihm gestoßen sein könnte. So beantragten Staatsanwaltschaft und Verteidigung Freispruch.

Mit großen Überraschungen bei der Urteilsverkündung rechnet an diesem Dienstagvormittag niemand. Begrenzt ist die Strafe, die die Richter verhängen können, durch den »Deal« in diesem Verfahren – Rückgabe eines Teils der Beute und glaubhafte Geständnisse gegen Strafrabatt: Achtzehn von einundzwanzig gestohlenen Schmuckstücken rückten die Remmos wieder heraus, teilweise beschädigt. Dafür sagte die Strafkammer den Angeklagten einen »Haftstrafenkorridor« zu. Höchstens sechs Jahre und neun Monate Freiheitsstrafe; mindestens fünf Jahre und neun Monate – und einen Abschlag gibt es, falls eine Verurteilung nach dem milderen Jugendstrafrecht erfolgt. Möglich ist das bei den Zwillingen Mohamed und Abdul Majed Remmo, weil sie zum Zeitpunkt der Tat zwanzig Jahre und neun

Monate alt waren – und damit noch »Heranwachsende«. Geboren wurden sie am 1. März 1999. So könnte ihre Verurteilung nach dem milderen Jugendstrafrecht erfolgen. Die Strafkammer tagt als »große Jugendkammer«.

Ebenso Teil des »Deals« ist, dass die in dem Verfahren bestehenden Untersuchungshaftbefehle mit Verkündung des Urteils außer Vollzug gesetzt werden – Haftverschonung bis zur Rechtskraft des Urteils. Viele Wochen oder Monate können bis zur Ladung zum Strafantritt vergehen; und Jahre, falls der Verurteilte Revision einlegt: So lange kann es dauern, bis der Bundesgerichtshof entscheidet. Kalkül der Angeklagten außerdem: Sie hoffen, ihre Reststrafe in einer Berliner Haftanstalt absitzen zu können. Sie glauben, wie einer ihrer Verteidiger sagt, dass dort die Regelungen laxer sind und sie sofort oder alsbald Freigänger werden können – dann müssen sie nur noch nachts einrücken.

So sind an diesem Vormittag im Mai 2023 im Wesentlichen nur noch zwei Punkte offen. Erstens: Wird Abdul Majed als Gehilfe verurteilt, wie von seinen Verteidigern beantragt – unter Hinweis auf seine Einlassung? Oder als Täter, wie die Staatsanwaltschaft fordert? Sie meint, dass er einer aus dem Einbruchskommando ist, in der Tatnacht mit in Dresden war. Auch bei dem zweiten noch offenen Punkt geht es um Abdul Majed, und zwar um die Frage, ob auch er nach Verkündung des Urteils auf freien Fuß kommt. Vor Monaten hatte der Vorsitzende seinen Verteidiger Oliver Freitag zweimal gefragt, ob er dem »Deal« beitreten wolle. Beide Male hatte der Verteidiger erklärt, dass »wir« dem »Vorschlag der Kammer zu einer verfahrensrechtlichen Verständigung« nicht folgen. Nun nimmt Abdul Majed Remmo auf seinem Stuhl zwischen seinen beiden Verteidigern Platz. Zum letzten Mal. Sichtlich nervös.

Die Tür hinter dem Richtertisch öffnet sich. Herein kommen der Vorsitzende Andreas Ziegel und seine beiden Beisitzerinnen – die drei tragen schwarze Roben – und zwei Schöffen.

Vor der Urteilsverkündung: Links die Richterbank, in der Mitte der Vorsitzende Andreas Ziegel

Im Saal erheben sich alle: die sechs Angeklagten, ihr Dutzend Verteidiger, drei Staatsanwälte und Dutzende Zuschauer.

Im »Namen des Volkes« verkündet Ziegel das Urteil: Fünf Haftstrafen und einen Freispruch. Mit Ausnahme von Ahmed Remmo spricht er alle Angeklagten schuldig als Mittäter: der besonders schweren Brandstiftung, der gefährlichen Körperverletzung, des Diebstahls mit Waffen, der gemeinschädlichen Sachbeschädigung und der vorsätzlichen Brandstiftung. Die Strafen halten sich im vereinbarten Korridor. Sie liegen zwischen fünf Jahren, zehn Monaten und sechs Jahren, drei Monaten nach Erwachsenenstrafrecht; vier Jahre, vier Monate und fünf Jahre nach Jugendstrafrecht.

»Ahmed Remmo ist freizusprechen«, verkündet er sodann. Wie erwartet. Sein Alibi – nicht zu erschüttern.

»Die Tat war einzigartig«, beginnt Andreas Ziegel die Urteilsbegründung – sein Fazit am 47. Verhandlungstag, nach über einhundert Zeugen- und elf Sachverständigenvernehmungen: Der Einbruch in eines der »ältesten und reichsten Schatzkammermuseen der Welt« sei »von vielen kaum für möglich« gehalten worden. Der materielle Schaden ließe sich nur schwer schätzen. Er belaufe sich auf »um die 116 Millionen« Euro – nach den Versicherungswerten. Unermesslich sei der kulturhistorische Wert der Beute. Der Vorsitzende Richter lobt den »herausragenden personellen Einsatz der Ermittlungsbehörden«. Ohne ihn wären die Täter nicht gefasst, die Anklage nicht erhoben und auch ein erheblicher Teil der Beute nicht zurückgegeben worden. Er spricht von einer »unerwarteten Wendung« des Verfahrens »durch die Verständigung«. Der Kammer sei kein Fall einer derartigen Beuterückgabe bekannt. Sie sei von besonderer Bedeutung für den Freistaat Sachsen und für jeden Kunstinteressierten und »deutlich strafmildernd berücksichtigt worden«.

Sodann schildert er den Tatablauf des spektakulären Einbruchs in das fast dreihundert Jahre alte Museum und die beiden damit im Zusammenhang stehenden Brandstiftungen. Grundlage seiner Schilderungen sind neben den »objektiven Feststellungen« die Einlassungen der Angeklagten: Sie ermöglichen dem Vorsitzenden eine konturreiche Darstellung des Jahrhundertdiebstahls. Eine abenteuerliche Geschichte. Der Plot hat Kinoqualität.

Die Feststellung der Strafkammer, dass Wissam Remmo in der Nacht zum 25. November 2019 in Dresden mit von der Partie war, zeigt einmal mehr seine Unverfrorenheit, seine kriminelle Dreistigkeit. Denn in dieser Zeit stand er wegen des Goldmünzendiebstahls in Berlin vor dem Landgericht – dieses Verfahren lief von Januar 2019 bis Februar 2020 an 42 Verhandlungstagen. Eine dreiwöchige Verhandlungspause nutzte er für die Vorbereitungen und den Einbruch ins Grüne Gewölbe im November 2019 in Dresden. Anschließend nahm er wieder auf der Anklagebank im Berliner Kriminalgericht Moabit Platz und beteuerte, mit dem Diebstahl der Goldmünze nichts zu tun zu haben.

Erster noch offener Punkt im Dresdner Grüne-Gewölbe Prozess – zu Abdul Majed Remmo sagt der Vorsitzende: Die Kammer sei davon überzeugt, dass er dem Dresdner Einbruchskommando angehöre. Dies ergebe sich aus einer »Gesamtschau der Indizien«. Dazu zähle, dass sechs Stunden vor der Tat Polizisten bei einer Kontrolle festgestellt hätten, dass er zusammen mit den beiden Tatbeteiligten Bashir Remmo und Rabieh Remo in einem VW Golf in Berlin-Charlottenburg unterwegs war; ebenso die Angaben eines Mitgefangenen, dem gegenüber er die Tat eingeräumt hätte.

Der Vorsitzende verkündet, dass die Haftbefehle der vier an dem »Deal« Beteiligten außer Vollzug gesetzt werden. Aber Wissam und Ahmed Remmo kommen dennoch nicht auf freien Fuß. Sie müssen noch ihre Jugendstrafen von vier Jahren und sechs Monaten für den Einbruch ins Bode-Museum absitzen. Die, die gehen dürfen, müssen sich einmal pro Woche bei einem Berliner Polizeirevier melden. Immer dienstags.

Und dann hat der Vorsitzende noch eine schlechte Nachricht für Abdul Majed Remmo. Zweiter noch offener Punkt: Sein Haftbefehl werde nicht außer Vollzug gesetzt. Er bleibt im Gefängnis. Der Richter begründet das mit dessen »früherem Fluchtverhalten« unter Hinweis darauf, dass er sich vor zweieinhalb Jahren seiner bevorstehenden Festnahme durch Flucht entzogen habe. Trotz erheblicher Fahndungsmaßnahmen der Polizei sei es ihm »unter Nutzung der Familienstruktur« gelungen, sich ein halbes Jahr lang verborgen zu halten. Und angesichts der ausgeurteilten Strafe – fünf Jahre unter Einbeziehung einer anderen Strafe vom Amtsgericht Berlin-Tiergarten – bestünde »noch genug Fluchtanreiz«.

Hoch droben am Himmel über dem Hochsicherheitstrakt steht wieder der Hubschrauber. Er sichert die Abtransporte der drei in sächsischen Haftanstalten Verbleibenden. In den Polizeikonvois werden Wissam, Ahmed und Abdul Majed Remmo zurück in ihre Gefängniszellen gebracht.

Resümee am letzten Tag des Prozesses – ein Jahr, drei Monate und achtzehn Tage nach dem Auftakt: Anders als damals, als sich die sechs Angeklagten als Unschuldslämmer und Fehlbesetzung auf der Anklagebank gaben, steht durch das Urteil in Anbetracht von Geständnissen und den Feststellungen eines DNA-Sachverständigen fest, dass dort die Richtigen saßen – von einer Ausnahme abgesehen. Nach und nach brachte das Verfahren Einzelheiten und Hintergründe der spektakulären Tat ans Tageslicht.

Erfreulich auch, dass durch den Druck des Prozesses und drohende hohe Freiheitsstrafen ein erheblicher Teil der Beute von den Remmos herausgerückt wurde – wenn auch teilweise zerbrochen, zerbeult, zerrissen und zerschlissen.

Es ist ein historischer »Deal« zwischen Justiz und den Remmos. Eine solche Verständigung hat es noch nicht gegeben. Historisch ist auch, dass die Remmos, die auf der Anklagebank erklärten oder erklären ließen, den Schmuck nicht gestohlen zu haben, dafür sorgten, dass der Großteil davon der Polizei übergeben wurde. Ein Novum, dass die Remmos etwas herausrückten, was sie zuvor erbeutet hatten.

Aber der Prozess hat auch zutage gefördert, dass vieles von dem Drumherum um das eigentliche Tatgeschehen in der Nacht vom 24. auf den 25. November 2019 nicht aufzuklären ist. Oftmals, weil die Angeklagten es ablehnten, »drittbelastende« Erklärungen abzugeben. Dass sie dazu nicht verpflichtet waren, hatten ihre Verteidiger zur Bedingung für den »Deal« gemacht. Das Gericht ließ sich darauf ein.

So blieben im Dresdner Hochsicherheitstrakt etliche Fragen unbeantwortet (siehe dazu Kapitel 9). Etwa: Wer sind die bislang unbekannten Mittäter des Jahrhunderteinbruchs? Wer beschaffte die beiden Tatfahrzeuge, wer die Dubletten-Kennzeichen? Wer hat die beiden Fahrzeuge mit einer anderen Farbe versehen – »umfoliert«? Wer ist mit dem Audi in Dresden der Polizei davongefahren? Wer hat den Mercedes auf einem Sicherstellungsgelände der Polizei in Berlin in Brand gesteckt? Wo hat die halbe Crew des Einbruchskommandos in Dresden übernachtet? Und dann noch die vier großen Fragen, die am Ende der Chronologie des Jahrhundertdiebstahls stehen: Wo war die Beute versteckt – drei Jahre lang? Wer hat sie beschädigt? Was ist mit dem noch fehlenden Teil der Beute geschehen? Wie und von wem wurde von den Remmos die Rückgabe des Schmucks organisiert?

Fazit aus alledem: Beim Jahrhundertdiebstahl gab es weit über ein Dutzend Hintermänner, Planer, Drahtzieher, Unterstützer, Helfershelfer und Mitwisser. Alles spricht dafür, dass es Dutzende waren. Bis heute sind sie unerkannt. So fehlen große Puzzleteile des Gesamtbilds vom Grüne-Gewölbe-Coup.

Der Einbruch ist ein Paradebeispiel für die Clankriminalität in Deutschland. Exemplarisch belegen Tat, Prozess und das mannigfaltige Drumherum, mit welch hohem kriminellem Know-how und mit welch starker krimineller Energie die Remmos zu Werke gingen: langfristige und präzise Vorbereitungen, Skrupellosigkeit, kriminelle Routine, gepaart mit handwerklichem Geschick, Schnelligkeit und Chuzpe.

KAPITEL 2

DRESDENS SCHWARZER MONTAG

Kaum schlimmer hätte der Stich in die Seele der Sachsen erfolgen können. Montag, 25. November 2019: In der Hauptstadt des »Weihnachtslandes Sachsen« herrscht Vorfreude auf die schönsten Wochen des Jahres. Keine Woche mehr, dann ist erster Advent. Und – noch schöner – in zwei Tagen öffnet der Striezelmarkt. Es ist der 585. Eine Tradition, die bis ins Mittelalter zurückreicht. Den ersten gab es vor mehr als einem halben Jahrtausend, 1434. In den vergangenen Tagen wurden auf dem Altmarkt 230 Buden aufgebaut – ab übermorgen gibt es dort erzgebirgische Volkskunst, Herrnhuter Sterne, Plauener Spitzen, Pfefferkuchen und natürlich jede Menge Glühwein. Überragt wird das Ganze von einer fünfundzwanzig Meter hohen Fichte – vor drei Wochen brachte sie ein Schwerlaster aus Bärenfels im Ostererzgebirge. Zweieinhalb Millionen Besucher werden bis Heiligabend erwartet.

Der Vorbote der schlechten Nachricht von der fetten Beute kommt an diesem Montagmorgen unscheinbar daher. Um 6:30 Uhr meldet MDR Radio Sachsen: »An der Dresdner Augustusbrücke ist gegen fünf Uhr eine Starkstromanlage in Brand geraten. Laut Feuerwehr knistert es in der begehbaren Anlage, hinzu kommt Rauchentwicklung. Wegen der unklaren technischen Lage kann die Feuerwehr nicht mit dem Löschen beginnen. Brückenmeisterei, Drewag und die Leitung der nahe gelegenen Baustelle sind auf dem Weg.«

Und dann kommt die Wahrheit meldungsweise aus den Lautsprechern. Um 7:30 Uhr sagt der Nachrichtensprecher, Grund für den Brand sei ein »Kurzschluss«. Die Nachricht von der Katastrophe hören die Sachsen zum ersten Mal um 9:30 Uhr: »Im Grünen Gewölbe in Dresden gab es heute früh einen Einbruch«, berichtet der Nachrichtensprecher: »Nach Informationen der Nachrichtenagentur dpa ist der historische Teil der Sammlung betroffen.«

Um zehn vermeldet er, »Diebe« hätten offenbar das »Grüne Gewölbe im Dresdner Residenzschloss beraubt. Wie die Polizei mitteilt, sind Unbekannte in die Schatzkammer von August dem Starken eingebrochen. Betroffen sei der historische Teil der Sammlung.« Unklar sei, was »genau passiert sein soll«. Am frühen Morgen hätte die Feuerwehr »einen brennenden Stromkasten in der Nähe des historischen Stadtzentrums« gemeldet: »Möglicherweise wurde dadurch die Stromzufuhr der Staatlichen Kunstsammlungen unterbrochen. Im Grünen Gewölbe lagern Schätze aus Gold und Edelsteinen sowie Kunstwerke aus Bernstein und Elfenbein.«

Ein Einbruch im Grünen Gewölbe? Unfassbar für die Dresdner! Die Tat liegt außerhalb ihres Vorstellungsvermögens. Das, was dort im Residenzschloss zu sehen ist – nunmehr: beziehungsweise zu sehen war – ist zwei-, dreihundert Jahre alt oder noch älter. Die Schätze, ursprünglich zusammengestellt von August dem Starken (1670–1733) und anderen sächsischen Herrschern, haben die Monarchie, das Deutsche Reich – einschließlich des Dritten Reichs – und sogar den DDR-Sozialismus überstanden. Dreizehn Jahre waren die Schätze außer Landes: Die Rote Armee hatte sie als Kriegsbeute verschleppt. Aber dann doch 1958 nach Dresden zurückgegeben. Anschließend war der »sächsische Staatsschatz« wieder in Dresden zu sehen. Und nun? Ein Teil von ihm stibitzt? Perdu?

Nach den ersten Radiomeldungen eilen viele Dresdner zum Residenzschloss, um sich selbst ein Bild zu machen. Vor dem Haupteingang auf der Südseite steht ein Schild – auf Deutsch und auf Englisch: »Aus organisatorischen Gründen bleibt das Residenzschloss heute geschlossen. Wir bitten um Ihr Verständnis. Vielen Dank.« Die Straße vor dem Westflügel, in seinem Erdgeschoss befindet sich das Historische Grüne Gewölbe, hat die Polizei weiträumig abgesperrt. Rotweißes Plastikband flattert im Wind.

Aus der Ferne sehen die Neugierigen, wie Beamte in weißen Ganzkörperanzügen – auf dem Rücken steht »Polizei« – kleine Tafeln mit Nummern auf dem Kopfsteinpflaster platzieren, Fotos machen und Zigarettenkippen, Papierschnipsel und Tempo-Taschentücher einsammeln.

Spurensicherung vor dem Residenzschloss Dresden

Hinten, an der Fassade vor dem Historischen Grünen Gewölbe, stehen Polizisten am Gitter vor dem Fenster ganz links – ein Teil des Gitters fehlt! Aus der Ferne diskutieren die Beobachter: Passt durch dieses Dreieck ein Mensch? Vier Antworten sind in der Diskussion: Ja. Nein. Vielleicht. Ein Zwerg?

Drinnen im Residenzschloss: Nach den Dieben erscheinen Regierungsmitglieder. Als Erster Ministerpräsident Michael Kretschmer (CDU). Um 11:30 Uhr tritt er vor die Kameras im Kleinen Schlosshof. Er wirkt fassungslos. Sagt, mit einem Einbruch im Historischen Grünen Gewölbe hätte er »beim besten Willen nicht gerechnet«. Für ihn seien »die Sicherheitsmaßnahmen der Staatlichen Kunstsammlungen am Residenzschloss ausgezeichnet und umfassend« gewesen. Aber: »Wir sehen, dass das nicht der Fall ist.« Man könne »die Geschichte unseres Landes, unseres Freistaates nicht ohne diese Sammlung verstehen«. Sein Fazit: »Nicht nur die Staatlichen Kunstsammlungen wurden bestohlen, sondern wir Sachsen insgesamt!«

Wissenschaftsministerin Eva-Maria Stange (SPD) besichtigt, begleitet vom Direktor des Grünen Gewölbes Dirk Syndram, den Tatort von außen. Fassungslos steht sie im Bärengarten auf dem Rasen zwischen Schlossmauer und Residenzschloss und starrt auf das Loch im Gitter eines der Fenster des Grünen Gewölbes. »Wir haben heute einen enormen kunsthistorischen Verlust erlitten«, sagt sie anschließend. »Es sind einmalige Kunstgegenstände aus den Sammlungen August des Starken, die es auf der Welt nicht noch einmal gibt.« Auch Innenminister Roland Wöller schaut sich im Schloss um. Er spricht von einem »Anschlag auf die kulturelle Identität aller Sachsen und des Freistaates Sachsen«.

In das Historische Grüne Gewölbe darf niemand. Außer der Tatortgruppe des Landeskriminalamts. Auch nicht Mitarbeiter der Staatlichen Kunstsammlungen. Sie würden zu gerne wissen, was die Einbrecher mitgenommen haben. Aber Spurensuche und Spurensicherung brauchen Zeit. Und haben nun Vorrang.

Um 13 Uhr beginnt im Residenzschloss eine Pressekonferenz der Staatlichen Kunstsammlungen Dresden (SKD) und der Polizei Dresden. Dutzende Journalisten eilen in den Hans-Nadler-Saal. Auch SKD-Mitarbeiter sind da: Frauen stehen Tränen in den Augen. Einige weinen. Männer mit versteinerten Mienen. »Wie in einem schlechten Film«, sagt eine Angestellte. Nie hätte sie gedacht, »so etwas erleben zu müssen«. Eine Mitarbeiterin in Birkenstock-Sandalen erklärt, sie hoffe nun schon seit Stunden, dass sie »aufwache« – und sich das Ganze »als schlechter Traum entpuppe«. An einem langen Tisch sechs betretene Gesichter – bei nicht wenigen Beerdigungen ist die Stimmung deutlich besser. Ganz in Schwarz Marion Ackermann. Die Generaldirektorin der Staatlichen Kunstsammlungen. In dunklen Anzügen der Leitende Oberstaatsanwalt Klaus Rövekamp und der Dresdner Kripochef Volker Lange. Neben ihm in dunkelblauen Polizeiuniformen der Dresdner Polizeipräsident Jörg Kubiessa und sein Pressesprecher Thomas Geithner. Einziger Farbtupfer auf dem Podium ist die leuchtend rote Hose von Museumsdirektor Dirk Syndram. Die Journalisten hoffen, in den nächsten Minuten das scheinbar Unerklärliche erklärt zu bekommen. Der Saal hängt voller Fragen.

Quintessenz der 50-Minuten-Pressekonferenz: Die Täter sind über alle Berge. Die von der Polizei eingeleiteten »Sofortmaßnahmen«: erfolglos. Vonseiten der Staatlichen Kunstsammlungen wird deren »hervorragendes Sicherheitspersonal« gelobt.

»Glauben Sie mir, dieser Einbruchsdiebstahl ist etwas ganz Besonderes für uns«, beginnt Polizeipräsident Kubiessa seine Schilderung des »ersten Angriffs« seiner Beamten: »Um 4:59 Uhr erhielten wir vom Sicherheitsdienst, wie in diesen Fällen vorgesehen, im Führungs- und Lagezentrum die Information, dass es zu einer Einbruchshandlung kommt.« Während der erste Streifenwagen um 5:04 Uhr am Tatort eingetroffen sei, hätte das Lagezentrum mit einem »Funkrundspruch« alle Kräfte in Dresden über die »entstandene Lage« informiert. Alle sechzehn Funkstreifenwagen seien mit »Fahndungsmaßnahmen« beauftragt worden. Um 5:09 Uhr hätte die Zentrale die Information vom Sicherheitsdienst und von »Kräften vor Ort« bekommen, dass es zu »einem Stromausfall auf dem Theaterplatz gekommen« sei. Erste Ermittlungen hätten gegen 5:22 Uhr zu einem »Brandereignis« an einer »Art Elektroverteiler« geführt – »im Bereich Hofkirche, Italienisches Dörfchen, Theaterkahn«: »Ob dieses Brandereignis im Zusammenhang mit dem Einbruchsdiebstahl steht, ist Gegenstand der Prüfung.« Um 5:22 Uhr seien andere Polizeidienststellen in die Fahndungsmaßnahmen einbezogen worden: Die angrenzenden Polizeidirektionen Görlitz und Chemnitz, das Land Brandenburg und die Bundespolizei – sie auch mit Blick auf die Grenzen. Um 7 Uhr sei die Tatortgruppe des LKA angefordert worden, um die »objektiven Spuren bestmöglich zu sichern«. Die letzten Worte des Polizeipräsidenten überraschen niemanden im Saal: »Bis zum jetzigen Zeitpunkt kann ich Ihnen keinen Fahndungserfolg mitteilen.«

Über Notruf sei die Polizei aus der Sicherheitszentrale im Schloss von dem Einbruch informiert worden, berichtet Dresdens Kripochef Volker Lange. »Uns wurde mitgeteilt, dass auf den Bildern von den Kameras, die im Juwelenzimmer installiert sind, zwei Einbrecher zu sehen sind.« Als die Polizei dort eingetroffen sei, »war niemand mehr da«. Die Dresdner Polizei hätte die »Autobahnauffahrten abgesperrt«.

Außerdem gebe es einen »zeitlichen Zusammenhang« zu einem Fahrzeugbrand in einer Tiefgarage in der Kötzschenbroder Straße – sie liegt drei Kilometer vom Residenzschloss entfernt. Es könne sich um den Fluchtwagen handeln. Der Wagen scheine in Brand gesetzt worden zu sein. Sobald er abgekühlt sei, werde »der Brandursachenermittler nach der Ursache suchen«. Er sei abgemeldet gewesen; die Polizei derzeit auf der Suche nach dem Halter. Fazit des Dresdner Kripochefs: »Das ist sicherlich ein großer Fall.«

»Ich glaube, ich brauche Ihnen nicht zu sagen, wie schockiert wir sind von dieser Brutalität des Einbruchs«, sagt Generaldirektorin Marion Ackermann. Betroffen sei »der Staatsschatz des achtzehnten

Jahrhunderts«: drei Juwelengarnituren von einem »unschätzbaren kunsthistorischen und kulturhistorischen Wert«. Die besondere Bedeutung liege darin, »dass die Ensembles als solche überliefert sind« und in der »Vollständigkeit der Ensembles«. Nicht im Materialwert an sich, der »gar nicht so hoch zu bewerten« sei. Aufgrund der internationalen Bekanntheit hoffe sie, dass die gestohlenen Gegenstände »dem Markt entzogen« seien. Betroffen sei ein »unschätzbarer kultureller Wert, wirklich eine Art Weltkulturerbe«, sagt Museumsdirektor Syndram. Nirgendwo in Europa gebe es in irgendeiner anderen Sammlung »Juwelengarnituren, die in dieser Form, dieser Qualität und dieser Quantität sich als königliche Garnituren erhalten haben«. Das Entscheidende sei der »Ensemblewert«.

Kai Kollenberg von der *Freien Presse* meldet sich zu Wort und sagt, im Laufe des Vormittags sei die Rede davon gewesen, »dass die Schmuckgegenstände einen Wert von einer Milliarde« hätten – »um was reden wir denn? Welcher Schaden?« Mit dem Wert sei das immer so eine Sache, entgegnet Marion Ackermann. Man könne den Schaden »nicht in einen Wert auflösen«, weil das Gestohlene »unverkäuflich« sei. Deshalb gebe es »keinen finanziellen Wert, mit dem wir arbeiten«.

Ein Journalist will wissen, wie der Einbruch überhaupt gelingen konnte. »Das Fenster, durch das die Täter eingebrochen sind, da ist doch draußen ein massives Gitter vor« : »Wie sind die Täter da hineingekommen?« Das werde gerade geprüft, antwortet Kripochef Lange. Unklar sei deshalb derzeit, »ob es abgesägt, abgeflext oder abgeschweißt wurde«.

Der Redakteur der *Deutschen Presse-Agentur* Jörg Schurig fragt, ob jetzt zu befürchten sei, »dass diese Garnituren aufgebrochen werden und man versuchen werde, einzelne Steine davon zu veräußern«. Das Gesicht der Generaldirektorin verfinstert sich – sie blickt ängstlich. »Ich kann dazu nur sagen, das wäre eine schreckliche Vorstellung …« »Eine Erpressung wäre ja auch möglich«, wirft Birgit Fritz von mdr

Kultur ein. »Da haben wir keine Erkenntnisse«, entgegnet Polizeipräsident Kubiessa.

Mehrere Fragen der Journalisten drehen sich um das Thema »Alarm – wann und wie, womöglich zu spät?« Ein Journalist fragt den Kripochef, wo um 4:59 Uhr der Alarm ausgelöst wurde – beim Öffnen des Fensters oder beim Zerstören der Vitrine? Volker Lange antwortet, um 4:59 Uhr sei der Eingang des Notrufs im Lagezentrum der Polizei in Dresden vermerkt. Der Journalist fasst nach: »Das heißt also, der Einbruch erfolgte schon vorher.« Genau, bestätigt der Kripochef: »Die Herren vom Sicherheitsdienst haben die Täter noch live gesehen« – auf ihrem Monitor. Und einer von ihnen habe dann bei der Polizei angerufen. Demzufolge habe der Einbruch »ein, zwei oder drei Minuten« vorher begonnen. Torsten Klaus, Redakteur der *Dresdner Neuesten Nachrichten*, fasst nach: »Da die Kollegen im Sicherheitsdienst offenbar auf Videoaufnahmen reagiert haben, gehe ich nicht davon aus, dass vorher eine andere Art von Alarm ausgelöst worden ist – ist dem so oder ist dem nicht so?« Momentan könne er nicht beantworten, sagt Polizeipräsident Kubiessa, »welche elektronischen Alarme in der Sicherheitszentrale des Museums eingegangen seien«. Das Thema hat Zukunft (siehe dazu Kapitel 4).

Museumsdirektor Syndram wird grundsätzlich in Sachen Museumssicherheit. Quintessenz: alles lehrbuchmäßig. »Wenn wir mitten in der Nacht Besuch haben, was wir normalerweise nicht haben«, erläutert er, werde Alarm ausgelöst. Man sehe auch »über Bildschirm, ob sich da eine Person drin befindet, was ja auch passiert ist – und dann wird sofort die Polizei informiert«. Auch wenn er hier »als erregter Museumsdirektor spreche«, wolle er sagen: »Wir haben hervorragendes Sicherheitspersonal.« Nachts sei es in der Sicherheitszentrale. Es sei nicht dafür da, »alleine durch die Gegend zu streifen« – auch wenn es Streifen gebe. Werde in der Zentrale Alarm ausgelöst, sei es das Schnellste, die Polizei zu informieren – und die sei auch schnellstens vor Ort gewesen, »wie wir gesehen haben«. Eine Journalistin fällt ihm ins Wort: »Ist denn der Alarm wirklich ausgelöst worden?« – »Ich war nicht da«, erwidert der Museumsdirektor genervt, »ich lag im Bett.«

Generaldirektorin Ackermann übernimmt. »Wir haben Ihnen alles gesagt, was wir wissen. Wir wissen, dass unsere Sicherheitszentrale Personen im Bildschirm gesehen hat und sofort die Polizei gerufen hat.« Standard sei, dass die Mitarbeiter nicht selbst in die »gefährliche Situation hineingehen« – Menschenleben gehe vor. Jetzt müssten erst einmal die Erkenntnisse analysiert werden. Mutmaßlich hätte der Museumsdirektor nicht den Satz vom »hervorragenden Sicherheitspersonal« gesagt, wenn er die wahre Geschichte aus der Sicherheitszentrale gekannt hätte.

»Als Sachse blutet mir natürlich das Herz«, sagt Thorsten Preuß in breitem Sächsisch, »muss ich ehrlich sagen – und deswegen die Angst davor, dass das für immer weg ist. Also, was würden Sie sagen«, wendet er sich sorgenvoll an die Generaldirektorin. »Das Einschmelzen oder so … man darf sich das gar nicht vorstellen! Hätte das denn finanziell mehr Sinn als das Verkaufen? Haben Sie die Angst auch, dass unser Schatz einfach weg ist? Was macht man da?« Ihr sei es wichtig, entgegnet Marion Ackermann, den Hinweis noch einmal zu geben, dass der Materialwert »überhaupt nicht mit dem übereinstimmt, was die Dinge historisch und kulturhistorisch bedeuten«. Da sei »eine Diskrepanz«. Darum könne »man nur hoffen und appellieren, dass das nicht eben so missbraucht wird«.

Eine ARD-Reporterin fragt: »Die Täter sind ja ziemlich zügig und zielsicher vorgegangen. Die müssen doch ein gewisses Maß an Insiderwissen gehabt haben – gibt es dazu schon Erkenntnisse?« – »Dazu gibt es keine Erkenntnisse«, antwortet Polizeipräsident Kubiessa, »ist aber mit Sicherheit ein Gegenstand der Ermittlungen.« Auch ein Thema mit Zukunft.

Stefan Locke, Korrespondent der *Frankfurter Allgemeinen Zeitung*, wendet sich an die Generaldirektorin. »Kennen Sie international ähnliche, vergleichbare Einbrüche?« Der Vergleich mit international großen Einbrüchen werde erfolgen, das sei notwendig, antwortet sie – und fügt hinzu: »... zuletzt war ja ein Einbruch in Berlin, im Münzkabinett, da gibt es vielleicht Aspekte.« – »Berlin liegt auf der Hand«, sagt der Kripochef – die Routineüberprüfung laufe bereits. »Sind die Gegenstände eigentlich versichert?«, fragt ein Journalist der *Welt*. »Der Freistaat versichert sich nicht selbst, versichert seine Werke nicht selbst«, antwortet die Generaldirektorin: »Das ist praktisch Teil der Staatshaftung.«

Und ZDF-Redakteurin Anja Charlet – geboren 1967 vor den Toren Dresdens in Freital – hat »eine Frage an die Polizei: Es hieß heute immer wieder, die Täter seien auffällig klein gewesen – vielleicht können Sie dazu noch mal was präzisieren?« Ihr antwortet der Polizeipräsident: »Das ist eine Erkenntnis, die ich noch nicht einmal hatte.« Dann lächelt er. Also keine Anhaltspunkte dafür, dass es Zwerge waren, die des Königs Juwelen stahlen.

An diesem Schwarzen Montag bleibt vieles im Dunkeln – als die Pressekonferenz begann, waren seit der Tat acht Stunden vergangen. Etwa, wie es den Einbrechern gelingen konnte, unbemerkt das Gitter vor dem Einstiegsfenster zu knacken, und warum die Sicherheitszentrale im Residenzschloss erst »so spät« die Polizei alarmierte. War die Außensicherung außer Betrieb?

Draußen, vor dem Westflügel des Residenzschlosses, in dessen Erdgeschoss sich das Grüne Gewölbe befindet, werden die Menschentrauben immer größer. Viele, die mit Straßenbahn oder Bus unterwegs sind, steigen am Postplatz aus und gehen die drei Minuten zu Fuß, um sich ein eigenes Bild zu machen. Sie sehen der Spurensicherung der Polizei aus der Ferne bei der Arbeit zu. In ihren Ganzkörperanzügen sehen sie von Weitem fast wie Teletubbies aus. Viele Menschen, die sich bislang noch nie gesehen haben, diskutieren miteinander, wie es zu dem Unfassbaren kommen konnte.

Am Nachmittag meldet sich die Familie Augusts des Starken zu Wort. »Wir waren immer davon ausgegangen, dass das gesamte Grüne

Gewölbe zu den sichersten Räumen auf der Welt gehören würde«, erklärt Alexander Prinz von Sachsen. Er ist Chef des früheren sächsischen Herrscherhauses Wettin – das Sachsen über mehr als achthundert Jahre führte und damit länger regierte als jede andere deutsche Dynastie, bis 1918 der letzte sächsische König Friedrich August III. abdankte – und Präsident der Freunde des Grünen Gewölbes. Er hoffe, sagt Alexander Prinz von Sachsen, dass es der Polizei gelinge, »diese einzigartigen Schätze unsere Geschichte« aufzufinden und »sicher in die Sammlungen zurückzubringen«.

Am Abend stellt die Dresdner Polizei ein Video ins Netz, das die Täter im Grünen Gewölbe zeigt. Eine 31 Sekunden lange Sequenz aus dem Juwelenzimmer – vom Frühmorgen dieses 25. November 2019. Aufgezeichnet von »4:57:51« Uhr bis »4:58:22«. Schemenhaft ist zu sehen, wie zwei finstere Gestalten – eine hält eine Taschenlampe in der Hand – im Juwelenzimmer gezielt zu einer Vitrine stürmen und eine beginnt, mit einem Gegenstand die Scheiben aufzuhacken.

Das Netz ätzt über die schlechte Bildqualität. Wenn »das Überwachungsvideo exakt 5 Pixel hat, sollte man sich dann nicht mal langsam Gedanken machen, wie geil die deutschen Museen wirklich gesichert sind?«, twittert Sebastian Heering. »Tanzende Taschenlampen bei Nacht«, betitelt ein anderer das Video: »Tänzer leider unbekannt.« Und jemand spottet: »Babyfon und Webcam liefern da ja bessere Bilder, auch bei Nacht.« Das Newsportal TAG24 bilanziert: »Die wohl schlechtesten Bilder in der Geschichte des modernen Kunstraubs.«

KAPITEL 3

DIE SCHRECKEN NACH DER TAT

TAG 1 NACH DEM EINBRUCH, DIENSTAG, 26. NOVEMBER 2019

Vor dem Residenzschloss stehen mehrere Fernsehübertragungswagen. Journalisten sind nicht nur aus München, Hamburg und Berlin angereist, sondern auch aus Tschechien, Polen und Russland. In den Medien herrscht weltweit Entsetzen über den dreisten Diebstahl in Dresden. Vor den Polizeiabsperrungen am Westflügel des Residenzschlosses stehen Schaulustige – Dresdner wie Touristen. Sie diskutieren die eine Frage: »Wie konnte das passieren?«

Unter den 91 Hinweisen, die bei der Polizei eingingen, ist keine heiße Spur.

Drinnen im Schloss darf der Museumsdirektor noch immer nicht in sein Museum. Die Spurensicherung dauert an. So weiß Dirk Syndram auch zur Mittagszeit noch nicht, was alles weg ist.

Wie konnte das passieren? Fassungslose Passanten vor dem Dresdner Residenzschloss

Am Nachmittag gibt es im Schloss ein Update für die Journalisten. Eine Pressekonferenz im Stehen. Um vier Uhr treten die SKD-Verantwortlichen im Kleinen Schlosshof vor die Kameras. Gerade hätte er die Möglichkeit gehabt, berichtet Museumsdirektor Syndram, sich die angegriffene Vitrine anzuschauen. Sie sei in einem »fürchterlich desolaten Zustand«. Drei Löcher in den Scheiben. Aber zum Glück hätten die Täter nicht alles aus den Vitrinen mitgenommen. Allerdings hätten die Diebe alle zurückgelassenen Schmuckstücke mit einem weißen Pulver angesprüht, vermutlich Feuerlöschschaum, um Spuren zu verwischen. »Wir müssen gucken, wie die Perlen das überstanden haben.« Leer sei die Vitrine nicht: »Aber sie zeigt ein Kampffeld.«

Wie am Vortag drehen sich viele Journalistenfragen darum, ob von der Sicherheitszentrale der SKD schnell genug die Polizei gerufen wurde. Beispielsweise, warum der Mitarbeiter dort, nachdem er den Einbruch bemerkt hatte, nicht auf den Knopf für den Notruf drückte, der direkt bei der Polizei landet, sondern zum Telefonhörer griff und die 110 wählte. »Er hat sich für 110 entschieden«, antwortet Dirk Burghardt, der kaufmännische Direktor der SKD, »weil er innerhalb kürzester Zeit drei Alarmierungen gesehen und die Bilder auf seinem Monitor gesehen hat«, um bei der Polizei »sofort sagen zu können, was und wo«. Das Residenzschloss sei eine große Anlage – bei einem Druck auf den Alarmknopf hätte die Polizei diese Information nicht bekommen.

Ein Journalist fragt, warum der Alarm nicht losging, als die Täter im Vorgarten vor dem Fenster zum Historischen Grünen Gewölbe waren – dort seien ja Bewegungsmelder und Kameras – und das Gitter aufbrachen, das mache ja Krach. »Gibt es irgendeine plausible Erklärung dafür?«, will er wissen. »Wir kommen hier tatsächlich in den Bereich der Ermittlungen«, blockt Direktor Burghardt ab, zu dem er nichts sagen wolle. Der »Vorbereich« vor der Schlossfassade werde doch von Bewegungsmeldern überwacht, bohrt der Journalist nach – »warum ist die Alarmanlage nicht angesprungen?« – »Wir können zu dem Außenbereich noch nichts sagen«, ergreift Generaldirektorin Ackermann das Wort, weil dort derzeit noch untersucht werde und es noch kein Ergebnis gebe. Die Polizei werde, »sobald es klar ist, selbst dazu sprechen«. Aber bestätigen könne sie, dass in dem Moment »mehrere Alarme angegangen« seien, als die Täter den Pretiosensaal »durchschritten« – dort waren sie eingestiegen und dann durch das Wappenzimmer ins Juwelenzimmer geflitzt. Zur Vitrine ihrer Begierde. So hätten die Mitarbeiter sehen können, wie sich die Täter durch die Räume zur Vitrine bewegten. »Können Sie uns sagen, wann die das erste Mal die Täter gesehen haben?«, fragt die Redakteurin der Deutschen Presse-Agentur Simona Block, »wann hatten die das erste Bild?« – »Genau in diesem Moment, als der Raum betreten wurde«, antwortet SKD-Sicherheitschef Michael John, »gab es die erste Alarmierung« – und von da an auch »die ersten Videobilder«. So bleibt auch an diesem Nachmittag – es ist eine der zentralen Fragen – unklar, warum es keinen Alarm gab, als sich die Täter am Gitter und von außen am Fenster zu schaffen machten. Funktionierte die Außensicherung nicht?

Pressekonferenz im Stehen: Dirk Burghardt (kaufmännischer Direktor), Dirk Syndram (Direktor Grünes Gewölbe), Marion Ackermann (SKD-Generaldirektorin) und Michael John (Leiter der Abteilung »Bau, Technik, Sicherheit«)

Anderes Thema: Das Licht in den Räumen des Historischen Grünen Gewölbes. Warum ging es nicht an, als dort der Alarm losging – automatisch oder von Menschenhand in der Sicherheitszentrale geschaltet? »Es ist kein Automatismus, dass das Licht angeht«, erläutert SKD-Direktor Burghardt. Aber es bestehe die Möglichkeit, es einzuschalten. Das sei eine »Ermessensentscheidung« des Wachdienstes. Burghardt rechtfertigt dessen Verhalten: Richtig sei es gewesen, das Licht nicht einzuschalten. Denn wenn es eingeschaltet worden wäre, wäre das »eine oder andere sicherlich noch mitgenommen« worden. »Dass es dunkel war«, begründet Burghardt weiter, »hat unter anderem dazu geführt, dass die Dinge, die die nicht sofort – weiß nicht, wie sie die transportiert haben – eingesteckt haben, sage ich mal so, dass es Gott sei Dank den nicht noch gesehen wurde, dass so große Objekte nicht mitgenommen wurden.« – »Mit Verlaub« – pfeffert ihm ein Journalist dazwischen, »Sie wollen uns jetzt allen Ernstes erzählen, dass der Sicherheitsmann richtig gehandelt hat, indem er das Licht ausgeschaltet gelassen hat?« Die Täter hätten Taschenlampen gehabt, den Bruch generalstabsmäßig vorbereitet und offensichtlich Insiderkenntnisse besessen – und nun, wegen des Nichteinschaltens des Lichts, könne man die Täter nicht erkennen. Das Fazit des Journalisten: Burkhardts Begründung für das Nichteinschalten des Lichts sei »doch absurd«. Direktor Burkhardt lächelt. Sagt nichts mehr. Der Journalist feuert nach: »Das kann man doch nur bizarr finden.« SKD-Generaldirektorin Ackermann übernimmt. »Das können Sie bizarr finden«, sagt sie. Aber sie sei heilfroh, dass es so gelaufen sei: Nachdem das »Schlachtfeld« im Museum besichtigt worden sei, »können wir sagen: Nur deshalb sind zahlreiche Stücke, die runtergefallen sind oder für die Täter in diesem Moment nicht mehr sichtbar waren, gerettet worden.« Aus »Sicht der Kunstwerke« sei »die Entscheidung vermutlich richtig« gewesen.

Anderes Thema: Waren die Vitrinen zureichend gesichert? Nach »der damaligen Gefahrenbeurteilung« sei er der Meinung gewesen, sagt Dirk Syndram zu den Sicherheitsvorkehrungen, dass die Vitrinen

»sehr gut ausgestattet waren«. Die Generaldirektorin ergänzt, sie seien »dreifach gesichert«: »Von oben mit einem Bewegungsscanner, dann die Verschlusssicherung und die Öffnungssicherung.« Ein Journalist hält dagegen. Nicht anders als im Fußball sei doch aber entscheidend, »was rauskommt« : »Geklaut wurde trotzdem.« – »Klar, da haben Sie recht«, entgegnet Ackermann. »Da haben Sie vollkommen recht«, fügt Dirk Syndram hinzu. Beide nicken zustimmend – und sagen nichts mehr zu dem Thema.

Weiteres Thema: Die Videoaufnahmen aus dem Grünen Gewölbe, die die Täter beim Einbruch zeigen und am Abend zuvor von der Polizei ins Netz gestellt wurden. Warum sind die »so lausig schlecht?«, fragt ein Journalist. Museumsdirektor Dirk Syndram lächelt verlegen, wendet sich zu seiner Chefin Ackermann und frohlockt tuschelnd: »Ich habe sie nicht gemacht!« Die Generaldirektorin lacht. »Das war leider offenbar Ziel des Vorgehens der Täter«, holt Sicherheitschef John aus: »Denn eine Videoaufnahme braucht vor allen Dingen eins, nämlich Licht. Und Sie wissen, dass genau zeitgleich mit dem Einbruch – aus welchen Gründen auch immer – die Stadtbeleuchtung am Theaterplatz ausgefallen ist. Also, das heißt: Wenn man kein Licht hat, ist es auch tatsächlich so, da gibt es dann einen speziellen Modus für die Kamera, aber auch der benötigt ein Stück Restlicht. Das ist die Antwort auf Ihre Frage.« Tatsächlich? Bestimmt nicht. Die Antwort ist falsch. Denn »lausig« sind die Aufnahmen aus dem Historischen Grünen Gewölbe nicht, weil die Straßenbeleuchtung vor dem Gebäude ausfiel – im Gebäude gab es keinen Stromausfall –, sondern weil der Wachmann das Licht im Grünen Gewölbe nicht einschaltete. Aber das sei kein Fehler gewesen, hatten Generaldirektorin und der kaufmännische Direktor wenige Minuten zuvor der Runde gesagt.

Auf einmal verfinstern sich die Gesichter der vier SKD-Verantwortlichen – ein Reporter hatte die Frage gestellt: »Ist mal jemand von Ihnen auf den Gedanken gekommen, persönliche Konsequenzen aus dem Kunstraub zu ziehen?« – »Die entscheidende Frage, die Sie stellen, ist«, formuliert Sicherheitschef John die Reporterfrage um, »sehen wir Fehler in den Abläufen?« Er und seine Kollegen hätten bisher »sehr viele Erkenntnisse gewonnen«, ebenso hätten die »Ermittlungsstellen sehr viele Erkenntnisse gewonnen. Wir haben aber bisher gleichzeitig auch gesehen, dass wir unsere Aufgaben … äh bisher, soweit wir das sehen … äh … hm … hm …« Und dann verstummt der Sicherheitschef. Zu Hilfe kommt ihm seine Chefin Marion Ackermann – mit den Worten »… erfüllt haben«.

»Unser Hauptziel« sollte sein, orientiert sie, »dass sich alle Energien und Kräfte darauf konzentrieren, die geraubten Werke zurückzubekommen.«

Ein Journalist möchte wissen, ob die Formulierung von Innenminister Wöller, die Tat sei ein »Anschlag auf die Identität Sachsens«, nicht doch ein »bisschen hoch gegriffen« sei. »Die Identität der Sachsen oder die Seele der Sachsen ist getroffen damit«, antwortet die Generaldirektorin und verweist auf die Geschichte des Grünen Gewölbes seit 1729 und darauf, »dass damit eine so starke Emotion verbunden« sei. So fände sie »schon, dass das Grüne Gewölbe einfach einen Kern der sächsischen Identität bedeutet«. »Es handelt sich um die Kronjuwelen Sachsens«, ergänzt Dirk Syndram. »Das ist das, was beispielsweise England im Tower hat.« Nun könne man sagen – bei dem, was da im Tower sei: »Ist das ein Teil der Identität oder nicht?« Vielleicht sei das ein bisschen pathetisch. »Aber bildhaft finde ich das schon ganz gut getroffen.«

TAG 2 NACH DEM EINBRUCH, MITTWOCH, 27. NOVEMBER 2019

Das Residenzschloss öffnet wieder für Besucher, um zehn Uhr, und zwar die Museen Neues Grünes Gewölbe, Kupferstich-Kabinett, Münzkabinett und Rüstkammer mit Türkischer Kammer. Aber das Historische Grüne Gewölbe bleibt geschlossen. Noch sind die Spurensicherer zugange.

In der *Sächsischen Zeitung* nimmt der Direktor des Grünen Gewölbes Dirk Syndram zu der seit dem Einbruch bundesweit in den Medien diskutierten Frage Stellung, ob die »Sicherheitsvorkehrungen« zureichend waren.

Sein Fazit: Das System ist in der Theorie hervorragend, hat aber den Praxistest nicht bestanden. »Unser Sicherheitssystem ist vor vier Jahren überprüft worden mit dem Ergebnis: alles bestens«, sagt er. »Theoretisch war es das auch. Praktisch, das mussten wir nun feststellen, leider nicht.« Er gehe davon aus, dass »die Diebe hochprofessionell waren«: »Das war fast wie ›Mission Impossible‹, was die da veranstaltet haben. Die wussten genau, was sie taten.«

Einstiegsfenster: Durch die abgetrennten Streben auf der linken Seite kletterten die beiden Einbrecher

Überrascht zeigt sich Syndram davon, wie schnell das Glas der Vitrine zerdeppert wurde. »Das, was uns der Lieferant des Sicherheitsglases versprochen hat, hat nicht gehalten.« Er sei davon ausgegangen, »dass man eine Viertelstunde mit einer Axt darauf einschlagen muss, bevor man es beschädigen kann«. Tatsächlich benötigten die Täter nur eine Minute.

Am Nachmittag teilen die Staatlichen Kunstsammlungen mit, nachdem Museumsdirektor Syndram und seine Mitarbeiter die Fotos von der Vitrine ausgewertet haben, »rund 100 Einzelobjekte« seien gestohlen worden. Betroffen von dem Einbruch seien die »Diamantrosengarnitur«, die »Brillantgarnitur« sowie der »Diamantschmuck und die Perlen der Königinnen«. Diese drei Garnituren enthielten Diamanten in verschiedenen Schliffformen, die zum allergrößten Teil von August dem Starken und seinem Sohn Friedrich August II., der sich als König von Polen August III. nannte, erworben wurden. Ihre Fassungen erhielten sie größtenteils zwischen 1782 und 1789.

Diese Schmuckgarnituren waren Teil der Beeindruckungsstrategie von Friedrich August I. – er ist der Inbegriff des barocken Prunks. August der Starke, von dem heute alle sprechen, nannte ihn damals keiner. Das geschieht erst ein Jahrhundert nach seinem Tod. Kennengelernt hatte er die Magie der Protzjuwelen als junger Mann, als Siebzehn- und Achtzehnjähriger auf seiner »Grand Tour« am Hofe Ludwigs XIV. (1638–1715). Diese »große Reise« – auch »Kavalierstour« genannt – war eine obligatorische Reise der Söhne des europäischen Adels durch Mitteleuropa, Frankreich, Italien und Spanien. Später machten es die Söhne des Bürgertums ihnen nach. Zweck der Reise war, dass die jungen Männer Kultur und Sitten anderer Länder kennenlernen, für das weitere Leben nützliche Verbindungen knüpfen, ihre Sprachkenntnisse und Manieren verbessern.

Am sächsischen Hof taucht der Begriff »Garnitur« erstmals 1719 in einem Inventar auf: ein Ensemble von zusammengehörigen Schmuckstücken – aufgrund des Materials, der Bearbeitung oder unter stilistischen Gesichtspunkten –, das an einem bestimmten Gewand getragen wird. Die Grundausstattung besteht aus mehreren Dutzend Teilen: Rock- und Westenknöpfe, Manschettenknöpfe, Zierschnallen für Schuhe, Kniehose und Hut. Oft gehören dazu Orden, eine Epaulette – ein Achselband – und ein »Hofdegen«: eine Zierwaffe. Die Stücke werden angesteckt oder angenäht, beispielsweise Knöpfe und Hutschmuck. Zehn derartige Garnituren ließ sich August der Starke im Lauf seiner Regentschaft anfertigen – Ludwig XIV., der französische Sonnenkönig, mit dem er sich zeit seines Lebens in einer Art Wettbewerb sah, hatte es auf drei Garnituren gebracht.

Zwei der vom Einbruch betroffenen Garnituren waren des Königs – Herrenschmuck: Am meisten betroffen ist die Diamantrosengarnitur. Benannt nach der Art des Schliffs, die seit dem vierzehnten Jahrhundert bekannt ist. Das Oberteil eines relativ flachen Diamanten wird in dreieckige Facetten geschliffen. Dadurch erscheint der Diamant größer, als er ist. Strahlender aber wirkt die Lichtbrechung durch den später entwickelten Brillantschliff bei der Brillantgarnitur. Und der Schmuck der Königinnen besteht aus Damenschmuckstücken, die die aktuelle Königin tragen durfte.

Betrachtet man die Beute nicht nach »Einzelobjekten«, wie die Staatlichen Kunstsammlungen bei der Bestandsaufnahme an diesem Tag, sondern nach »Schmuckstücken« insgesamt, wie später die Staatsanwaltschaft Dresden, stahlen die Einbrecher 21 Schmuckstücke – besetzt »mit über 4316 Diamanten und Brillanten«.

Aus der kostbarsten und repräsentativsten Garnitur, der Brillantgarnitur, fehlen drei Stücke: die Epaulette mit dem Sächsischen Weißen, der »Reiterstutz« – ein Hutschmuck: ein funkelndes Gitter, 15 Zentimeter hoch, besetzt mit 299 Brillanten – und der Bruststern des polnischen Weißen-Adler-Ordens. Eine strahlende Fläche voller Brillanten, 15 mal 15 Zentimeter groß. In der Mitte das Malteserkreuz aus roten Rubinen.

Das wertvollste Stück aus dieser Garnitur – und der Beute insgesamt – ist die Epaulette: ein zwanzig Zentimeter langes »Achselband«. Der König trug es auf der Schulter. Die unteren Teile baumelten locker herunter. Besetzt ist die Epaulette mit dem 50 Karat schweren »Sächsischen Weißen Diamanten«, zwei weiteren großen weißen Brillanten, 39 und 21 Karat schwer, und sechshundert kleineren Diamanten. Den »Sächsischen Weißen« hatte August der Starke im Februar 1728 für 200 000 Taler von einem Hamburger Juwelier kaufen lassen. Von den anderen Diamanten ist nur der Kaufpreis für den 39-Karäter bekannt: Für 80 000 Taler erwarb ihn der sächsische Hof 1742 in Wien.

Der Wert dieser Epaulette: damals – unvorstellbar. 280 000 Taler allein für zwei Steine! Plus, plus, plus. Zum Vergleich: Die Dresdner Frauenkirche kostete 288 000 Taler – in dieser Zeit erbaut, zwischen 1726 und 1743. Fünfundneunzig Meter ist sie hoch. Und der Preis für eine Tonne Gold betrug damals 100 000 Taler.

Aus der Diamantrosengarnitur fehlen vierzehn Teile. Auch das Hauptstück des Ensembles: eine 22 Zentimeter lange Epaulette – mit dem größten Diamanten im Rosenschliff, der je in einer Garnitur verbaut wurde. Schon 1719 trug ihn August der Starke am Hut. Ebenso gestohlen wurden der »Hofdegen« – 96 Zentimeter lang, sein Griff ist ein funkelndes Wunder mit 770 Diamanten, und das »Kleinod des polnischen Weißen-Adler-Ordens«: ein 13 Zentimeter hoher sternförmiger Orden mit einer Öse, um ihn am Wams festzunähen.

Der Wert dieser Garnitur wurde zu Zeiten August des Starken, 1719, auf 1,4 Millionen Taler geschätzt. Ein Betrag, der für fünf Frauenkirchen gereicht hätte.

Vom »Diamantschmuck der Königinnen« stahlen die Einbrecher vier Teile, darunter die »Große Brustschleife«, ein 21 Zentimeter breites Band mit außergewöhnlich hoher Diamantendichte – auf ihm glitzern 51 große und 611 mittlere bis kleine Diamanten. Brustschleifen gehörten im achtzehnten und neunzehnten Jahrhundert zum höfischen Damenschmuck. Getragen wurden sie unterhalb des

Ausschnitts. Das Schmuckstück hatte Kurfürst Friedrich August III. 1782 für seine Gemahlin Amalie Auguste bei Hofjuwelier Christian August Globig in Auftrag gegeben – und der verwendete dafür Diamanten von aus der Mode gekommenen Teilen der Brillantgarnitur. So verbaute er 27 Rock- und 12 Westenknöpfe aus dem Grüne-Gewölbe-Bestand. Carola von Sachsen, die letzte Königin Sachsens, trug die »Große Brustschleife« in den Siebziger- und Achtzigerjahren des neunzehnten Jahrhunderts bei Festen des sächsischen Hofes.

Am Abend des zweiten Tags nach dem Diebstahl sind über zweihundert Hinweise bei der Polizei eingegangen. Darunter aber »kein Hinweis, der unseren Puls erhöhen lässt«, sagt Polizeisprecher Thomas Geithner.

TAG 3 NACH DEM EINBRUCH, DONNERSTAG, 28. NOVEMBER 2019

»Der ›offenbar technisch perfekt durchgezogene Einbruch in die deutsche Schatzkammer‹ werfe »Fragen auf, die weit über die Integrität des Weltkulturerbes hinausreichen«, kommentiert Michael Stürmer in der *Welt*. Das Fazit des emeritierten Geschichtsprofessors und langjährigen *FAZ*-Leitartiklers: »Dresden gibt eine Ahnung dessen, was Ernstfall bedeutet.«

Stürmer hebt den Dresdner Bruch auf die Metaebene Bundesrepublik: Dass »allenthalben Umbruch ist und Ungewissheit«, sei theoretisch »durchaus bekannt« gewesen – ein »Dauerthema des informierten Diskurses«. Aber gerade erst gelernt werde »an Beispielen wie Dresden«, was das »in der Realität für Staat und Gesellschaft bedeutet, für Überleben und Zusammenleben in komplexen Gesellschaften und für die politisch-moralische Grundstimmung«. Die Erfahrung treffe »auf Schock, Überforderung und Ratlosigkeit«. Denn wer könne schon »mit Überzeugung behaupten, dass, wenn schon der

Staatsschatz geplündert werden kann, die kritische Infrastruktur des menschlichen Zusammenlebens unverwundbar wäre«?

Fraglich sei, ob der Staat noch garantieren könne, »was seine wichtigste Aufgabe und zugleich Rechtfertigung zu allen Zeiten war und ist, Leib und Leben seiner Bürger zu gewährleisten und ihnen die Angst zu nehmen«. Dresden, wo »Schloss und Riegel« versagt hätten, gebe eine Ahnung dessen, »was Ernstfall bedeutet«. Groß seien Erpressungspotenzial und so auch die Störanfälligkeit dessen, »was in Fachkreisen kritische Infrastruktur heißt – Wasser, Elektrizität, Krankenhäuser, Transport – und doch nicht mehr meint als die Lebensbedingungen im Zeitalter des anhaltenden Umbruchs«. Sicherheit sei nicht alles. »Aber alles wäre nichts ohne Sicherheit.« Stürmers Fazit: »Nichts ist mehr sicher. Sogar der Staatsschatz nicht.«

Via Medien bekommen die Staatlichen Kunstsammlungen Sicherheitsschelte. Deutliche Kritik an den Sicherheitsvorkehrungen im Historischen Grünen Gewölbe übt Willi Korte, ein renommierter Provenienzforscher und Kunstdiebstahlexperte – sein Spürsinn sorgte dafür, dass nach fast fünfzig Jahren der größte Teil des Quedlinburger Domschatzes 1993 in die Stiftskirche St. Servatius zurückkehrte. Für die Einbrecher in Dresden sei es »zu leicht« gewesen, erklärt er gegenüber der Deutschen Presse-Agentur – mit Verweis auf Gitter, die durchgesägt werden konnten, Fenster, die sich öffnen ließen, Videoaufzeichnungen ohne Beleuchtung und Wachpersonal, das trotz Bewaffnung nicht sofort eingriff. Sein Urteil: »Im Zweifelsfall ist ein hochpreisiger Juwelier besser gesichert.« Ähnlich kritisch-deutlich die Ferndiagnose des Kunstraubexperten Christian Fuhrmeister, Professor am Zentralinstitut für Kunstgeschichte München: So »edle Kostbarkeiten« wie die in Dresden, müssten »doch besser geschützt werden«.

Die Polizei lobt 500 000 Euro aus für »Hinweise, die zur Aufklärung der Straftat und zur Ermittlung oder Ergreifung der Täter oder zum Auffinden der Diebesbeute führen«. Die Soko Epaulette wird auf vierzig Kriminalisten aufgestockt.

Einstiegsfenster: Das Loch im Gitter wird zugemacht

Die LKA-Tatortgruppe beendet ihre Spurensicherung. Kurz darauf schweißt ein Handwerker Eisenstreben vor das Loch im Fenstergitter, das die Täter hineingeschnitten hatten.

TAG 4 NACH DEM EINBRUCH, FREITAG, 29. NOVEMBER 2019

Hausdurchsuchungen bei Mitarbeitern des Wachpersonals. Die Polizei nimmt einen Wachmann fest. Sie geht dem Verdacht nach, die Täter könnten von einem Mitarbeiter des Sicherheitsunternehmens Informationen über die Räume und das Sicherheitssystem bekommen haben. Insiderinformationen. Aber die Hausdurchsuchungen erbringen nichts Relevantes. Der Mann kommt wieder auf freien Fuß. Gegen ihn besteht kein dringender Tatverdacht – Voraussetzung für einen Haftbefehl.

Das Einstiegsfenster, durch das die Einbrecher kletterten, entwickelt sich zunehmend zum Besuchermagneten. Immer mehr Menschen stehen an den Absperrungen vor dem Schloss am Theaterplatz – ohnehin das touristische Herz der barocken Kunststadt. Zwei Männer summen die Dixieland-Titelmelodie der *Olsenbande*. Eine dänische Kriminalkomödie. Ihre Folgen waren in der DDR sehr beliebt: Ewig träumt das Ganoventrio vom großen Coup. Aber es scheitert jedes Mal. Irgendetwas geht immer schief. Nun, in Dresden, könnte es anders sein. Es scheint, als ob aus Sicht der Täter nichts schiefgegangen ist.

Bei der Sonderkommission sind mittlerweile 342 Hinweise eingegangen. Aber kein einziger heißer darunter.

TAG 5 NACH DEM EINBRUCH, SONNABEND, 30. NOVEMBER 2019

Elmira Prinzessin von Sachsen fordert in *BILD* »die Diebe auf, alle geraubten Schätze unverzüglich zurückzubringen«. Andernfalls »werden Sie in ewiger Verdammnis in der Hölle schmoren«. Die Historikerin war mit dem letzten Enkel des letzten Sachsen-Königs Friedrich August III. verheiratet – ihr Mann verstarb vor sieben Jahren. »Zutiefst erschüttert« erklärt sie sich darüber, »wie schlecht der Freistaat Sachsen die einstigen Schätze meiner Familie schützt«. Damals, als die Wettiner noch regierten, vor 1918, hätten »schwer bewaffnete Schlosswachen unsere Juwelen mit ihrem Leben« beschützt. Aber »heute lungern zwei private Sicherheitsleute mit Schlagstöcken in einem Hinterzimmer«.

»Der Schock von Dresden« – die Titelschlagzeile der Wochenendausgabe der *Sächsischen Zeitung*: »Diese eine Frage treibt ganz Sachsen seit Montag um: Wie konnte das passieren?« Eine Antwort gibt es nicht. Noch nicht.

In ihrem Essay geht Karin Großmann der Frage nach, wie »sich die große Betroffenheit erklären« lässt. Niemand hätte es für möglich gehalten, schreibt die Journalistin, »dass die viel gelobte Kombination aus alten Mauern und Schlössern und neuer Technik versagt«. Angesichts von »Axthieben im Taschenlampenschwenken«, um an die außergewöhnlich eleganten Schmuckensembles zu gelangen, die »in Dresden über Jahrhunderte gepflegt und gehegt« worden seien, fühle »man sich ohnmächtig«. Die Tat hätte »außerhalb jeder Vorstellung« gelegen. Sie mache »fassungslos«, »weil sie direkt vor der Haustür passiert ist«. Grund für »die unerhörte emotionale Erregung nach dem Einbruch im Grünen Gewölbe« sei, dass sich nun mancher »noch viel unsicherer« fühle. Dabei sei das Sicherheitsgefühl ohnehin schon »ramponiert« – »angesichts von Minuszinsen, Klimanotstand und Videoüberwachung«.

Ihr Fazit ist im Kern ähnlich wie das des Historikers Michael Stürmer drei Tage zuvor: Die große Betroffenheit vieler Menschen über den Einbruch ins Grüne Gewölbe resultiert aus der sich daraus erhebenden Frage: Was kann der Staat überhaupt noch, wenn er nicht einmal mehr in der Lage ist, den Staatsschatz zu schützen? Infrage stehen nicht weniger als die Grundfesten eines funktionierenden Staatswesens.

TAG 6 NACH DEM EINBRUCH, SONNTAG, 1. DEZEMBER 2019 – ERSTER ADVENT

Tausende Menschen, Touristen wie Dresdner, pilgern vom Striezelmarkt zum Residenzschloss, um das Einstiegsfenster zu besichtigen. Fast prozessionsmäßig. Allein, in Paaren und in Scharen: Von außen ist nichts zu sehen. Außer Metallstreben, die in den fehlenden Teil des Gitters eingefügt wurden. Und einem blauen Polizei-Passat, der vor der Einstiegsstelle parkt. Viele Besucher blicken ratlos. Viele sprechen hier »vor Ort« über die Frage, die seit einer Woche an dieser Stelle diskutiert wird: Wie konnte das passieren? Wäre vor einer Woche, am Sonntagabend ab 20:15 Uhr, der Dresdner *Tatort* in der ARD genau mit dem Plot gelaufen, der in dieser Woche ans Tageslicht kam – die Zuschauer hätten die Story für ausgeschlossen gehalten und gedacht, mit dem Drehbuchautor seien am Schreibtisch die Pferde durchgegangen.

Nach wie vor hat die Polizei keine heiße Spur.

Quintessenz eine Woche nach der Tat: Beute und Täter sind verschwunden. Dafür hat Dresden eine neue Touristenattraktion: das Einstiegsfenster im Grünen Gewölbe. Kein Fenster war in dieser Woche mehr in den Medien zu sehen.

KAPITEL 4

DIE SOKO EPAULETTE ERMITTELT – AUF DER SPUR DER REMMOS

Betrachtet man den »Jahrhundertdiebstahl« vom Ergebnis her, nämlich dass ein Remmo-Einbruchskommando die Taten verübte, zeigen die aufwendigen Ermittlungen der Soko Epaulette, wie schwer die Arbeit für sie ist, wenn Täter wie die Remmos unterwegs sind, die wissen, wie man »spurenvermeidend« arbeitet.

An den Tatorten ist – von einer Ausnahme abgesehen – nichts zu finden, was die Täter überführt. Immer wieder stoßen die Beamten bei ihren Ermittlungen auf Phantome: bei den Eigentümern der Tatfahrzeuge wie auch bei den »Anschlussinhabern« der SIM-Karten in den »Arbeitshandys«. Die Täter sind mit allen Wassern gewaschen und haben so »gut« gearbeitet, dass es den Ermittlern in keinem Fall gelingt, hinter dem falschen Schein auf eine tatsächlich existente Person zu stoßen. Zudem zeigen die Ermittlungen, wie akribisch die Remmos den Einbruch ins Grüne Gewölbe von langer Hand vorbereitet haben.

Am Morgen des Einbruchs geht gegen sechs Uhr Olaf Richter (51) auf der Carolabrücke über die Elbe – elbaufwärts die nächste Brücke neben der Augustusbrücke. Fünfhundert Meter entfernt. Wie jeden Montag ist der Leiter des Dresdner Einbruchsdezernats etwas früher als sonst auf dem Weg zu seiner Dienststelle, um dort den »Lagefilm« vom Wochenende in Ruhe zu studieren: die Zusammenfassung polizeirelevanter Vorkommnisse.

Mitten auf der Brücke stutzt er – Brandgeruch zieht in seine Nase. Angekommen in seiner Dienststelle im Dresdner Polizeipräsidium, schaut er sich sofort den Lagefilm an und liest: »Einbruch Schloss, Grünes Gewölbe«. Mit einem Kollegen fährt er zum Tatort. Als er dort hört, dass die Täter eine Vitrine geöffnet haben, wird sein »Entsetzen immer größer«, und er findet: »Eine Tragödie für uns Sachsen.«

Noch an diesem Vormittag wird Olaf Richter zum Leiter der Sonderkommission ernannt. Der gebürtige Dresdner ist seit dreißig Jahren bei der Polizei. Ein erfahrener Kriminalist. Er steht im Ruf, ein ruhiger, nüchterner Analytiker zu sein. Einer, der stets ausgesprochen gründlich vorgeht. Er arbeitet mit System und Bedacht. In seinem dunklen Anzug mit der breiten Krawatte und mit Halbglatze hat er nichts gemein mit schneidigen Fernsehkommissaren wie Horst Schimanski oder Max Ballauf. Er erinnert eher an Bruno Ehrlicher alias Peter Sodann oder an Herbert Keller alias Erik Ode.

Zur Zentrale der Schatzjäger wird das frisch renovierte Großraumbüro A.3.312 der Polizeidirektion Dresden in dem festungsähnlichen Polizeipräsidium. Eingeweiht wurde es 1900 als Königlich-Sächsisches Polizeipräsidium. In dem Großraumbüro laufen alle Drähte zusammen: Beamte sitzen vor Monitoren, studieren Papiere, beratschlagen, telefonieren mit Kollegen und Zeugen. Zunächst sind zehn Ermittler bei der Soko im Einsatz, dann werden es zwanzig. In der Spitzenzeit sind es sechzig. Bei einer der Besprechungen am Vormittag nach der Tat fragt einer der Beamten, was denn die Einbrecher gestohlen hätten. »Na, die Epaulette«, antwortet ein Kollege – es wird der Name der Sonderkommission.

»Wichtig ist, dass wir zu Beginn der Ermittlungen so viel ermitteln wie möglich«, lautet das Credo des Chefs der Soko Epaulette Olaf Richter. »Was man im ersten Angriff versäumt, kann man nicht mehr aufholen.« Und so befragen am Morgen nach der Tat Beamte am Schloss und an der ausgebrannten Tiefgarage Passanten, ob ihnen vierundzwanzig Stunden zuvor etwas aufgefallen ist. Auch mit Gästen aus dem Fünfsternehotel Taschenbergpalais sprechen sie – es liegt schräg gegenüber dem Grünen Gewölbe. Aber die Befragungen bringen die Ermittler nicht weiter. Durch Dresdens Westen, dort liegt die ausgebrannte Tiefgarage, fahren Kriminalisten auf der Suche nach Überwachungskameras, die Fotos vom Täterfahrzeug gemacht haben könnten. Zu schlecht für eine Öffentlichkeitsfahndung ist die Qualität der Aufnahmen aus den Kameras im Historischen Grünen Gewölbe. So gibt es in der Startphase keine heiße Spur. »Wir haben nicht viel«, resümiert der Kriminalrat zwei Tage nach der Tat, »aber durchaus ein paar Ansätze.« Die Täter sind mit der Beute über alle Berge. Die Ermittler brauchen einen langen Atem.

Dreh- und Angelpunkt für sie ist, die Geschehnisse an den drei Handlungsorten aufzuklären – sie liegen in einem Radius von anderthalb Kilometern und wurden innerhalb einer Viertelstunde zu Tatorten. Gegen 4:52 Uhr legten Mitglieder der Tätergruppe den Brand im Pegelhaus an der Augustusbrücke. Um 4:57 Uhr kletterten zwei von ihnen durch ein aufgebrochenes Gitter und dann durch das aufgedrückte Fenster direkt ins Historische Grüne Gewölbe. Und um 5:07 Uhr steuerten sie ihr Fluchtfahrzeug in eine Tiefgarage, das sie dort ansteckten. Was passierte wie und warum? Die Antworten scheinen der Schlüssel dafür zu sein, den Juwelendieben auf die Spur zu kommen.

TATORT RESIDENZSCHLOSS

Schon die ersten Erkenntnisse der Ermittler zeigen, dass Profis der Spitzenklasse am Werk waren. Ein Blitzeinbruch. Bereits fünf Minuten nach dem ersten Alarm im Historischen Grünen Gewölbe waren die Täter in der stockfinsteren Nacht verschwunden. Wie schnell alles ablief, zeigen die Uhrzeiten, die die Ermittler zu Protokoll nehmen: Ausgelöst wurde der erste Alarm um 4:57 Uhr im Historischen Grünen Gewölbe. Um 4:59 Uhr wählt ein Wachmann in der Sicherheitszentrale des Residenzschlosses den 110-Notruf: »Wir haben bei uns im Grünen Gewölbe gerade Einbrecher gesehen, zwei Personen«, sagt er – dabei klingt er bemerkenswert gelassen. »Wir brauchen Unterstützung.« – »Ich schicke Kollegen los«, antwortet der 110-Polizist. Der erste Streifenwagen trifft um 5:04 Uhr am Schloss ein. Zu spät. Die Täter sind weg.

Residenzschloss Dresden: Im Erdgeschoss das Historische Grüne Gewölbe

Wie schnell die Einbrecher verschwanden, erfahren die Ermittler von drei Augenzeugen. Die drei sind Wachmänner – und hatten den Tätern bei der Flucht zugeschaut: Mitarbeiter des Sicherheitsunternehmens DWSI, des Dresdner Wach- und Sicherungsinstituts. Es bewacht das Residenzschloss, in dessen Erdgeschoss sich das Historische Grüne Gewölbe befindet, sowie den Zwinger schräg gegenüber. Die drei waren zur Bewachung des Zwingers eingesetzt. Dort, in der Sicherheitszentrale der Sempergalerie, geht um fünf Uhr der Anruf von einem Kollegen aus der Sicherheitszentrale des Residenzschlosses auf der anderen Straßenseite ein: Einbrecher im Grünen Gewölbe!

Die drei machen sich auf den Weg zum Residenzschloss: Der 43-jährige russische »Diensthundeführer« *Demjan Morosow* – seit fünfzehn Jahren bewacht er den Zwinger, in diesem Augenblick allerdings ohne Diensthund, weil sein Deutscher Schäferhund gerade Pause macht; der 31-jährige »Sicherheitsmitarbeiter« *Michael Fent* – er trägt eine Glock-Pistole im Holster, weil er als »Außenstreife« im und am Zwinger Patrouille geht, im Park und am Zwingerteich; und die 29-jährige »Sicherheitsfachkraft« *Friedrich Richter* – seit einem Vierteljahr ist er bei der Zwinger-Wachmannschaft: Er trägt schon Zivil und einen Rucksack, weil seine Schicht um 4:45 Uhr endete. Als sie aus der Tür der Sempergalerie auf den Theaterplatz treten, trifft sie der Schlag: Der riesige Platz ist stockfinster. Alle Straßenlaternen sind aus. Nur eine einzige funzelt noch – neben der Schinkelwache, der Kartenverkaufsstelle der Semperoper. Ein gespenstischer Anblick. »Von der Dunkelheit war ich völlig überrascht«, blickt Diensthundeführer *Morosow* später zurück. Keine zehn Minuten zuvor war er noch draußen gewesen – und »da war alles noch hell«.

Die drei eilen am Ostflügel der Sempergalerie entlang, siebzig Meter. Vorsichtig lugen sie hinter der Schinkelwache hervor, einst die »Städtische Polizeiwache« am Schloss. Auf der anderen Straßenseite erspähen sie in der Dunkelheit einen Wagen. Links, am Ende des Zauns vor dem Schloss. Einzelheiten können sie nicht erkennen.

Aber drum herum nehmen sie dunkle Gestalten wahr. »Drei oder vier Personen« berichtet später *Michael Fent*. »Mindestens zwei«, sagt der Hundeführer – und meint, »mindestens drei verschiedene Stimmen« gehört zu haben.

Was weiter passiert, beobachten die drei aus zwanzig, dreißig Metern Entfernung vom Wagen – von unterschiedlichen Standpunkten aus: Die Kofferraumklappe des Autos steht offen. »Los komm, mach schnell«, vernimmt Sicherheitsmitarbeiter *Fent*, und zwar »in gebrochenem Deutsch – mit einem arabischen oder türkischen Akzent«. Die Wachleute bekommen mit, dass etwas scheppernd im Kofferraum landet und die Klappe zugeht. Die Einbrecher springen ins Auto. Es braust davon. Richtung Elbe, sagen die drei Augenzeugen: Richtung Italienisches Dörfchen. Ein Restaurant am Ende des Theaterplatzes. Hinter ihm fließt die der Elbe.

Das ist die Schlussszene des Einbruchs: Die Abfahrt der Diebe. Sicherheitsmitarbeiter *Fent* macht ein Video. Die Aufnahme auf seinem Handy ist 21 Sekunden lang. Zu erkennen sind in tiefer Finsternis schemenhaft die Schlussleuchten eines Fahrzeugs, das anfährt, kurz abbremst, zügig weiterfährt und dann aus dem Bild verschwindet. Im Hintergrund quäkt das Funkgerät eines Wachmanns. Auf und davon. Symbolträchtiger könnte das Video nicht sein.

Kaum ist der Wagen weg, flitzen die Wachleute über die Straße, um zu sehen, was passiert ist. Dorthin, wo eben noch das Auto stand. Durch den Zaun sehen sie das Loch in dem schmiedeeisernen Fenstergitter und dass dahinter der linke Fensterflügel nach innen geöffnet ist.

Anderthalb Minuten nachdem die Täter abgebraust sind, kommt der erste Streifenwagen mit Blaulicht angebraust. Zwei weitere folgen. Sicherheitsmitarbeiter *Fent* erklärt einem der Polizisten, er habe gesehen, wie das Fluchtfahrzeug vor dem Italienischen Dörfchen nach links abgebogen sei. Also vor der Elbe. Quintessenz für die Verfolger: Der Wagen muss auf das Terrassenufer gefahren sein, das parallel zu dem Fluss vor ihm verläuft – und damit auf der linkselbischen Seite auf der Flucht sein. Zwei Streifenwagen nehmen die Verfolgung auf.

Ein Irrtum mit strategischen Folgen für die Fahndung nach dem Fluchtwagen – in Wahrheit bog er nach rechts ab, fuhr über die Augustusbrücke und entschwand von der Polizei ungesehen über die andere Elbseite. Egal, was der Sicherheitsmann tatsächlich gesehen hat: Ihm erschien ein Schwenk nach rechts über die Brücke ausgeschlossen, wie er später sagte, weil sie seit Langem für den Autoverkehr komplett gesperrt ist, seit zweieinhalb Jahren. Eine Riesenbaustelle. Eine Grundsanierung – die ganze Fahrbahn ist metertief aufgerissen.

Bei einer späteren Vernehmung wird der Sicherheitsmitarbeiter gefragt, der in der Tatnacht die Glock-Pistole am Gürtel trug, ob er nicht daran gedacht hätte, die Schusswaffe einzusetzen, um die Flucht der Einbrecher zu stoppen. »Daran habe ich in diesem Augenblick gar nicht gedacht«, antwortet er. Für einen Waffengebrauch hätte er »keinen Rechtfertigungsgrund gehabt. Deshalb durfte ich nicht schießen – auch nicht auf die Fahrzeugreifen«. Wenig Verständnis für diese Sichtweise hat später ein Polizeimeister, der zusammen mit seiner Kollegin als Erster am Tatort eintraf. Die Wachmänner des privaten Sicherheitsunternehmens hätten von den Tätern nicht erkannt werden wollen, sagt der Polizist später – und sich deshalb versteckt. Sein Fazit: »Sie hatten nicht aktiv gehandelt, um sie aufzuhalten – weil sie Angst hatten.«

An diesem Morgen erhält die Leiterin der Tatortgruppe des Sächsischen Landeskriminalamts um sieben einen Anruf aus dem Polizei-Lagezentrum. Die Kriminalhauptkommissarin verschafft sich zusammen mit drei Kollegen einen ersten Überblick vom »Tatort Residenzschloss« – alle tragen weiße Tatort-Schutzanzüge. Welch Bild des Jammers – das Juwelenzimmer: Die Scheiben von drei Compartments einer Vitrine sind zertrümmert. Davor auf den Fliesen verstreut braune Holzleisten. Herausgehackt aus der Vitrinenummantelung. Alles ist mit einem weißen, milchigen Schleim überzogen. Darunter ist die tiefdunkelblaue Rohseide der Vitrinenrückwand kaum mehr zu erkennen. Die Vermutung der Spurensicherer an diesem Morgen bestätigt später das Labor: Es ist Löschpulver aus einem Feuerlöscher. Die Täter versprühten es, um ihre Spuren zu vernichten.

Den Weg der Täter durch das Historische Grüne Gewölbe weisen die Beschädigungen: Von einem Fenster im Pretiosensaal steht der Flügel nach innen offen. Aus dem Gitter dahinter – zur Straße hin – fehlt ein Teil. Kein Zweifel: Hier sind die Täter hereingekommen. Und auch kein Zweifel – weil es nur diesen Weg zur demolierten Vitrine gibt –, dass die Einbrecher dreißig Meter durch den Pretiosensaal liefen, dann nach rechts abbogen, durch das Wappenzimmer eilten, keine zwanzig Meter. Und dann ins Juwelenzimmer flitzten. Ihr Ziel. Dort, links neben dem Durchgang zum Bronzenzimmer, steht der Vitrinenkasten, auf den sie es abgesehen haben – mit den Juwelen August des Starken: mit der Brillantgarnitur, der Diamantrosengarnitur und der Garnitur »Diamantschmuck und die Perlen der Königinnen«. Die Einbrecher zertrümmern das Glas, sacken ihre Beute ein und verschwinden auf demselben Weg, wie sie gekommen sind.

Die ausgeräumte Vitrine im Juwelenzimmer (April 2020)

Als die Beamten an die Vitrine herantreten, sehen sie auf ihrem Boden und vor ihr auf den weißen und braunen Fußbodenfliesen: Rockknöpfe, Westenknöpfe, Perlenketten, Hutschnallen, Ohrringe, Haarnadeln und Diamanten. Es sieht fast so aus, als wäre der Kasten einer Märchenfilm-Requisiteurin ausgekippt. Und dann sehen die Beamten etliche dünne Nylonschnüre. Angelschnüre, mit denen der Schmuck festgezurrt war. Offensichtlich haben sie Schlimmeres verhindert: Ein erheblicher Teil der in den Vitrinen ausgestellten Schmuckstücke ist noch da – weil die unscheinbaren Nylonschnüre den Tätern stabilen Widerstand leisteten, sie sich nicht einfach kappen ließen. So sammeln nun die Beamten die verbliebenen Schmuckstücke behutsam ein. Bei einem Teil durchschneiden sie die Angelschnüre – und legen sie auf einen Tisch neben der Vitrine.

Draußen, vor dem Westflügel des Schlosses, läuft die Spurensicherung auf Hochtouren. Dort ist es ungemütlich: Windig. Feucht. Kalt. Vier Grad über null. Ende November. Für den Abend ist Regen angekündigt. Die Beamten beeilen sich. Sie wollen »die Spuren nicht dem Wetter überlassen«, sagt die Leiterin der LKA-Tatortgruppe. Die Spurensucher konzentrieren sich auf zwei Bereiche: Als Erstes nehmen sie die Schinkelwache unter die Lupe, weil sie öffentlich zugänglich ist. Sie liegt gegenüber dem Einstiegsfenster auf der anderen Straßenseite. Auf dem überdachten Plateau vor dem Eingang stehen sechs Säulen. Hinter ihnen kann man sich gut verstecken. Ein idealer Platz für jemanden, der Schmiere steht oder den Westflügel observiert. Als Zweites untersuchen die Tatortermittler den »Einstiegsbereich«, über den die Täter ins Schloss kamen: die Mauer, über die sie kletterten – sie ist 2,23 Meter hoch –, und das Fenster, durch das sie einstiegen.

In diesen beiden »Außenbereichen« sammeln die Beamten alles ein, was sie auf dem Fußboden finden oder aus den Ritzen zwischen den Pflastersteinen hervorholen können: Zigarettenkippen, Streichhölzer, Kaugummis, Glasscherben, Taschentücher, Haare, Papierfetzen, Teile von Popcornschachteln, Fussel und einen weißen Kronkorken mit einem roten Aufdruck. Auf der Suche nach DNA-Spuren haben die Tatortermittler die Schlossmauer vor dem Einstiegsfenster auf beiden Seiten mit Klebebändern überzogen und teilweise auch mit Wattestäbchen abgetupft. Am Abend des Einbruchstages haben sie 668 Spuren zusammengetragen – und ihr Ziel erreicht: keine Spur dem Wetter überlassen. Die Auswertung erfolgt später. Über Monate im Labor. Dieser Einsatz an dem windigen Novembertag ist der Schlüssel zum Erfolg der Ermittler. Aber das weiß an diesem Tag noch niemand.

Zu denken gibt den Ermittlern ein Loch im Rasen vor dem Einstiegsfenster, im Bärengarten: Die Fläche zwischen Schlosszaun und Schlossfassade. Das Loch hat einen Durchmesser von zehn Zentimetern und ist acht Zentimeter tief. Darauf können sie sich keinen Reim machen. Akkurat ausgestochen. Wieso? Weshalb? Warum? Keine Idee. Das ominöse Loch nehmen sie als »Spur 57« in ihre Akten auf.

Eine besondere Rolle gewinnt bei der Rekonstruktion die Frage: Wie schafften es die Täter, unbemerkt das Loch in das Gitter zu schneiden, durch das sie hineinschlüpften? Das Dreieck ist 61 Zentimeter breit und 41 Zentimeter hoch. Der linke Schenkel misst 52 Zentimeter. Der rechte 53 Zentimeter. Ein üppig Ding. Gesägt? Geschnitten? Gemeißelt?

Zwei blaue Streifen an der Schlossmauer führen die Ermittler weiter: wenige Zentimeter lang, unterhalb des Einstiegsfensters – in einer Höhe von 1,40 Metern. Partikel, die sie sichern, sind, wie eine Laboruntersuchung zeigt, mit dem Material des Kunststoffgehäuses einer hydraulischen Hightechschere der Firma Lukas identisch: Die Firma stellt Rettungswerkzeuge für Feuerwehr und Technisches Hilfswerk her.

Beliebt sind diese Geräte auch bei Ganoven. Beispielsweise die Schere mit dem bezeichnenden Namen »The Beast« – »ein Schneidgerät mit riesigen Kräften«, wirbt der Hersteller. Die »breite Messeröffnung« der beiden Scheren und die »hohe Maultiefe« ermöglichten,

»das zu schneidende Material komplett zu umschließen und mit einem Schnitt zu durchtrennen«. Steuern lässt sich das Hightechgerät mit zarter Hand über ein Dashboard – Muskelkraft ist nicht erforderlich. Das Gerät ist keinen Meter lang, 25 Zentimeter breit, wiegt 25 Kilo und hat über 100 Tonnen Druckkraft. »Jedes Hindernis schnell überwinden«, wirbt der Hersteller. Der Schneider durchtrennt den Dachholm eines Autos fast genauso schnell wie die Küchenschere einen Strohhalm.

Die blauen Abriebe an der Schlossmauer müssen entstanden sein, kombinieren die Ermittler, als die Täter die Schere an den unteren Streben des Gitters ansetzten – und dabei mit dem einen halben Zentner schweren Hydraulikwerkzeug an der Fassade entlangschrappten. Auch die Schnittmuster an den acht durchtrennten Gitterstäben passen zu der hydraulischen Akkuschere.

Und dass der Einbruch im Historischen Grünen Gewölbe kein Eine-Nacht-Wunder ist, sondern akribisch vorbereitet wurde, zeigt sich den Ermittlern auch, als sie sich die Videoaufzeichnungen von den Außenkameras des Residenzschlosses ansehen. Zwanzig Kameras, viele unscheinbar montiert, sind auf die Fassaden des Schlosses gerichtet. Drinnen, in den Räumen des Residenzschlosses, hängen über dreihundert Kameras. Nachts, wenn keine Besucher im Schloss sind, sind die Außenaufnahmen auf die Monitore in der Leitstelle im Residenzschloss geschaltet – vor ihnen sitzen ein oder zwei Mitarbeiter des privaten Sicherheitsunternehmens DWSI. Zudem werden diese Bilder auf Festplatten aufgezeichnet – für jede Kamera gibt es eine Festplatte. Ist sie »voll«, die auf ihr verfügbare Datenmenge aufgebraucht, werden die bisherigen Aufnahmen mit neuen Aufnahmen »überschrieben«. Nach ungefähr zwei Wochen ist es so weit.

Die Ermittler besorgen sich die Aufzeichnungen der vier Kameras, die auf den Westflügel gerichtet sind. Zwei befinden sich auf der Sempergalerie des Zwingers, schräg gegenüber der Einstiegsstelle, und jeweils eine an der Hofkirche und an der Schlossfassade. Die Aufzeichnungen, die die Beamten sicherstellen, reichen vom 14. bis zum 28. November. Ab dem 19. November wird es interessant – in der Woche vor dem Einbruch: Auf den Aufnahmen ist zu sehen, wie bei Nacht Personen vor dem Grünen Gewölbe unterwegs sind, die unzweifelhaft Gegend und Gelegenheiten ausspähen. Die Qualität der Bilder ist schlecht. Aber Umrisse von Personen sind zu erkennen. Zu sehen ist, dass Gestalten viermal vor der Tat über die Mauer vor dem Fenster klettern, durch das die Täter später einsteigen. Ebenso ist zu sehen, wie in der Vornacht Personen noch einmal die Einbruchsstelle inspizieren, ohne sich über die Mauer zu schwingen:

- Sechs Nächte vor dem Einbruch. Dienstag, 19. November 2019: Ab 2:23 Uhr zeigt die Aufzeichnung sechs – oder sind es sieben? – schemenhafte Gestalten, die auf der Sophienstraße vor der Westseite des Schlosses auffällig-unauffällig unterwegs sind. Zwanzig Minuten schlendern sie vor der späteren Einbruchsstelle hin und her. Um 2:41 Uhr klettern drei von ihnen gegenüber der Schinkelwache über eine kurze Mauer, die die Schlossfassade mit dem schmiedeeisernen Zaun vor dem Bärengarten verbindet. Sie haben eine Tasche dabei, vermutlich eine Sporttasche, und gehen offenbar – die Ecke ist auf der Aufzeichnung ziemlich finster – zum Fenster ganz links. Währenddessen sind drei weitere Personen auf der Straße zu sehen. Offensichtlich sichern sie ihre Komplizen ab. Um 2:45 Uhr geht ein Mann über die Straße und bleibt für einen Augenblick direkt vor der Mauer stehen, hinter der das Trio steckt. Nach einer halben Stunde, die Uhr zeigt 3:10 Uhr, kommen die drei über die Mauer auf die Sophienstraße zurückgeklettert und gehen aus dem Bild.
- Vier Nächte vor dem Einbruch, Donnerstag, 21. November 2019: An derselben Stelle übersteigen zwei Männer um 3:09 Uhr die Mauer. Vor dem späteren Einstiegsfenster ist der

Schein einer Lampe zu sehen. Er spiegelt sich im Fenster. Vor der Mauer steht eine Person Schmiere. Um 3:16 Uhr rollt ein Polizei-VW-Bus langsam vorbei. Die Streifenwagenbesatzung bekommt von den Eindringlingen hinter der Mauer, vielleicht zehn Meter von ihr entfernt, nichts mit. Eine Minute später – der Timecode zeigt 3:17 Uhr – klettern die beiden auf die Straße zurück. Acht Minuten lang waren sie hinter ihr verschwunden. Nichts ist passiert. Kein Alarm.

Nach etwas mehr als einer halben Stunde – 3:54 Uhr – kommt ein Mann zu derselben Stelle an der Mauer. Einen Augenblick bleibt er stehen. Dann klettert er drüber. Auch dieses Mal ist ein Scheinwerferkegel zu sehen, der sich bewegt. Nach acht Minuten kommt der Mann zurück über die Mauer und verschwindet aus dem Bild Richtung Elbe.

- Eine Nacht vor dem Einbruch, Sonnabend, 23. November 2019: Um 22:15 Uhr erscheinen zwei Männer an der Mauer. Genau an der Stelle, wo die drei bisherigen »Überstiege« erfolgten. Die beiden stehen und schauen in Richtung des späteren Einstiegsfensters. Eine Minute lang. Passanten laufen an ihnen vorbei. Niemand schenkt ihnen Beachtung.
- Und dann die Tatnacht – 25. November 2019: Die Aufzeichnung auf der Festplatte zeigt, wie um 4:12 Uhr sechs Personen zur Westfassade des Residenzschlosses kommen – im Erdgeschoss befindet sich das Historische Grüne Gewölbe. Vier aus dem Sextett klettern um 4:22 Uhr über die Mauer. Auch dieses Mal haben sie eine dunkle Tasche dabei. Ob es dieselbe wie vor sechs Nächten ist, können die Ermittler nicht erkennen – die Bildqualität ist unverändert schlecht. Zwei bleiben vor der Mauer stehen. Um 4:49 Uhr gehen die beiden in Richtung Elbe. Kurz darauf, es ist 4:56 Uhr, fallen die Straßenlampen vor dem Schloss aus. Absolute Finsternis. Einen Augenblick später tauchen Scheinwerfer eines Autos aus Richtung Elbe

auf, das auf der Sophienstraße am Residenzschloss vorbeirollt. Langsam wendet es neben dem Zwinger. Einen Augenblick bleibt der Wagen an der Verkehrsinsel am Taschenberg stehen. Dann fährt er einhundert Meter nach vorne und stoppt genau an der Stelle, an der die Männer über die Mauer gestiegen sind. Einen Augenblick später – 5:01:57 Uhr – fährt der Wagen ab. Richtung Elbe. Anderthalb Minuten später sind die Scheinwerfer des ersten Streifenwagens zu sehen, der um 5:03:36 Uhr vor dem Einbruchsfenster am Schloss eintrifft.

Drinnen – die Aufnahmen aus dem Historischen Grünen Gewölbe: In den entscheidenden Minuten – zwischen Einstieg und Flucht, von 4:57 Uhr bis 5:01 Uhr – sehen die Ermittler die Umrisse von zwei Personen. Dunkel gekleidet. Vom Pretiosensaal flitzen sie durch das Wappenzimmer ins Juwelenzimmer. Nach Orientierung suchen sie nicht. Sie scheinen zu wissen, wohin und was sie wollen: Vor dem Vitrinenschrank mit ihrer Beute bleiben die beiden stehen und hacken los – um 4:58 Uhr. Die Ermittler zählen 56 Hiebe mit »40 bis 60 Zentimeter langen« Äxten.

Könnte auch noch eine dritte Person mit im Grünen Gewölbe gewesen sein? Diese Vermutung kommt im Laufe der Ermittlungen auf. »Die Videoaufnahmen sind sehr schlecht«, sagt ein Polizeihauptmeister, der die Aufzeichnungen von der Festplatte analysiert. Die Auswerter versuchen, die schlechte Qualität zu verbessern. Aber es gelingt ihnen nicht, weil sich aus den »Bildinformationen nicht mehr herausholen« lässt. In der Hoffnung, auf dem Videomaterial doch noch mehr zu erkennen, bekommt einen Teil Professor Dirk Labudde, Experte für digitale Forensik an der Fachhochschule in Mittweida. Er stellt fest, dass es in dieser Nacht keine dritte Person im Grünen Gewölbe gab. Die Beamten überprüfen alles noch einmal und kommen zu demselben Ergebnis: Die Aufzeichnungen enthalten keinen Hinweis auf einen Dritten in der Tatnacht im Historischen Grünen Gewölbe.

Wie viele Personen waren insgesamt mit von der Partie? »Identische Personen« zwischen den Mitgliedern des Einbruchskommandos und den Spähern können die Ermittler nicht feststellen. Angesichts der schlechten Bildqualität seien, berichtet ein Videoauswerter, »individualisierende Merkmale« nicht erkennbar. Deshalb lasse sich nicht sagen, ob die, die am 25. November beim Einbruch mit dabei waren, bereits bei den Ausspähungen zuvor mit von der Partie gewesen seien.

So ergibt die wochenlange Auswertung der umfangreichen Videoaufzeichnungen von draußen und drinnen: Das Einbruchskommando bestand aus – mindestens – sechs Personen. Vier kletterten über die Mauer, zwei von ihnen ins Historische Grüne Gewölbe. Offensichtlich ist keine der fünf Ausspähungsaktionen jemandem aufgefallen. Auch nicht den Mitarbeitern in der Sicherheitszentrale im Schloss, auf deren Monitoren die Bilder von der Westfassade zu sehen waren. Auch zeigen die Außenaufnahmen, dass die finsteren Gestalten gleich viermal vor der Tat austesteten, was passiert, wenn man über die Schlossmauer klettert und sich vor dem Einstiegsfenster acht Minuten oder länger aufhält. Ergebnis: Nichts. Gar nichts. Kein Alarm. In der Tatnacht sind die Einbrecher bereits fünf Minuten nach ihrem Einstieg ins Schloss verschwunden.

TATORT PEGELHAUS

Als die Beamten in der Dresdner Polizeileitzentrale die Nachricht erreicht, dass die Einbrecher aus dem Grünen Gewölbe in einem Auto geflohen sind, schicken sie alle verfügbaren Funkstreifenwagen zur Suche auf die Straße – unterwegs sind sechzehn Funkstreifenwagen. Der Besatzung eines zivilen Einsatzwagens, die auf dem Terrassenufer Ausschau nach dem Fluchtauto hält, fällt eine gewaltige Rauchsäule vor der Augustusbrücke auf. Zwanzig, dreißig Meter hoch. Die Beamten sehen, dass der Rauch aus der Sandsteinmauer strömt. Die

Feuerwehr kommt. Immer mehr Rauch quillt aus der Wand – an mehreren Stellen. Ein »pulsierendes Knallen« veranlasst den Feuerwehreinsatzleiter, vorsichtig vorzugehen: Er vermutet, dass es von einer Elektroverteilung kommt, weil an der Brandstelle »Strom anliegt«. Und: Er kennt das Objekt nicht.

Eingang zum Pegelhaus an der Augustusbrücke

Er steht vor dem Pegelhaus. Nur wenige Dresdner wissen, dass es ein Pegelhaus in Dresden gibt – mitten in der Stadt. In unmittelbarer Nähe von Hofkirche, Residenzschloss und Semperoper. Der zweistöckige, fensterlose Trakt befindet sich unscheinbar hinter einer Sandsteinmauer an der Augustusbrücke. Finster und feucht. Absolut ungeeignet für den längeren Aufenthalt von Menschen. Obendrauf, auf dem flachen Dach, befindet sich eine Aussichtsterrasse. Eine breite Steintreppe führt an der rechten Seite hinauf. Der Bau entstand vor über einhundert Jahren, 1909, um den Pegelstand der Elbe zu messen – über einen kleinen unterirdischen Kanal. Später werden technische Anlagen von »Versorgern« eingebaut. »Hochwassersicher« im oberen Geschoss. Von der Stadtentwässerung, Vodafone und der Drewag, dem Energieunternehmen der Landeshauptstadt. So stehen hier auch deren Stromverteiler für den Theaterplatz und die Straßen drum herum. Eine 1000-Volt-Verteilanlage.

Ins Pegelhaus führen zwei unscheinbare Stahltüren in der Sandsteinmauer im Erdgeschoss. Und direkt in die obere Etage gelangt man durch ein unauffälliges Lüftungsgitter – ein Stahlrahmen mit Lamellen – am Rand der Aussichtsplattform: 1,20 Meter hoch. Das Lüftungsgitter steht offen, sehen zwei Feuerwehrmänner.

In der oberen Etage des Pegelhauses brennen Stromverteilerschränke, Kabel schmoren durch. Grund sind rund zehn Liter eines Benzin-Diesel-Gemischs, das in zwei Kochtöpfen entzündet wurde, wie später ein Brandsachverständiger feststellt. Ebenso findet er heraus, dass die Brandstifter von außen, durch ein Lüftungsgitter, noch ein bis zwei Liter Brandbeschleuniger nachgeschüttet haben – in Richtung des Drewag-Stromkastens. Um sicherzustellen, dass er ratzfatz in Flammen steht.

Was in dem Pegelhaus genau passiert ist, hat eine Kriminalhauptkommissarin zu ermitteln. Das Ergebnis ihrer Ermittlungen: Fünf Nächte vor dem Schlosseinbruch stiegen Täter ins Pegelhaus, um es auszuspähen. Den Feuerlöscher, den sie dabei entdeckten, warfen sie in die Elbe – um zu verhindern, dass mit ihm das Feuer gelöscht werden kann.

Ziemlich präzise feststellen kann sie den Zeitpunkt, zu dem das Feuer ausbrach – anhand der Daten von elektronischen Geräten: Die Pegelstandsmessanlage sendete ihr letztes Signal um 4:51 Uhr. Ihren Ausfall zeigte sie um 4:53 Uhr an. Von da an funktionierte sie nicht mehr. Und um 4:56 Uhr registrierte die Vodafone-Anlage im Pegelhaus einen Totalausfall. Just in dem Augenblick, in dem auch die Straßenlaternen oben auf dem Theaterplatz und drum herum ausgehen. Diese Zeiten der Geräte korrespondieren mit dem Geschehen, das die auf die Westfassade des Residenzschlosses gerichteten Kameras erfassen: Auf den Videoaufnahmen ist zu sehen, dass um 4:49 Uhr – sieben Minuten bevor die Straßenlaternen ausgehen – die beiden Gestalten, die Schmiere vor der Schlossmauer standen, weggingen Richtung Elbe. Richtung Pegelhaus. Einhundertfünfzig Meter ist es entfernt. Auf der Aufzeichnung ist auch zu sehen, dass aus dieser Richtung sieben Minuten später, um 4:56 Uhr, der Wagen angerollt kommt, der vor dem Zwinger wendet. Er wartet einen Augenblick. Dann rollt er vors Einbruchsfenster. Um 5:02 Uhr fährt er ab – offensichtlich mit den Einbrechern.

Bei der Rekonstruktion der Vorgeschichte der Brandstiftung hilft der Kriminalhauptkommissarin ein verschwundener Feuerlöscher: Gesehen hatte sie ihn auf einem »Inspektionsbild« vom Mai 2019 – auf dem Fußboden des Pegelhauses. Aber von ihm findet sich nach dem Brand dort keine Spur mehr.

Nach einem Hinweis aus der Bevölkerung wird der Feuerlöscher aus der Elbe gezogen – am Ufer neben der Augustusbrücke, am Theaterkahn: Ein fünfundsechzig Meter langes Schiff mit Theater, Restaurant und Bar. Zwei Mitarbeiter, die regelmäßig auf dem Achterdeck rauchen, berichten den Ermittlern, dass sie den roten Gegenstand von dort aus schon vor sechs oder sieben Tagen unter Wasser liegen gesehen hätten. Also am 20. oder 21. November. Und die Ermittler wissen, dass die – generell störunanfällige – Vodafone-Anlage in der Nacht zum 20. November eine Fehlermeldung gesendet hat. Punkt zwei Uhr. Fünf Nächte vor der Tat.

So vermuten sie, dass diese Fehleranzeige im Zusammenhang mit einem nächtlichen Besuch der Ganoven und dem Verschwinden des Feuerlöschers stehen könnte. Sie sehen, dass die Stelle, an der der Feuerlöscher in der Elbe lag, von einer Videokamera der Sächsischen Dampfschifffahrt erfasst wird, die auf ihre Schiffe am Ufer gerichtet ist. Auf der Aufzeichnung sehen sie, dass in dieser Nacht um 2:03 Uhr neben dem Achterdeck Wasser hochspritzt – als ob ein schwerer

Gegenstand hineingeschleudert worden wäre. Exakt dort, wo einige Tage später der Feuerlöscher aus der Elbe gezogen wurde.

Ein Rätsel bleibt für die Ermittler, was die Täter dazu brachte, ausgerechnet in dem der Öffentlichkeit unbekannten Pegelhaus Feuer zu legen. War Zweck des stark qualmenden Brandes, Polizeikräfte in der Nähe des Einbruchsorts zu binden, um sie von der Verfolgung des Fluchtfahrzeugs abzuhalten?

Oder hatten sie veraltete »Insiderkenntnisse«? Denn bis 1998, zu DDR-Zeiten und in den ersten Jahren nach der Wende, erfolgte die gesamte Stromversorgung des Schlosses über einen Verteiler im Pegelhaus. Aber dann erhielt das Schloss eine andere Zuleitung, weil sein Wiederaufbau so weit vorangeschritten war, dass es mehr Strom und deshalb eine andere Versorgungsanbindung benötigte.

Oder wussten die Täter, dass genau dort die Achillesferse der Straßenbeleuchtung am Tatort und drum herum lag – in Gestalt eines unscheinbaren Stromverteilerkastens? Falls ja: Woher? Von wem? Dem Normalbürger jedenfalls erschließt sich der Zusammenhang zwischen dem in der Mauer verborgenen Pegelhaus und der Stromversorgung der Straßenbeleuchtung nicht. Selbst wenn er tausendmal zwischen dem Historischen Grünen Gewölbe und dem Pegelhaus auf und ab geht. Stammt der Hinweis von einem Dresdner Insider?

Ergebnis der Spurenauswertung aus dem Pegelhaus: Von keinem der Eindringlinge, die mindestens zweimal da waren, gibt es einen Fingerabdruck oder eine DNA-Spur. Auch nicht an den Kochtöpfen oder dem Feuerlöscher aus dem Wasser. Am Werk waren Profis, die wissen, wie man »spurenvermeidend arbeitet«.

Einer der Kriminalbeamten am Pegelhaus ist ein Oberkommissar. Als er hört, dass die Täter vom Residenzschloss mit einem Audi Avant geflüchtet sind, ahnt er, dass er einen Teil der Vorgeschichte miterlebt hat – und das Nachsehen hatte.

Fünf Nächte zuvor war ihm ein blauer Audi auf der Marienbrücke aufgefallen, einen Kilometer vom Grünen Gewölbe entfernt:

Der Beamte des Kriminaldauerdienstes saß in einem Zivilwagen – auf Streifenfahrt mit einem Kollegen. Den Audi erblickte er links vor ihnen an der Einmündung Devrientstraße – und der Wagen fuhr nicht los, obwohl er nur nach rechts abbiegen durfte und von links kein Fahrzeug kam. Die beiden Beamten wunderten sich auch, weil ihnen der Wagen schon zwei Stunden zuvor am Rathenauplatz aufgefallen war, nicht weit von der Augustusbrücke entfernt. Und so fragten sie sich: Warum ist der Wagen in der verregneten Nacht über zwei Stunden, nach Anbruch des Buß- und Bettages, in der Dresdner Innenstadt unterwegs?

Einen Augenblick nachdem sie den Audi passiert haben, sieht der Oberkommissar im Rückspiegel, dass der Wagen plötzlich hinter ihnen auftaucht, nachdem er den durchgezogenen Mittelstreifen überfahren hatte. Der Audi kommt herangeschossen und überholt den Zivilwagen. Der Kollege neben ihm macht eine ZEVIS-Abfrage: Er gibt das Kennzeichen DD - BJ 1940 bei der Datenbank »Zentrales Verkehrs-Informationssystem« des Kraftfahrt-Bundesamtes ein. In ihr gespeichert sind die Daten von Kraftfahrzeugen, Kfz-Kennzeichen, Fahrzeughaltern und Fahrerlaubnisinhabern. Die elektronische Antwort kommt prompt in den Polizeiwagen: Das Kennzeichen steht nicht in der Fahndung. Aber es passt nicht zu dem Audi, weil es für einen Kleinstwagen ausgegeben wurde. Einen Nissan Pixo.

Um die Kennzeichenfrage zu klären, wollen die Kripomänner den Audi bei nächster Gelegenheit anhalten. In diesem Moment fährt er vor ihnen auf die Linksabbiegespur. Vor der Abzweigung Freitaler Straße. Der Zivilwagen hängt sich hinter ihn. Als die Ampel auf Grün springt, macht der Audi eine 180-Grad-Wende, prescht auf der Könneritzstraße davon: Er beschleunigt auf über 120 km/h innerorts und fegt über zwei rote Ampeln. Die Insassen müssen erkannt oder geahnt haben, dass hinter ihnen die Polizei stand.

Der Polizeiwagen jagt mit über Tempo 100 hinterher. Auf regennasser Fahrbahn. Der Audi entkommt. »Wir hatten keine Chance, an den Wagen heranzukommen«, beschreibt der Beamte später die Situation, »der war hochmotorisiert, wir sahen nur die Rücklichter.«

So fahren die Beamten zu der Frau, auf die das Kennzeichen zugelassen ist. Um halb drei klingeln sie im Dresdner Stadtteil Mickten die dreiundzwanzigjährige Sekretärin *Lena Herrmann* aus dem Bett. Nicht neu sei für sie, erklärt sie, dass ihre Nummernschilder verschwunden seien. Am Abend zuvor sei sie in ihrem Nissan Pixo von einem Streifenwagen gestoppt worden – weil die Polizisten gesehen hätten, dass sie ohne Kennzeichen fuhr. Bis zu diesem Augenblick hätte sie »gar nicht mitbekommen, dass die weg waren«.

Zum letzten Mal gesehen hätte sie ihre Kennzeichen am Morgen zuvor, vor der Fahrt zur Arbeit. Deshalb müssten sie gestohlen worden sein, als der Wagen auf dem Mitarbeiterparkplatz ihres Arbeitgebers stand. Am Kraftwerk Mitte. Nach Feierabend, gegen 18 Uhr, sei sie zu ihrer »Mutti« losgefahren – und unterwegs von dem Streifenwagen gestoppt worden. Weil die Beamten keine Anzeige von ihr hätten aufnehmen wollen, hätte sie vorgehabt, sie am nächsten Tag bei der Polizei zu machen. Mit »Vati«.

Deshalb stand das Kennzeichen noch nicht in der ZEVIS-Fahndung. So erschien den beiden Kriminalbeamten die Nachricht des Systems, dass das von ihnen gesehene Kennzeichen nicht zum Audi vor ihnen passte, wohl als nicht so richtig heiß. Für sie bestand nur – so formulierte es der Oberkommissar später – der »Verdacht einer Urkundenfälschung«.

Später stellt sich heraus, dass die Zivilbeamten das Fahrzeug vor sich hatten, in dem fünf Nächte später die Juwelendiebe mit ihrer Beute vom Residenzschloss flohen.

Die gelungene Flucht des Audi in der Könneritzstraße fügt sich nach dem Juwelendiebstahl für die Ermittler nahtlos an das Ausbaldowern des Pegelhauses und das Versenken des Feuerlöschers in der Elbe an. Um 2:03 Uhr flog der Löscher ins Wasser. Keine Viertelstunde später sehen Brenneisen und sein Kollege in ihrem zivilen

Polizeiwagen einen Kilometer von dort entfernt den Audi auf der Devrientstraße, dessen Fahrer offensichtlich nicht wusste, wie es weitergehen sollte.

Ein wichtiges Puzzleteil für ihr Gesamtbild bekommen die Ermittler von einer Radfahrerin, die von einem Beinahezusammenstoß auf der Augustusbrücke am Tatmorgen kurz nach fünf berichtet. Als die Neunundzwanzigjährige – auf dem Weg von der Neustadt zum Hauptbahnhof – die Mitte der Brücke erreicht hatte, sah sie, dass ihr von vorne auf dem Radweg ein Auto mit hoher Geschwindigkeit entgegenraste – ungefähr 50 km/h schnell. Sie sieht noch, dass auf der Fahrerseite der Lichtstreifen eines dynamischen Blinkers an- und ausgeht. Und dann muss sie auch schon springen, um nicht umgefahren zu werden – der Radweg ist keine drei Meter breit, die Fahrbahn nebenan aufgerissen – die Brücke wird aufwendig saniert. Sie ist »mächtig sauer«, weil der Fahrer es offensichtlich darauf angelegt hatte, dass sie springt.

Die Flucht über die Augustusbrücke ist ein bemerkenswerter Schachzug der Täter. Auf die Idee, dass ihre Flucht über diese Brücke erfolgt sein könnte, wäre wohl damals in Dresden niemand gekommen: Seit zweieinhalb Jahren ist sie komplett dicht für den Kraftfahrzeugverkehr. Eine Riesenbaustelle. Vom Unterbett der Fahrbahn wurde über ein Meter herausgebaggert; geblieben ist nur der schmale Weg für Fußgänger und Radfahrer. Der Wechsel der Täter auf die rechte Elbseite erklärt auch, warum die Streifenwagen, die nach dem Hinweis des Wachmanns linkselbisch unterwegs waren, das Fluchtauto nicht zu sehen bekamen.

TATORT TIEFGARAGE

Keine drei Minuten nach der Beinahekollision auf der Augustusbrücke fahren die Juwelendiebe mit dem Audi in eine Tiefgarage – drei Kilometer nordwestlich im Dresdner Stadtteil Pieschen. Kötzschenbroder

Straße 8. Dort stellen sie ihn auf einer »Kurzzeit-Stellfläche« ab, schütten Benzin hinein, stecken es in Brand und flüchten. Der Audi und zwei Autos neben ihm brennen völlig aus, ein Mercedes und ein Mazda. Weitere 61 Autos zieht das Feuer in Mitleidenschaft. Schaden: über 600 000 Euro. Der am Gebäude beträgt 421 000 Euro, der an den Kraftfahrzeugen 171 000 Euro. Auf den Autos klebt eine fettige Rußschicht. Die Innenräume sind verrußt, Karosserien zerbeult, weil durch die große Hitze Teile der Deckenverkleidung herunterstürzen. Löschwasser steht in Kofferräumen und Fahrgastzellen. Kfz-Elektronik funktioniert nicht mehr. Lack ist zerkratzt.

Die Ermittlungen ergeben: Das Einfahrtstor zur Tiefgarage öffnete den Juwelendieben eine Stellplatzmieterin – ohne zu ahnen, wer da hineinfuhr.

Wie an jedem Arbeitstag stieg die Produktionsarbeiterin *Marion Kraft* (59) kurz nach fünf in der Tiefgarage in ihren Mercedes, um zur Arbeit zu fahren – eine riesige Tiefgarage mit über 150 Stellplätzen und Zugängen von einem Dutzend drei- und vierstöckiger Mehrfamilienhäuser.

Als sie in ihrem Wagen vor dem Rolltor zur Ausfahrt ankommt, 5:07 Uhr, sieht sie durch dessen Scheiben einen hellen Audi auf der anderen Seite stehen. Ungewöhnlich, denkt sie. Denn üblicherweise öffnet der Fahrer des Autos, das in die Tiefgarage hineinfahren will, oben an der Säule, am Anfang des Weges zur Einfahrt, mit seinem Schlüssel das Tor – dreißig Meter von ihm entfernt – und fährt erst dann hinunter. So ist das Tor bereits geöffnet, wenn er unten ankommt. Aber nicht so an diesem Morgen. Sieben Minuten nach fünf. Sie öffnet das Tor, indem sie an einem Seil zieht, das in der Garage, wenige Meter vor der Ausfahrt, von der Decke herunterhängt. Und dann findet es *Marion Kraft* auch »komisch«, dass sie sich mit ihrem Wagen an dem Audi vorbeiquetschen, genau zirkulieren muss – entgegen der Regel unter den Tiefgaragennutzern: Vorrang hat, wer hinausfährt.

Acht Minuten später kommt *Else Hagen* (57) in die Tiefgarage. Sie wundert sich, dass anders als sonst um diese Zeit, Viertel nach fünf, das Deckenlicht nicht brennt. Nur eine Notbeleuchtung funzelt. Auf einmal geht der Rauchmelder los. Ohrenbetäubendes Fiepen. Lichtblitze zucken. Feuergeruch steigt in ihre Nase. Sie will ihren VW Passat in Sicherheit bringen. Doch in diesem Augenblick rollt mitten in der Garage eine Brandschutztür zu – zwischen dem hinteren Teil, in dem ihr Passat steht, und dem vorderen, von dem die Ausfahrt nach oben abgeht. Für *Else Hagen* gibt es keine Chance mehr, mit ihrem Wagen hinauszukommen, ihn in Sicherheit zu bringen. Sie riecht beißenden Rauch und sieht schwarze Schwaden. Denkt, ein E-Auto brennt. Aber von ihrem Standpunkt aus, der Tür zum Treppenhaus, sieht sie nichts vom eigentlichen Geschehen.

Vorsichtig lugt sie um die Ecke. Lichterloh sieht sie ein Auto brennen. Ein ohrenbetäubender Knall. Der Wagen ist explodiert – vor ihren Augen. Ein Feuerball schießt hervor. »Nur noch raus«, denkt sie und hastet durchs Treppenhaus.

Oben, auf der Freifläche zwischen den Mehrfamilienhäusern, ist alles vernebelt. Unter dem Rasen liegt die Tiefgarage. Dunkelschwarzer Qualm quillt dort aus den Rohren der Belüftungsschächte der Garage. Aus mehreren lodert Feuerschein. Drei Explosionen folgen. Der Boden vibriert. Ursache sind geplatzte Autoreifen – durch die Hitze. Eine Etage tiefer. *Else Hagen* erlebt »das komplette Chaos«.

Wenige Meter entfernt wacht hustend *Friedrich Wahl* (43) auf: Im Erdgeschoss der Hausnummer 12. Seine Wohnung steht voller Rauch. Er sieht, wie durch das gekippte Fenster dicke Rauchschwaden hereinziehen. Er flüchtet ins Bad. Aus dem Lüftungsschacht an der Badewanne quillt beißender Qualm. In der Toilettenschüssel blubbert es »wie in einem Vulkan«. Der Restaurantleiter fühlt sich »im Schockzustand«. Denkt an einen Kurzschluss in der Stromleitung. Seiner Frau *Michaela* schmerzt die Lunge. Aus ihrer Nase kommt schwarzer Ruß.

Sie steht unter Schock. »Wir hätten unser Leben verlieren können«, geht ihr anschließend durch den Kopf. Ihre Hausärztin diagnostiziert eine Rauchvergiftung.

Erst nach Tagen kehrt das Paar in seine Wohnung in der Kötzschenbroder Straße 12 zurück. Sie ist komplett verrußt. Stinkt bestialisch nach Benzin, Qualm und Gummi. Auf allen Gegenständen klebt ein schmieriger Film. Im Schlafzimmer, im Wohnzimmer, in der Küche, im Bad. Auf allen Gardinenleisten, hinter Heizkörpern, auf Kissen, auf Schränken, auf Fußbodenleisten. Überall. Zwei Wochen lang putzt *Michaela Wahl* die Wohnung. Den »Rauchgestank« kriegen sie aus vielen Kleidungsstücken nicht mehr heraus. »Die Hälfte unserer Sachen mussten wir wegwerfen«, blickt *Friedrich Wahl* zurück. »Auch das Hochzeitskleid meiner Frau.«

Der Brand bringt ihn und seine Frau dann auch noch um ihre Wohnung: Weil ihr Vermieter sie nicht renoviert, kündigen sie und ziehen nach sechs Monaten genervt aus dem stinkenden Elend.

Noch am Tattag lässt die Polizei den in Brand gesteckten Pkw aus der Garage ziehen, auf einen Transporter hieven und ins Landeskriminalamt in die Neuländer Straße bringen. Aus dem Auto ist ein verschmolzener Haufen aus Stahl, Aluminium, Gusseisen und Kunststoff geworden. Nicht mehr erkennbar ist der Autotyp. Der Brandermittler stellt fest: Im Innenraum wurden mindestens fünf Liter Benzin »großflächig« ausgeschüttet.

Er findet in dem Wagen – alles rostbraun gebrannt durch die große Hitze – zwei Brecheisen, einen Revolver vor dem Beifahrersitz und ein Waffenmagazin, ein zylinderförmiges Rohr, das sich bei näherer Untersuchung als Schalldämpfer herausstellt, eine Eisenplatte, Teile eines Feuerlöschers, ein Akkugerät, Schraubenzieher und zwei Gitter. Zusammengefügt ergeben die beiden Teile ein Dreieck: 61 Zentimeter breit mit Schenkeln von 52 und 53 Zentimetern. Höhe in der Spitze: 43 Zentimeter. Acht abgezwackte Gitterenden. Diese beiden rostbraunen Teile passen die Ermittler in das schwarze schmiedeeiserne Gitter vor dem Einstiegsfenster im Grünen Gewölbe ein. Und siehe da: Es passt genau.

Die ebenfalls braun gebrannte quadratische Eisenplatte, die im Kofferraum lag, wiegt 23 Kilo und ist ungefähr vierzig mal vierzig Zentimeter groß. In der Mitte hat sie ein Loch. Durchmesser zehn Zentimeter. Darauf geschweißt ist ein Rohr. Acht Zentimeter lang. Das sind genau die Abmessungen des ominösen Lochs im Rasen des Bärengartens vor dem Einstiegsfenster. Die LKA-Tatortgruppe nahm es als Spur 57 in ihre Sammlung auf.

Bei dem ausgeglühten Revolver vor dem Beifahrersitz handelt es sich, wie die Ermittler herausfinden, um einen Taurus 689. Ein pflegeleichter und zuverlässiger Fangschussrevolver. Durch die Hitze sind die Griffschalen abgesprungen. Die Ermittler vermuten, dass der Revolver aus dem Handschuhfach auf den Fahrzeugboden fiel, bevor er zerschmolz. Durch die Hitze löste sich ein Schuss aus dem Lauf und verursachte eine Delle in der Bodenplatte. Nicht zu dem Taurus-Revolver passt der Schalldämpfer, der im Wagen lag, stellen die Ermittler fest. Er passt zu einer Selbstladewaffe mit dem Kaliber 7,65 Browning.

Aus dem Brandschutt in der Tiefgarage zieht ein Brandermittler das verschmorte Kennzeichen DD - TS 2008. Zugelassen ist es auf *Heinz-Siegfried Ehlers* (56). Abgeschraubt wurde es vom Golf Sportsvan des Flugzeugbauers – in der Nacht zuvor auf dem Parkplatz Konkordiastraße 50. Keine siebenhundert Meter von der Tiefgarage entfernt.

Aus der Täterperspektive war die Kötzschenbroder Straße für die Aufgabe des bisherigen Fluchtfahrzeugs strategisch clever gewählt: Die Tiefgarage liegt am Weg zur Autobahnauffahrt Dresden-Neustadt – keine drei Kilometer entfernt. Nach Berlin sind es von dort aus hundertneunzig Kilometer. Und nach Leipzig hundertzwanzig Kilometer.

Ein Rätsel bleibt für die Ermittler, was die Täter vorhatten, um mit dem Audi in die Tiefgarage zu gelangen. Hatten sie einen Schlüssel fürs Tor? Oder wollten sie es aufbrechen – mit einem der Brecheisen aus dem Kofferraum? Oder setzten sie darauf, sich in die Garage hineinzudrängen – wie geschehen –, wenn jemand herausfuhr? Oder hatten sie einen anderen Plan?

Bei der Suche nach dem weiteren Fluchtweg der Täter hilft den Ermittlern wieder einmal Kommissar Kamera. Dieses Mal sind es Aufzeichnungen von einem unscheinbaren Objektiv am Ballhaus Watzke – es liegt schräg gegenüber der Einfahrt zur Tiefgarage in der Kötzschenbroder Straße. Ein historischer Ballsaal für fünfhundert Personen mit Biergarten am »Micktener Elbbogen«. »Dresdens schönstes Ball- und Brauhaus«, wirbt die über hundertzwanzig Jahre alte Restauration im Neo-Empire-Stil.

Ausgerichtet ist die Kamera auf den Parkplatz am Ballhaus. Aber sie erfasst auch alles, was hinter dem Parkplatz geschieht, auf der Straße: dort, wo die Kötzschenbroder Straße von der Leipziger Straße abzweigt. Auf den Ballhaus-Aufzeichnungen sehen die Beamten, wie in der Tatnacht kurz vor Viertel vor vier zwei Autos dicht hintereinander in die Kötzschenbroder Straße einbiegen – mit einem Abstand von nur drei Sekunden: Ein Mercedes-Taxi um 3:41:08 Uhr, um 3:41:11 Uhr schießt ein Audi hinterher. Einen Augenblick später kommt der Audi wieder zurück aus der Kötzschenbroder Straße und biegt nach rechts ab. Richtung Innenstadt, Richtung Residenzschloss. Das Taxi sehen die Videoauswerter nicht wieder.

Wie die Flucht der Juwelendiebe weiterging, zeigt den Ermittlern KESY: Das Kraftfahrzeug-Kennzeichen-Erkennungssystem des Landes Brandenburg. Sein Scanner ist unscheinbar, zartlindgrün lackiert und sieht fast so aus wie ein Lkw-Maut-Erfassungsgerät an einer Autobahnbrücke. Zwei Geräte, in jede Richtung eins, befinden sich unauffällig auf einer Autobahnbrücke über der A13 bei Großräschen. Achtzig Kilometer von der Auffahrt Dresden-Neustadt entfernt. Richtung Berlin. Die KESY-Anlage fertigt Scans des hinteren Kennzeichens jedes Wagens, der unter ihr durchfährt. Insassen sind auf ihnen nicht zu sehen.

Im Normalbetrieb werden die Daten kurzfristig gelöscht, nachdem die Überprüfung ergeben hat, dass das Kennzeichen nicht im »Fahndungsbestand« ist. Gespeichert werden dürfen die erfassten Kennzeichen nur, wenn dies zuvor ein Amtsrichter angeordnet hat – um einen späteren Abgleich zu ermöglichen. Die Dresdner Ermittler haben Glück. Ein solcher Beschluss liegt vor: Er ist vom Amtsgericht Zwickau, erging am 23. September 2019 in einem Autoschieberei-Ermittlungsverfahren gegen acht Polen. So holen sich die Dresdner Ermittler 300 000 Datensätze von Kraftfahrzeugen, die die KESY-Anlage in Großräschen passierten.

Um die Datenmengen zu kanalisieren, schicken sie einen Wagen mit »Spezialkräften« und »hoher Geschwindigkeit« von der Kötzschenbroder Straße zum Scanner auf der A13. Sie kommen zu dem Ergebnis, dass der Fluchtwagen am Tatmorgen den KESY-Scanner vermutlich zwischen 5:30 Uhr und 5:40 Uhr passierte. In diesem Zehnminutenintervall nehmen die Ermittler alle gescannten Kennzeichen unter die Lupe. Aufschlussreich für sie ist das Kennzeichen DD - GM 7538: Der Scanner bei Großräschen erfasste es um 5:37 Uhr. Ausgegeben ist es für ein Dresdner Taxi. Aber der Taxiunternehmer sagt den Ermittlern, dass zu dieser Zeit sein Wagen dort definitiv nicht unterwegs gewesen sei. Ein Sachverständiger vergleicht das gescannte Kennzeichen mit dem Original und stellt fest, dass es sich um eine »Dublette« handelt. Ein Modus Operandi, den die RAF in den frühen Siebzigerjahren in die deutsche Kriminalgeschichte eingeführt hatte: Die Täter sind nicht mit geklauten Nummernschildern unterwegs, sondern mit nachgemachten, die für ein Fahrzeug gleichen Typs ausgegeben wurden. Dadurch senken sie das Risiko, bei einer gewöhnlichen Verkehrskontrolle aufzufallen.

Anschließend schauen sich die Ermittler die Scans aus der Gegenrichtung in der Tatnacht an. Aus Berlin, Richtung Dresden. Noch ein Treffer: Das Kennzeichen DD - GM 7538 erfasste der Scanner um 2:51 Uhr. Also erfolgten Hin- und Rückfahrt des Mercedes in der Tatnacht.

Um noch mehr herauszubekommen, betrachten die Ermittler andere Kennzeichen, die gegen 2:50 Uhr in Richtung Dresden gescannt wurden. Dabei stoßen sie auf das Kennzeichen B - ED 4777 an einem Audi. Schon wieder eine Dublette: Das Original war für den Audi A6 Avant einer Frau in Berlin-Neukölln ausgegeben worden. Aber dann, sechs Wochen vor dem Juwelendiebstahl, am 4. Oktober, hatte sie den Audi abgemeldet, weil sie sich einen Neuwagen gekauft hatte. Davon jedoch hatten die Täter offensichtlich nichts mitbekommen. So gab es nur noch die Dublette, aber nicht mehr das Original.

Um in dem Audi in Dresden wegen der B-Dubletten nicht aufzufallen, ersetzten sie die Täter gleich nach der Ankunft durch das Kennzeichen DD - TS 2008 vom Golf des Flugzeugbauers. Keine zwei Stunden bevor sie den Wagen in Flammen aufgehen lassen.

Anhand der KESY-Scans finden die Ermittler auch heraus, dass die Täter für ihre Ausspähungen in der Woche vor der Tat über die A13 aus Richtung Berlin kamen und anschließend in diese Richtung wieder verschwanden. Zum Beispiel in der Nacht vom 18. auf den 19. November: Die Aufzeichnungen der Außenkameras am Schloss zeigen sechs Ausspäher vor dem späteren Einstiegsfenster in der Zeit von 2:23 Uhr bis 3:10 Uhr. In dieser Nacht scannte KESY die Dublettenkennzeichen von Mercedes und Audi hintereinander in Richtung Dresden um 0:48 Uhr und um 5:18 Uhr die Dublette an dem Mercedes wieder retour.

Ohne die heutige Kamera- und Scantechnik hätten die Ermittler vermutlich nichts von alledem gewusst, was die Täter machten, um den Juwelendiebstahl vorzubereiten und durchzuführen. Wäre der Einbruch vor dreißig, vierzig Jahren geschehen, egal ob in West- oder Ostdeutschland, hätten die Ermittler vermutlich keine Ahnung gehabt. Aber nun, zusammengetragen von Beamten der Soko Epaulette, zeigen elektronische Aufnahmen die zentralen Sequenzen des Geschehens.

So steht der Tatablauf fest. Noch fehlen die Täter.

Für die Mieter der Tiefgarage werden die Brandfolgen zu einem Dauerärgernis: Noch drei Jahre nach dem Brand ist die Garage geschlossen, weil die Renovierungsarbeiten noch nicht abgeschlossen sind. Frustrierend für die Stellplatzmieter in der parkplatzknappen Gegend. Ihre Verärgerung lässt sich nicht in Zahlen ausdrücken. Entnervt von der ewigen Parkplatzsuche ziehen einige weg.

FLUCHT-AUDI

Auch nicht auf die Fährte der Juwelendiebe führen die aufwendigen Recherchen der Beamten zu den beiden Tatfahrzeugen. Das eine ist am Ende ein ausgeglühter Schrotthaufen aus Metall und Kunststoff. Das andere, das Mercedes-Taxi, ist spurlos verschwunden.

Der verschmorte Schrotthaufen wird in einer Garage des Landeskriminalamts in Dresden untersucht. Durch die Fahrzeugidentnummer (FIN), die siebzehnstellige Nummer am Chassis des ausgebrannten Wagens, können die Ermittler feststellen, dass es sich bei dem Schmelzhaufen um einen Audi S6 Avant handelt. Die Sportversion des Audi A6. Eine Rakete. 435 PS (320 kW). 250 km/h schnell – abgeregelt. Und für absolute Autofreaks: Im Unterschied zum Audi A6 hat der Audi S6 einen Kühlergrill mit vertikalen Chromstreben, eine Auspuffanlage mit vier Endrohren, Außenspiegel mit silberfarbenem Gehäuse und ein LED-Tagfahrlicht in der Stoßstange.

Die Historie des Wagens, die die Ermittler herausfinden, ist abenteuerlich: Er ist dreizehn Jahre alt, Baujahr 2006 – und nicht für den Straßenverkehr zugelassen. Sein letzter Halter war *Michael Schulz* im Landkreis Jerichower Land in Sachsen-Anhalt. Zwei Jahre ist es her – 2017 –, da meldet er ihn ab und verkauft ihn an einen Schulfreund in Magdeburg für 6000 Euro. Der ist leidenschaftlicher »Schrauber« und bastelt zwei Jahre an ihm in seiner Garage herum, ohne ihn zuzulassen. Dann bietet er ihn auf einer Facebook-

Plattform zum Verkauf an. Ein Interessent meldet sich von einer 0157-Rufnummer aus und stellt sich als Autohändler aus Polen vor. Bei einem späteren Anruf kündigt er an, einen Mitarbeiter nach Magdeburg zu schicken. Aber der erscheint nicht zur verabredeten Zeit. In Telefonaten wird der Schrauber immer weiter vertröstet. Weil er am nächsten Morgen früh rausmuss, bittet er seine Freundin, den Verkauf abzuwickeln. Sie verabredet sich mit dem Anrufer für 22:30 Uhr vor einem Garagenkomplex an der August-Bebel-Straße in Magdeburg.

Der Mann erscheint zu Fuß. In gebrochenem Deutsch sagt er: »Ich komme wegen dem Auto.« Ein »südländischer Typ«, berichtet später die Frau, circa zwanzig Jahre alt, sehr dünn, schwarze kurze Haare, »ganz feiner Bart«, schwarzes T-Shirt, lange schwarze Hose. Ausweispapiere habe er nicht dabei, sagt er. Er zieht einen Zettel mit Personalien aus der Tasche. Die schreibt die Frau in den vorgefertigten Kaufvertrag. Der Mann blättert ihr 6500 Euro hin. Sie gibt ihm die Kfz-Papiere. Er bittet sie, das Auto vor den Garagenkomplex zu fahren. Das tut sie. Gegen 23 Uhr verabschiedet er sich. Am nächsten Tag sieht die Frau, dass der Wagen fort ist.

Alle weiteren Ermittlungen der Beamten zu dem Autokauf enden im Nirwana: Die »Anschlussinhaberfeststellung« zu der 0157-Rufnummer, von der aus sich der Interessent mehrfach gemeldet hatte, führt zwar zu einem Namen, einer Adresse und einem Geburtsdatum. Aber nicht zu einer existierenden Person. Die Ermittler können eine »Verbindung zu einem libanesischen Telekommunikationsbetreiber« feststellen – Recherchen im Libanon und in Pakistan bringen sie jedoch nicht weiter. »Ermittlungstechnisch sind wir bei dem Anschlussinhaber nicht weitergekommen«, resümiert eine Kriminalhauptkommissarin. Und auch bei den Angaben auf dem Zettel, den der junge Mann dabeihatte, stellen die Ermittler fest, dass es sich um »keine reale Person« handelt. So bleibt für sie der Erwerber des Flucht-Audi ein Phantom.

FLUCHT-MERCEDES

Über das Mercedes-Taxi, dem der Audi mit einem 3-Sekunden-Abstand in die Kötzschenbroder Straße gefolgt war, wissen die Ermittler wenig. Es ist verschwunden. Dass sich der »Mercedes mit der Taxi-Optik« nicht in Luft aufgelöst hat, erfahren die Ermittler – nachdem die Medien über den »Jahrhundertdiebstahl« berichtet hatten – von drei Autofahrern: Sie berichten, dass sie an diesem Morgen von einem Taxi mit einem Affenzahn in Richtung Berlin überholt wurden.

Zwei Drucker, im Auto auf dem Weg zur Arbeit, wunderten sich, dass an der Auffahrt Dresden-Neustadt zur A4 ein Taxi sie waghalsig überholte. Alles sei ganz schnell gegangen, berichtet der Fahrer. Den Wagen links neben sich hätte er gar nicht mitbekommen. Sondern erst vor sich. Mit über Tempo 100 sei er auf einer Sperrfläche vorbeigerast. Weil es Richtung Flughafen Berlin-Schönefeld geht, mutmaßt er seinem Kollegen gegenüber, da habe vielleicht »jemand verschlafen und will nun noch seinen Flieger erreichen«. Aber der Kollege antwortet nicht. Er ist noch geschockt und kreidebleich.

Und dann berichtet ein Projektingenieur den Beamten von einem riskanten Überholmanöver auf der A13 in Richtung Berlin, gegen 5:30 Uhr, zwischen Ortrand und Ruhland – circa vierzig, fünfzig Kilometer von Dresden entfernt: In einem Tempo-60-Baustellenabschnitt habe ihn ein Taxi mit Dresdner Kennzeichen »unter sehr deutlicher Missachtung der Höchstgeschwindigkeit« überholt. Mit »120 bis 200 km/h – wahrscheinlich irgendetwas in der Mitte«. An seinem Lenkrad habe er »den Luftdruck gespürt«, erinnert sich der Dreiundvierzigjährige. »Mercedes E-Klasse, Doppelscheinwerfer, taxibeige, Taxischild, DD-Kennzeichen.«

Weiter hilft den Ermittlern der Hinweis einer aufmerksamen Bürgerin – drei Wochen nach dem Juwelendiebstahl, 17. Dezember 2019. Sie teilt der Berliner Polizei mit: Am Schmollerplatz 8 in Alt-Treptow stehe ein Mercedes, dessen hintere Scheibe auf der Fahrerseite seit Tagen offen sei. Zu dem Kennzeichen B - UY 8898 macht ein Polizeioberkommissar eine Halterabfrage und denkt: ein Routinefall. Er ruft den Halter an und sagt ihm, er möge das Fenster seines Wagens am Schmollerplatz schließen. Der Mann erwidert, das könne gar nicht sein, weil sein Wagen vor ihm stehe – dabei blickt er aus seinem Bürofenster auf die Straße. Definitiv. Dort stehe er – und das Fenster hinten rechts sei definitiv geschlossen. »Dann gibt es das Kennzeichen zweimal«, sagt sich der Beamte: »Eine Dublette.« Deshalb veranlasst er, dass der Wagen zum Sicherstellungsgelände der Polizei in Berlin-Biesdorf gebracht wird, in die Cecilienstraße 92. Dort steht er, neben über einhundert anderen sichergestellten Kraftfahrzeugen. Gesichert ist das Gelände durch einen zwei Meter hohen Metallzaun.

Eine Woche später gibt es dort einen lauten Knall. In der Nacht von Heiligabend auf den ersten Weihnachtstag 2019 steht der Mercedes in Flammen, fünf Minuten nach drei. Das Feuer beschädigt zwei Fahrzeuge neben ihm. Die Beamten des Kriminaldauerdienstes sehen auf der Rückbank des ausgebrannten Wagens einen Kraftstoffkanister liegen und dass mit Kraftstoff eine Lunte über mehrere Meter auf den Boden geschüttet worden war. Dort, wo einst das Navi in der Mittelkonsole des Mercedes steckte, klafft ein Loch. Es wurde, den Spuren zufolge, mit einer Brechstange aus der Konsole herausgebrochen. Von den Mitarbeitern des Wachunternehmens, die das »Sicherstellungsgelände« bewachen, erfahren die Kripomänner so gut wie nichts. Die Verständigung mit ihnen – »schwierig«, berichtet ein Kriminaloberkommissar. »Die konnten kaum Deutsch.«

Der lange Arm der Juwelendiebe? Gezielte Spurenvernichtung der Remmos?

Ein Berliner Kriminaloberkommissar geht der Frage nach, wie es den Tätern gelang, sich für diesen Mercedes eine fremde Identität zu verschaffen. Er stellt fest, dass das Kennzeichen B - UY 8898 die Kfz-Zulassungsbehörde in Friedrichshain-Kreuzberg für ein baugleiches

Fahrzeug der E-Klasse älteren Datums ausgegeben hatte. Die beiden Nummernschilder ließen die Täter in einer nicht bekannten »Schildermacherei« prägen. Den beiden Fake-Schildern wurde dadurch ein legaler Anschein verliehen, dass auf sie die beiden Siegel »Berlin Bundeshauptstadt« montiert wurden. Ausgegeben worden waren die Siegel für einen Renault Twingo, wie der Barcode auf ihnen verriet. Bis heute wäre die ganze Sache vermutlich nicht aufgeflogen – wenn nicht der Wagen wegen der geöffneten Fensterscheibe mitten im Dezember 2019 am Schmollerplatz in Berlin einer aufmerksamen Bürgerin aufgefallen wäre.

Der ramponierte silberfarbene Mercedes wird kriminaltechnisch untersucht. Zuerst in einer Kraftfahrzeughalle der Berliner Polizei in Schöneberg, in der Belziger Straße 52. Nachdem die Vermutung aufgekommen ist, er könne bei dem Juwelendiebstahl in Dresden eine Rolle gespielt haben, bringt ihn am 8. April 2020 ein Pkw-Transporter nach Dresden. Vier Monate nach dem Juwelendiebstahl.

In der Untersuchungsgarage der Tatortgruppe im Landeskriminalamt in der Neuländer Straße wird er nach allen Regeln der kriminalistischen Kunst auseinandergenommen:

Ein Feinstaubsauger fördert neun Glassplitter zutage, die dem Glas entsprechen, das von den Tätern im Grünen Gewölbe zerhackt wurde. Die Ermittler vermuten, dass die feinen Splitter an Schuhsohlen in den Wagen gelangt sind. Auf einer Bodenmatte im Kofferraum finden sie Abtragungen einer blauen Substanz. Sie könnten von einer hydraulischen Lukas-Akkuschere stammen.

Auf dem silberfarbenen Lack unter der Motorhaube und anderswo kleben winzig kleine Reste einer hellbeigen Folie. Es ist der Farbton »taxibeige«. Kleine Einschnitte im Lack lassen die Ermittler vermuten, dass hier jemand wenig fachmännisch mit einem Skalpell oder scharfen Messer versucht hat, die Folie zu beseitigen. Hinzu kommt eine circa zehn Zentimeter lange schwarze »Grundplatte« aus Kunststoff auf dem Dach – über der Fondtür auf der Fahrerseite. Auf sie kann ein Taxischild geschoben werden. Kein Zweifel: Die verbeulte und ausgebrannte schrottplatzreife Kiste, die in der Untersuchungsgarage steht, war das Fake-Taxi, mit dem die Täter aus Dresden davonjagten. Angesichts der Folienreste gibt es für die Ermittler keinen Zweifel: Vor der Tat war der Wagen silbergrau. Dann wurde er mit der beigen Folie auf Taxi frisiert – in der Tatnacht in Dresden war er mit einem Taxischild auf dem Dach unterwegs, wie die Videoaufnahmen vom Ballhaus Watzke und die Zeugenaussagen belegen. Später wurde die Folie entfernt.

An und in dem Wagen finden die Ermittler keinen einzigen Fingerabdruck. Aber DNA-Spuren von über einem Dutzend Personen – an Gurtschlössern, Schaltern, Getränkehaltern und Sitzen. Darunter Spuren von drei Mitgliedern des berüchtigten Remmo-Clans: Wissam Remmo, Abdul Majed Remmo und Rabieh Remo. Drei junge Berliner, Anfang, Mitte zwanzig. Da eine DNA-Spur nichts über ihr Alter besagt, lässt sich aus diesem Befund allerdings nicht herleiten, dass die drei bei dem Einbruch dabei waren. Sondern nur, dass sie in dem Wagen höchstwahrscheinlich irgendwann einmal saßen. Vor, während oder nach der Flucht. Ein Abgleich des in dem Wagen entdeckten DNA-Materials mit den Mustern der DNA-Analysedatei des Bundeskriminalamts ergibt, dass in dem Mercedes mehrere Personen fuhren, deren DNA im Zusammenhang mit erheblichen Straftaten gefunden wurde – wie gewerbsmäßige Hehlerei, schwerer Raub und Betrug. So deutet einiges darauf hin, dass Remmo & Co. den Mercedes als eine Art »Familienkutsche« nutzten.

Der Ankauf des Mercedes erfolgte in Essen ähnlich konspirativ wie der des Audi S6 in Magdeburg. So ist es auch bei dem Mercedes für die Ermittler unmöglich herauszufinden, wem der Wagen zum Zeitpunkt der Tat gehörte:

»Er sah ganz normal aus«, erinnert sich *Ulf Gabel* an den silberfarbenen Mercedes E 500 – aber mit seinen 750 PS »beschleunigte er wie ein Lamborghini«. Von außen betrachtet: »Ein Wolf im Schafspelz.«

Im Juni 2019 bot *Ulf Gabel* aus Essen den Wagen auf der Internetplattform mobile.de für eine Bekannte an. Ein Anrufer erkundigt sich bei ihm nach einigen wenigen Details. Er spricht akzentfreies Deutsch und sagt, er wohne in Berlin. Bald darauf ruft er wieder bei *Gabel* an und erklärt, er wolle den Mercedes kaufen, schicke »jemanden« vorbei, der den Kaufpreis – 17 000 Euro – mitbringe und den Wagen abhole. Später fragt der Anrufer *Gabel*, ob er den »Jungen« vom Hauptbahnhof in Essen abholen könne. Das tut *Gabel*, am 17. Juni 2019. Der »Junge«, so erinnert er sich, sprach gebrochenes Deutsch, hatte kurze schwarze Haare – »vielleicht achtundzwanzig, vielleicht Syrer«. *Ulf Gabel* kutschiert ihn in den Essener Stadtteil Stoppenberg. Dort steht das abgemeldete Fahrzeug auf einem Parkstreifen. Dann geht alles ganz schnell: Der »Junge« sagt, dass er von Autos keine Ahnung habe und sich deshalb eine Probefahrt erübrige. Ohne zu handeln, zahlt er den Kaufpreis in bar, bekommt Schlüssel und Papiere. Dann fragt er *Gabel*, ob er ihn zurück zum Hauptbahnhof fahren könne. Das tut er – und kurz darauf sieht er, dass der Mercedes von dem Parkstreifen verschwunden ist. Trotz erheblicher Bemühungen können die Beamten nicht herausfinden, wer der »Junge« und wer der Anrufer waren. Auch dieses Mal bleiben die Akteure für die Ermittler Phantome.

FUNKZELLEN

Dass sie auf der Suche nach Spurenvermeidungsmeistern sind, stellen die Ermittler auch bei der Funkzellenabfrage fest: Heute eine übliche Ermittlungsmaßnahme bei Straftaten von erheblicher Bedeutung, weil jedes Handy eine Art elektronische Visitenkarte seines Besitzers ist. Ziel der Abfrage ist, über Mobilfunkdaten Verdächtige zu generieren. Dafür lassen sich die Ermittler – nach Anordnung des Ermittlungsrichters, in Eilfällen der Staatsanwaltschaft – von Telekommunikationsunternehmen die Verbindungsdaten übermitteln, die deren

Mobilfunkbasisstation in der Funkzelle in der relevanten Zeit erfasst haben. Diese Funkzellen ziehen sich wabenförmig über das gesamte Bundesgebiet. In Stadtzentren haben sie einen Radius von fünfzig bis einhundertfünfzig Metern. Etwa eine Einkaufspassage oder U-Bahn-Station. Auf dem platten Land, dort, wo nicht viel los ist, misst der Radius zwischen drei und sechs Kilometer.

Die Dresdner Ermittler erkundigen sich bei den Telekommunikationsanbietern nach den Verbindungsdaten in den Funkzellen am Residenzschloss, am Pegelhaus, in der Kötzschenbroder Straße und der Autobahn nach Berlin zu den Zeiten, als die Täter unterwegs waren.

Aus den Antworten ergibt sich: Während der Tat und der Ausspähungstouren in der Woche vor dem Einbruch kommunizierten die Täter über vier deutsche Mobilfunknummern auf »Arbeitshandys«. Erstmals eingeschaltet wurden drei der Rufnummern, als sich der erste Spähtrupp der Einbrecher auf den Weg nach Dresden machte: am 18. November 2019, in der Stunde vor Mitternacht. Zwischen 23:05 Uhr und 23:52 Uhr. Kurz danach, um 0:48 Uhr, passierten der Audi und der Mercedes den KESY-Scanner bei Großräschen – auf dem Weg nach Dresden. Anderthalb Stunden später, um 2:23 Uhr, begann die erste kollektive Ausspähung der Einstiegsstelle am Schloss. Den letzten Kontakt über diese Anschlüsse gab es am 25. November um 5:05 Uhr – er dauerte 34 Sekunden. Exakt der Augenblick, in dem die Täter mit dem Audi in der Kötzschenbroder Straße angekommen waren. Die letzte Absprache vor der Rückfahrt mit der Beute nach Berlin. Danach wurde über keine der vier Rufnummern mehr kommuniziert. Sendeschluss. Später werden die vier SIM-Karten vernichtet.

Die Auswertung der Verbindungsdaten zeigt, dass die Täter umfangreich kommunizierten, wenn sie in Dresden unterwegs waren. So gab es allein 33 Verbindungen zwischen den vier Handys in der ersten Nacht der Ausspähungen, vom 18. auf den 19. November 2019 – bis 4:42 Uhr: Da hatten die Späher gerade die Rückfahrt aus Dresden angetreten – um 5:18 Uhr passierte der Mercedes den KESY-Scanner achtzig Kilometer nördlich von Dresden. In der nächsten Nacht waren es 59 Verbindungen. Zum Nachtprogramm gehörte das Ausspähen des Pegelhauses und das Abhängen einer Zivilstreife.

Die Ermittler finden heraus, dass für alle vier Nummern als Anschlussinhaber ein Mann registriert ist. Doch er bleibt für sie ein Phantom – obwohl seit Sommer 2017 das Telekommunikationsgesetz vorschreibt, dass die Telekommunikationsunternehmen die Personalien des Anschlussinhabers »zu erheben und unverzüglich zu speichern« haben. Von dieser Regelung hatten sich die deutschen Sicherheitsstrategen ein Ende der anonymen Mobiltelefonie erhofft. Aber dem ist nicht so. Die Dresdner Ermittler stellen fest, dass es zu dem Namen des gemeldeten Anschlussinhabers keine tatsächliche Identität gibt; außerdem, dass die SIM-Karten in einem Telefonshop in der Hermannstraße in Berlin verkauft wurden. In dieser Straße in Neukölln gibt es jede Menge Telefonshops.

Aufgrund der Daten stellen die Ermittler auch fest, dass billige 20-Euro-Handys von Samsung im Einsatz waren. Sie vermuten, dass sie ausschließlich für die Tat beschafft und anschließend vernichtet wurden.

Wie das Geschäft mit den anonymen SIM-Karten läuft, bei denen die Polizei nicht weiterkommt, wie bei den Grüne-Gewölbe-Ermittlungen, erläutert den Beamten ein arabischstämmiger Mann – er hatte anonyme Karten aus dem Telefonladen in der Hermannstraße genutzt, wohnt in dessen Nachbarschaft, hat aber mit dem Juwelendiebstahl nichts zu tun. In dem Geschäft lägen Stapel anonymer SIM-Karten unterm Ladentisch, berichtet er den Ermittlern. Aber die bekämen nur »bestimmte« Kunden. Der Mann sagt es nicht, aber meint offensichtlich: nur Typen aus dem Milieu, insbesondere aus dem Neuköllner Kiez. Die »kleinsten Karten« gebe es für zehn bis zwölf Euro. Viele hier in Neukölln, sagt er, schöben »sich alle zehn bis vierzehn Tage« eine neue SIM-Karte rein. Wenn die leer gesurft sei, hole man sich eine neue. Einer von ihnen ist Abdul Majed Remmo, er wechselt, berichtet er, »mehrmals im Monat meine SIM-Karte«. Er sei viel im Internet und »verbrauche Datenvolumen«.

Für Menschen, die von der Polizei nicht gefunden oder überführt werden wollen, eine ziemlich sichere Methode, um ihre Identität zu verbergen. Diese Kommunikation im Verborgenen, unter dem Radar der Sicherheitsbehörden, funktioniert in der Regel über eine Art Identitätsdiebstahl. »Gestohlen« werden die Identitäten von unbeteiligten, nichts ahnenden Menschen. Die Daten stammen zumeist von Ausweisfotokopien, die sich die Kartenanbieter aus allen möglichen Quellen beschaffen – beispielsweise von Hotels und Autovermietern im Ausland.

Der Mann aus Neukölln macht den Beamten keine Hoffnung: »Sie als Milchgesicht bekommen in dem Laden keine SIM-Karte.« Als die Ermittler in der Nähe des Telefonladens aus ihrem zivilen Polizeiwagen aussteigen, erscheint sofort aus einem Barbershop ein augenscheinlich arabischstämmiger Mann, der die Beamten unter Beobachtung nimmt. Mit seinem Handy fotografiert er sie und telefoniert ihr Kfz-Kennzeichen weiter.

ANWACHSENDE ERKENNTNISSE

Langsam, aber stetig geht es voran. Von Tag zu Tag wachsen die Erkenntnisse der Ermittler in der Sonderkommission Epaulette. Im Blick haben sie vor allem Berlin. Nicht nur weil die KESY-Spur in diese Richtung weist. Sondern auch weil es dort einen spektakuläreren Museumseinbruch zweieinhalb Jahre vor dem Einbruch ins Grüne Gewölbe gab. Aus dem Bode-Museum stahlen Mitglieder des berüchtigten Remmo-Clans die »Big Maple Leaf«. Eine 100 Kilogramm schwere Goldmünze im Wert von 3,3 Millionen Euro ließen sie spurlos verschwinden. Nun läuft dort, in Berlin, seit Januar 2019 am Kriminalgericht Moabit das Strafverfahren gegen vier Angeklagte. Auf der Anklagebank sitzen drei junge Männer – alle mit dem Nachnamen Remmo – und ein Wachmann aus dem Bode-Museum, der ihnen einen Tipp gegeben haben soll. Als Mastermind gilt Wissam Remmo. Ein mit allen Wassern gewaschener Dieb. Die Remmos sind einer von mehreren Ermittlungsansätzen, mit dem sich die Soko Epaulette beschäftigt.

Die Laborauswertung des Spurenmaterials, im und am Residenzschloss gesichert, dauert. Allein eintausend Proben hat das Landeskriminalamt Sachsen »DNA-analytisch« auszuwerten. Ähnlich wie bei einem Puzzle, bei dem Teilchen für Teilchen eingefügt wird, werden im Laufe der Zeit die Konturen des spektakulärsten Falls der Dresdner Kriminalgeschichte immer deutlicher: Bezeichnend für das Vorgehen der Täter sind ihr hohes kriminelles Know-how und ihre starke kriminelle Energie: Dazu zählen Vorbereitungen von langer Hand und Chuzpe, gepaart mit handwerklichem Geschick, Schnelligkeit und Skrupellosigkeit.

Skrupellos verübten die Täter die beiden Brandstiftungen: die im Pegelhaus, um die Tat zu ermöglichen, die in der Tiefgarage, um ihre Spuren zu vernichten – in Verdeckungsabsicht. Billigend nahmen sie in Kauf, dass durch den Tiefgaragenbrand Menschen zu Schaden kommen. Ihre Skrupellosigkeit zeigt sich auch in den Dutzenden von Axthieben, mit denen sie die Vitrinen zerschlugen, in der finsteren Absicht, einen Teil des »sächsischen Staatsschatzes« zu stehlen. Ihre Hemmungslosigkeit veranschaulicht auch das Verhältnis des von ihnen angerichteten Schadens zu ihrer möglichen Rendite: Dem von den Ermittlern bezifferten Gesamtschaden dieser Nacht von 114, 8 Millionen Euro steht ein realistischerweise möglicher Erlös von weniger als einem Prozent gegenüber – auf ungefähr eine Million Euro Erlös schätzt der Hamburger Juwelier Mark Wilm, ein Fachmann für »alte Schliffe«, den Erlös für die Beute, wenn man die Steine ausbrechen, runter- und umschleifen würde.

Der Gesamtschaden von 114,8 Millionen Euro resultiert aus dem Wert der gestohlenen Juwelen (113,8 Millionen Euro) und den weiteren Schäden dieser Nacht (1 060 577 Euro) – und zwar den Schäden im Pegelhaus (127 182 Euro), im Residenzschloss (295 496 Euro), in der Tiefgarage und dem Wohnkomplex (468 000 Euro) sowie an den Fahrzeugen in der Tiefgarage (171 000 Euro).

Mehr als zehn Monate nach der Tat, am 2. Oktober 2020, erhält eine Erste Kriminalhauptkommissarin bei der Soko Epaulette den lang erhofften Anruf: Im Labor wurden zwei DNA-Personentreffer festgestellt – »bei den Abklebungen« an der Mauer vor dem Einstiegsfenster, über die die Täter geklettert waren. Die Namen, die sie am Telefon erfährt: »Remmo, Bashir« und »Remmo, Wissam«.

KAPITEL 5

MASTERMIND WISSAM REMMO: DER GOLDJUNGE VON DER MUSEUMSINSEL

Wissam Remmo? Wissam Remmo! Die Nachricht schlägt bei den Ermittlern in Dresden wie eine Bombe ein. Der Goldjunge von der Museumsinsel! Der Mastermind aus Berlin: auch in Dresden mit von der Partie. Dass kein Zweifel daran bestehen könne, dass die an der Schlossmauer gefundene DNA von ihm stamme, bestätigt der DNA-Analytiker aus dem Sächsischen Landeskriminalamt. Die Wahrscheinlichkeit betrage 1 zu 100 Trilliarden, rechnet er aus. Eine unermesslich hohe Wahrscheinlichkeit: Eine Trilliarde hat 21 Nullen; 100 Trilliarden haben 23 Nullen: mit ihnen könnte man elf WC-Türen bestücken – und hätte sogar noch eine Null übrig.

Als der »Personentreffer«-Anruf bei der Soko Epaulette ankommt, ist Wissam Remmo dreiundzwanzig. In Berlin hat sein Name bei der Polizei einen Ruf wie Donnerhall.

Seine Augen haben etwas Melancholisches. Sie signalisieren Nachdenklichkeit. Aber auch etwas Eiskaltes. Sein volles schwarzes Haar trägt er nach hinten gekämmt. Sein Vollbart ist hochgewachsen, manchmal hat er ihn fein ausrasiert. Eine staatliche Figur. 1,84 Meter. Kräftig. Legendär ist, wie er einen 116 Kilogramm schweren Stahlsafe aus einer Apotheke in seinen Volvo wuchtete, um ihn in Ruhe anderswo knacken zu können. Beute 12 500 Euro Bargeld. Markant ist sein Gang. Er wirkt o-beinig: Es scheint so, als ob beim Laufen sein linker Fuß nach innen abknickt.

Acht Monate bevor die Dresdner Kommissarin den »Personentreffer-Hinweis« auf ihn erhielt, hatte ihn das Landgericht Berlin wegen des Goldmünzendiebstahls zu einer Jugendstrafe verurteilt. Vier Jahre und sechs Monate. Das war am 20. Februar 2020.

Nun, als die Nachricht vom DNA-Treffer bei der Sonderkommission ankommt, Anfang Oktober 2020, ist Wissam Remmo nicht im Gefängnis, sondern auf freiem Fuß – unterwegs in Berlin als Kurierfahrer. Er transportiert Blut und Urin. Die Ladung zum Haftantritt hat er noch nicht erhalten, obwohl er seine Revision gegen das Urteil schon vor vier Monaten zurückgezogen hat, am 2. Juli 2020. Grund dafür sind die Mühlen der Berliner Strafjustiz – sie ist mehr bekannt für ihre Langsamkeit als für ihre Härte. »Eine komplizierte Angelegenheit«, sagt Lisa Jani, die Sprecherin der Berliner Strafgerichte. Nach Rechtskraft dauere es »immer eine Weile, bis alle Formalitäten erledigt« seien. Man dürfe sich das nicht so vorstellen, dass, wenn ein Urteil rechtskräftig werde, der Verurteilte »dann mit einer Zahnbürste zum Gefängnis marschiert«, erläutert die Richterin, »sondern: Die Vollstreckung muss förmlich eingeleitet werden – und derjenige erhält dann eine Ladung zum Strafantritt.«

Und diese Ladung hatte Wissam Remmo noch nicht erhalten – weil es sie noch nicht gab. Aufgabe des Strafvollstreckungsleiters des Amtsgerichts Tiergarten war es, nachdem Remmo seine Revision zurückgenommen hatte, für ihn Haftanstalt und Haftantritt zu bestimmen. Dafür hätte er die Prozessakte gebraucht. Aber die lag noch bei der Staatsanwaltschaft, weil die Revision der Mitangeklagten lief. Und so geschah nichts in Sachen Haftantritt.

Zwei Tage nach dem Einbruch ins Grüne Gewölbe in Dresden, am 27. November 2019, fährt Wissam Remmo nach Erlangen. Dort muss er als Angeklagter beim Amtsgericht erscheinen. Die Staatsanwaltschaft wirft ihm besonders schweren Diebstahl und Sachbeschädigung vor: Im Dezember 2018 waren bei einem Einbruch in den Schauraum der Firma Lukas in Erlangen, die hydraulische Rettungswerkzeuge für Feuerwehr und Rettungsdienste herstellt, sieben Geräte im Wert von 21 612 Euro gestohlen worden – jener Hersteller, mit dessen Werkzeugen in Dresden das Schlossgitter zerschnitten und das Schlossfenster aufgedrückt worden war, wie sich 2023 herausstellt.

An diesem Mittwochvormittag im November 2019 schlendert Wissam Remmo in Erlangen lässig durch die Mozartstraße zum Gericht – unter der blauen Outdoorweste trägt er einen hellgrauen Pullover, verwaschene Bluejeans, weiße Turnschuhe. Ein Kamerateam von *Spiegel TV* erwartet ihn. Weil er nicht gefilmt werden möchte, hält er eine aufgeschlagene *BILD*-Zeitung vor seinen Kopf. In großen Buchstaben steht auf dem Titel auf gelbem Untergrund: »Die neuen Tricks der Einbrecherbanden«. Darunter die nächste Schlagzeile – auf schwarzem Untergrund: »Tausend Polizisten müssen nebenbei jobben«. Als er später im Gerichtsgebäude, im Sitzungssaal 5, die Kamera erblickt, zieht er den Kopf ein und die Outdoorweste bis über beide Ohren.

Das Schöffengericht ist, unter anderem aufgrund einer DNA-Spur, überzeugt, dass er der Täter war, und verurteilt ihn wegen Diebstahls und Sachbeschädigung zu einer Freiheitsstrafe von zwei Jahren und sechs Monaten sowie zur Zahlung von 21 612 Euro. »Herr Remmo ist ein notorischer Klauer und die Berliner Justiz ist nicht besonders streng«, sagt der Vorsitzende Richter Wolfgang Gallasch.

Diese Entscheidung hebt zehn Monate später das Landgericht Nürnberg-Fürth in zweiter Instanz auf, am 18. September 2020. Weil, so die Begründung der Strafkammer, eine Strafe wegen des Erlangener Bruchs gegenüber der Strafe im Goldmünzen-Prozess in Berlin »nicht beträchtlich ins Gewicht« fiele. (§ 154 StPO – Teileinstellung bei mehreren Taten: »(1) Die Staatsanwaltschaft kann von der Verfolgung einer Tat absehen, 1. wenn die Strafe …, zu der die Verfolgung führen kann, neben einer Strafe …, die gegen den Beschuldigten wegen einer anderen Tat rechtskräftig verhängt worden ist oder die er wegen einer anderen Tat zu erwarten hat, nicht beträchtlich ins Gewicht fällt … (2) Ist die öffentliche Klage bereits erhoben, so kann das Gericht auf Antrag der Staatsanwaltschaft das Verfahren in jeder Lage vorläufig einstellen.«)

Im Berliner Verfahren jedenfalls spielt der Diebstahl in Erlangen keine Rolle, weil, so das Urteil dort, »das beim Amtsgericht Erlangen geführte Verfahren … mangels rechtskräftigen Abschlusses« unberücksichtigt bleiben müsse.

Eine juristische Logik, die sich gewiss nicht jedem erschließt. Zweieinhalb Jahre Strafe strichen die Nürnberger Richter bei dem »notorischen Klauer« mit einem langen Vorstrafenregister – wegen einer anderen Tat. Je krimineller, desto weniger Strafe? Tatsache ist jedenfalls, dass die Strafkammer des Landgerichts Nürnberg-Fürth so nicht noch einmal aufwendig verhandeln, auch kein Berufungsurteil fällen und begründen musste.

Vielsagend ist, was die Polizei entdeckte, als sie Wissam Remmo auf dem Weg nach Erlangen anhielt. Im Kofferraum lagen jede Menge potenzielle Einbruchswerkzeuge: ein Brecheisen, ein Schlagbohrer, ein großer Schraubendreher, drei neu verpackte Paar Arbeitshandschuhe, mehrere neu verpackte Einmalanzüge und drei Sturmhauben. An Dreistigkeit kaum zu übertreffen: Ein Angeklagter, der wegen eines »besonders schweren« Einbruchsdiebstahls angeklagt ist, fährt zu der Gerichtsverhandlung mit einem Kofferraum voller Einbruchswerkzeug.

Sein Lebensweg ist typisch für viele der »jungen Wilden« aus dem Berliner Remmo-Clan:

Geboren wurde Wissam Remmo am 12. Dezember 1996 in Berlin als drittes Kind seiner Eltern, er hat sechs Geschwister. Anfang der Achtzigerjahre war sein Vater aus dem Libanon nach Berlin gekommen, die Mutter ist hier geboren. Wissam wächst in Neukölln auf. Um seine Erziehung kümmert sich hauptsächlich die Mutter – sein Vater sitzt im Gefängnis. Nach Verbüßung seiner Haft erleidet er einen Schlaganfall. Seither ist er querschnittsgelähmt.

Das Lernen bereitet Wissam Schwierigkeiten. Deshalb besucht er nach der Grundschule ein sonderpädagogisches Förderzentrum. Mit siebzehn verlässt er es ohne Schulabschluss. Anschließend besucht er kurz ein Oberstufenzentrum und nimmt an mehreren Maßnahmen des Jobcenters teil. Alles ohne Ergebnis. Für seine Mutter wird er zum »Lieblingssohn«. Nachdem sein älterer Bruder für längere Zeit ins Gefängnis muss, betraut ihn seine Mutter mit der Rolle des Ersatzfamilienoberhaupts.

Viel Freizeit verbringt er mit seinem Cousin Ahmed Remmo, »zum Teil mündet die gemeinsame Freizeitgestaltung in gemeinsamen Straftaten«, stellt später das Landgericht Berlin im Goldmünzen-Urteil fest. Ahmed gilt als guter Fighter. Schlagschnell und schlagkräftig. Über die Jahre werden die Cousins ein eingespieltes Klauteam.

Mit achtzehn beginnt Wissam Remmo eine »Berufsvorbereitung zum Tischler«. Im Sommer 2016 bricht er sie vorzeitig ab. Der Grund: Zu Unrecht fühlt er sich eines Diebstahls beschuldigt. Dann lebt er von Sozialleistungen – wie auch andere Mitglieder seiner Familie. Obwohl sie »über hochwertige Gegenstände und höhere Bargeldbeträge« verfügten, wie später das Landgericht Berlin urteilt: Als Ermittler die Wohnung von Wissam und seiner Familie im Neuköllner Mittelweg, am Park Thomashöhe, im Juli 2017 durchsuchen, finden sie 15 500 Euro und zwei Edelarmbanduhren: eine Rolex und eine Omega Calibre.

Mit einundzwanzig nehmen Berliner Polizeibeamte Wissam Remmo wegen des Goldmünzendiebstahls fest und bringen ihn am 12. Juli 2017 »zur Untersuchungshaft« in die Jugendstrafanstalt nach Charlottenburg. Schon vier Monate später bekommt er Haftverschonung. Teil des Haftverschonungsbeschlusses des Ermittlungsrichters des Amtsgerichts Tiergarten ist, dass er ein sechsmonatiges »Kurierdienstpraktikum« macht – »entsprechend« einem von ihm vorgelegten Praktikumsvertrag. Alle vierzehn Tage muss er eine Teilnahmebescheinigung vorlegen und sich dreimal pro Woche bei dem für ihn zuständigen Polizeiabschnitt in Neukölln melden. So beginnt er am 1. Dezember 2017 das Praktikum bei dem Kurierdienst. Im Mai 2018 wird er als Kurierfahrer fest angestellt. Zu Hause bei seinen Eltern muss er kein Geld abgeben. Die 1000 Euro im Monat Kurierfahrerlohn stehen ihm zur freien Verfügung.

Nach einem Jahr hebt das Amtsgericht Tiergarten seinen Haftbefehl auf, am 17. Juli 2018 – »aus Verhältnismäßigkeitsgründen«. Beantragt hatte das die Staatsanwaltschaft: Weil mehrere Sachverständigengutachten noch ausstanden, war für sie das Ende des Ermittlungsverfahrens »nicht absehbar«. Berliner Verhältnisse.

Wissam Remmo ist der Prototyp eines Clan-Nachwuchsgangsters. Innerhalb von fünf Jahren legt er eine steile kriminelle Karriere hin, steigert sich kontinuierlich – im Mittelpunkt stehen Eigentums- und Rohheitsdelikte. Aber auch Beamtenbeleidigung ist dabei. Seine kriminelle Karriere zeigt, dass er schon als Jugendlicher, mit vierzehn, fünfzehn, brandgefährlich war – und im Laufe der Jahre immer gefährlicher wurde: Menschen, die sich ihm bei seinen Straftaten in den Weg stellten, schaltete er aus. Durch körperliche Gewalt oder deren Androhung. Sein Leben entwickelt sich zu einer Art Dauerlauf durch die Säle der Strafjustiz:

Mit vierzehn, einen Monat nach seinem Geburtstag, geht er mit einem Freund im Januar 2011 auf Klautour durch Berliner Läden. Sie stecken Schraubenzieher und mehrere Dosen Lidschatten ein.

Ein Ladendetektiv stellt sie. Wissam umklammert ihn. So kann sein Kumpel flüchten. Wegen Diebstahls in drei Fällen und Nötigung verurteilt das Amtsgericht Tiergarten am 17. Mai 2013 Wissam Remmo zu dreißig Stunden »Freizeitarbeiten«.

Einen Tag nach seinem fünfzehnten Geburtstag klaut Wissam Remmo – begleitet von zwei Kumpels – im Dezember 2012 aus den Auslagen eines Geschäfts in Neukölln zwei Kartons mit Adidas-Sportschuhen. Wert 300 Euro. Ein Detektiv stellt ihn in einem Parkhaus in der Nähe. Wissam lässt die Kartons fallen und versucht, den Detektiv mit der Faust ins Gesicht zu schlagen. Dafür verurteilt ihn das Amtsgericht Tiergarten im August 2013 wegen gemeinschaftlichen Diebstahls und versuchter Körperverletzung und verhängt gegen ihn zwei Wochen Jugendarrest. Außerdem legt es ihm zwölf Stunden »Freizeitarbeit« auf und unterstellt ihn für die Dauer eines Jahres einem Betreuungshelfer. Den Arrest sitzt er im Mai 2014 ab. Den Betreuungshelfer nimmt Wissam nicht sonderlich ernst. Zunächst erscheint er gar nicht. Später unregelmäßig. Erst nachdem ihm ein weiterer »Arrest« angedroht wird, erscheint er regelmäßig bei seinem Betreuungshelfer.

Im Februar 2012 stiehlt Wissam Remmo fünf »App Store«-Karten in einem Geschäft. Weil er ein Pfefferspray dabeihat, verurteilt ihn das Amtsgericht Tiergarten im August 2012 wegen »Diebstahls mit Waffen« zu einem »Freizeitjugendarrest«. Den sitzt er an einem Wochenende ab. Oktober 2012.

Die nächste Anklage: gemeinschaftlicher Wohnungseinbruch zusammen mit Cousin Ahmed Remmo. Die Staatsanwaltschaft wirft ihnen vor, im April 2012 eine Wohnungstür in einem Mehrfamilienhaus aufgehebelt und Wertgegenstände gestohlen zu haben. Dieses Mal macht das Amtsgericht Tiergarten kurzen Prozess: Unter Hinweis auf die bereits »angeordneten erzieherischen Maßnahmen« im Urteil zu den gestohlenen Adidas-Sportschuhen vom August 2013 stellt es das Verfahren im Januar 2014 ein, da es weitere »erzieherische Maßnahmen« für entbehrlich hält. (§ 47 Jugendgerichtsgesetz – Einstellung des Verfahrens durch den Richter: »(1) Ist die Anklage eingereicht, so kann der Richter das Verfahren einstellen, wenn … 2. eine erzieherische Maßnahme im Sinne des § 45 Abs. 2, die eine Entscheidung durch Urteil entbehrlich macht, bereits durchgeführt oder eingeleitet ist, 3. der Richter eine Entscheidung durch Urteil für entbehrlich hält und gegen den geständigen Jugendlichen eine in § 45 Abs. 3 Satz 1 bezeichnete Maßnahme anordnet …«)

Mit sechzehn bekommt Wissam Remmo eine Anklage wegen gemeinschaftlichen räuberischen Diebstahls. Die Staatsanwaltschaft wirft ihm vor, zusammen mit Ahmed Remmo und weiteren Personen im April 2013 in einem Supermarkt Elektroartikel für 2200 Euro in einen Einkaufswagen gepackt und versucht zu haben, durch den Notausgang zu verschwinden. Dort, so der Vorwurf der Staatsanwaltschaft, stellte sich ihnen ein Mann in den Weg, den Wissam & Co. »durch den Einsatz erhobener Fäuste« zwangen, sie passieren zu lassen. Auch dieses Verfahren stellt das Amtsgericht Tiergarten ein. Am 16. August 2016 – unter Hinweis auf die »angeordneten erzieherischen Maßnahmen« in zwei früheren Entscheidungen, die zu den gestohlenen Adidas-Schuhen und dem Wohnungseinbruch ergingen.

Der nächste Schritt in der kriminellen Karriere des Wissam Remmo ist wieder ein Wohnungseinbruch. Wieder gemeinsam mit Ahmed Remmo. »Am 10.09.2013 waren der Angeklagte und der gesondert verfolgte Ahmed Remmo, sein Cousin, gegen 19:46 Uhr in das Wohnhaus in 10999 Berlin eingedrungen, weil sie auf das Dach des Hauses wollten, um oben zu sitzen«, stellte das Amtsgericht Tiergarten in einem Urteil vom 22. September 2015 fest: »Nachdem es ihnen nicht gelungen war, die Luke zum Dachboden zu öffnen, gingen sie die Treppe wieder ein Stück hinab und lehnten sich gegen die Tür der im 4. OG gelegenen Wohnung des Geschädigten, die etwas nachgab. Daraufhin drückten sie dann fester gegen die Tür und traten sie schließlich auf. Aus der Wohnung entwendeten sie zumindest einen Laptop, den sie anschließend für ca. 100 € verkauften. Den Erlös teilten sie hälftig untereinander auf. Wissam kaufte sich von seinem Anteil etwas zu essen.«

Dafür verurteilt ihn das Amtsgericht Tiergarten wegen gemeinschaftlichen Wohnungseinbruchsdiebstahls zur Ableistung von sechzig Stunden »Freizeitarbeiten«. Außerdem unterstellt es ihn für ein Jahr einem Betreuungshelfer.

Als Wissam Remmo achtzehn ist, bekommt er eine Anklage wegen räuberischen Diebstahls, Diebstahl mit Waffen und gefährlicher Körperverletzung. Die Staatsanwaltschaft wirft ihm vor, im Juni 2015 aus einem Baumarkt Werkzeug gestohlen und dem Ladendetektiv Pfefferspray ins Gesicht gesprüht zu haben. Der Mann musste ins Krankenhaus. Auch hier stellt das Amtsgericht Tiergarten wieder das Verfahren ein. Am 1. September 2016. Abermals mit Hinweis auf die im Wohnungseinbruchsurteil »angeordneten erzieherischen Maßnahmen«. Dieses Urteil erging vor fast einem Jahr. Am 22. September 2015.

Dann Tankbetrügereien: Zwischen Juni und August 2015 fährt Wissam Remmo mit seinem Volvo V50 – angeschraubt sind Kennzeichen eines anderen Wagens – fünfmal bei Tankstellen vor, tankt und haut ab, ohne zu bezahlen. Dreimal ist Cousin Ahmed Remmo mit von der Partie. Einmal fällt dem Tankwart auf, dass der die Zapfpistole nur mit einem Tuch anfasst – offensichtlich, um keine Fingerabdrücke zu hinterlassen.

Es folgt der Apotheken-Stahlsafe. Zusammen mit – mindestens – einem unbekannt gebliebenen Komplizen bricht er in einer Nacht im August 2015 den Lieferanteneingang zu einer Apotheke in Berlin auf. Dann reißt er einen Stahlsafe, der sich in einem Schrank verborgen befindet, aus der Verankerung: 116 Kilo schwer und 50 mal 50 Zentimeter breit und 60 Zentimeter hoch. Fünfundzwanzig Minuten nachdem er die Lieferantentür geknackt hat, fährt er mit seinem Volvo V50 vor. Den Safe wuchtet er zusammen mit einem

Komplizen in den Volvo. Der Wagen rauscht ab. Hinterm Steuer sitzt Wissam Remmo. Beute: 12 500 Euro und Betäubungsmittel im Wert von 583 Euro.

Im September 2015 ist er in Berlin mit einem Renault Twingo unterwegs. Der wurde vor einem halben Jahr stillgelegt und ist nicht versichert. Einmal wird Wissam Remmo erwischt, als an dem Wagen Kennzeichen von einem polnischen Golf angeschraubt sind. Ein anderes Mal sind es deutsche Kennzeichen von einem Rover.

Für den Stahlsafebruch, die Tankbetrügereien und das Fahren mit den falschen Kennzeichen verurteilt ihn das Amtsgericht Tiergarten am 1. November 2018. Er wird angewiesen, sich für die Dauer eines Jahres der Aufsicht eines Betreuungshelfers zu unterstellen und ein Jahr lang jeden Monat 300 Euro an den Schadensfonds der Integrationshilfe zu zahlen. Außerdem ordnet das Gericht die Einziehung des Wertersatzes an. 13 100 Euro.

Mit neunzehn macht Wissam Remmo mal etwas ganz anderes. Tatort: Funkstreifenwagen. Delikt: Beamtenbeleidigung. Im Oktober 2016 muss er in den Polizeiwagen steigen, weil die Beamten seine Personalien auf dem Revier überprüfen wollen. Unterwegs, mitten in Kreuzberg, vierzig Minuten nach Mitternacht, an der Kreuzung Yorkstraße/Mehringdamm, sagt er zu den drei Polizisten im Wagen mehrmals laut und deutlich: »Ihr dummen Schweine!« Weil sich die Beamten beleidigt fühlen, spricht das Amtsgericht Tiergarten Wissam Remmo der Beleidigung schuldig, erteilt ihm eine Verwarnung und erlegt ihm zwanzig Stunden »Freizeitarbeit« auf. Das geschieht am 12. Februar 2018. Fast anderthalb Jahre nach den »dummen Schweine«-Sätzen im Streifenwagen.

Mit zwanzig, in den frühen Morgenstunden des 27. März 2017, klaut Wissam Remmo zusammen mit seinem Cousin Ahmed Remmo und einem bis heute unbekannten Mann die »Big Maple Leaf« aus dem Bode-Museum in Berlin-Mitte. Trotz umfangreicher Polizeiermittlungen taucht die Münze nicht wieder auf. Sie wurde, urteilt drei

Jahre später das Landgericht Berlin aufgrund einer »Gesamtschau der diesbezüglichen Spuren- und Beweislage« – durch »die arabischstämmige ›Großfamilie‹ Remmo in Berlin … zerteilt und verwertet«.

Zweieinhalb Monate nach dem Goldmünzenklau landet Wissam Remmo in Untersuchungshaft. Zum ersten Mal in seinem Leben sitzt er im Gefängnis. Bislang verbüßte er nur kurzzeitige »Jugendarreste«. Nach vier Monaten Untersuchungshaft ist er wieder draußen – »Haftverschonung«.

Mit zweiundzwanzig erlebt er den Auftakt zum Goldmünzenprozess im Berliner Kriminalgericht auf der Anklagebank. 10. Januar 2019. Neben ihm sitzt Ahmed Remmo. Die 9. große Strafkammer des Landgerichts tagt als Jugendkammer, weil alle vier Angeklagten zur Tatzeit noch nicht einundzwanzig und damit Heranwachsende waren – Wissam, Ahmed und noch ein Remmo, ebenfalls ein Cousin von Wissam, sowie ein Museumswachmann. Wissam Remmo war damals zwanzig Jahre und drei Monate alt. So sitzen am Richtertisch drei Berufsrichter und zwei Jugendschöffen. Alle, so bestimmt es das Jugendgerichtsgesetz, sollen »erzieherisch befähigt und in der Jugenderziehung erfahren« sein. (§ 37 Absatz 1 Jugendgerichtsgesetz: »Die Richter bei den Jugendgerichten und die Jugendstaatsanwälte sollen erzieherisch befähigt und in der Jugenderziehung erfahren sein. Sie sollen über Kenntnisse auf den Gebieten der Kriminologie, Pädagogik und Sozialpädagogik sowie der Jugendpsychologie verfügen. Einem Richter oder Staatsanwalt, dessen Kenntnisse auf diesen Gebieten nicht belegt sind, sollen die Aufgaben eines Jugendrichters oder Jugendstaatsanwalts erstmals nur zugewiesen werden, wenn der Erwerb der Kenntnisse durch die Wahrnehmung von einschlägigen Fortbildungsangeboten oder eine anderweitige einschlägige Weiterqualifizierung alsbald zu erwarten ist.«)

Zu den 42 Verhandlungstagen in den dreizehn Monaten kommt er scheinbar gelassen in den Gerichtssaal geschlendert, ebenso gelassen sitzt er auf der Anklagebank und hört aufmerksam dem zu, was alles über die verschwundene Goldmünze erzählt wird. Frauen, die zu dem Prozess in den Gerichtssaal wollen, hält er zuvorkommend die Tür auf. Mit Journalisten spricht er nicht. Gelegentlich mustert er einzelne Zuhörer im Gerichtssaal, einigen lächelt er zu. Dabei spielt er mit seinen melancholischen Augen. Sie strahlen eine hohe Sensibilität aus. Aber auch etwas Unergründliches. Während des gesamten Verfahrens schweigt er beharrlich zum Tatvorwurf. Nur ein einziges Mal sagt er etwas – in seinem »letzten Wort des Angeklagten«: »Ich habe die Münze nicht geklaut und besitze das Geld nicht.«

Die Strafkammer glaubt ihm nicht. Wegen »Diebstahls« verurteilt sie ihn zu einer »Jugendstrafe von vier Jahren und sechs Monaten«. Ebenso sein Alter Ego Ahmed Remmo. Der Diebstahl des Goldschatzes aus dem Museum erfordere »Dreistigkeit, Mut und Risikobereitschaft ganz besonderer Güte«, sagt die Vorsitzende Dorothee Prüfer in der Urteilsbegründung – geprägt sei die Tat von »hochprofessionellem Vorgehen«. Das erklärt sie am 20. Februar 2020. Drei Monate nach dem Einbruch im Historischen Grünen Gewölbe. Wissam Remmo ist dreiundzwanzig.

Für die große Strafkammer ist bei ihm das Ergebnis des Indizienprozesses eindeutig. Eine »Gesamtschau verschiedener Beweismittel« lasse »nur den Schluss auf seine Täterschaft zu«, befindet sie in ihrer Begründung – und verweist auf seine DNA an zwei Kunststoffseilstücken am Tatort, auf Glassplitter von einer Sicherheitsscheibe, die beim Einbruch zerstört wurde, an einem Arbeitshandschuh, der in seiner Wohnung lag, und auf mehr als zwei Dutzend Goldpartikel an und in den Taschen der schwarz-grauen Herrenjacke mit einer »großflächigen Karosteppung« Größe 54: Der Goldstaub hat denselben seltenen und hohen Reinheitsgehalt wie die verschwundene »Big Maple Leaf«-Münze von mehr als 99,999 Prozent.

Das, was Wissam Remmo und seine Komplizen mit der Goldmünze anrichteten, nennt die Strafkammer »eine erhebliche Tat, die auch aufgrund der ihr anhaftenden ›Dreistigkeit‹, aus einem Museum in der Mitte der Stadt ein bekanntes Ausstellungsstück von außerordentlich hohem Beutewert zu stehlen, ein großes Interesse in Bevölkerung und Presse fand«. Gekennzeichnet sei die Tat »durch einen hohen Organisationsgrad, einen erheblichen Planungs- und Koordinationsaufwand der Tatbeteiligten und ihr konspiratives Vorgehen sowie die anschließende Nutzung von speziellen Strukturen zur Verwertung der Beute, weshalb die Tat der Organisierten Kriminalität zuzuordnen ist«.

Zugute hält die Strafkammer Wissam Remmo »Reifeverzögerungen«. Darum sei nicht auszuschließen, »dass er zur Zeit der Tat in seiner sittlichen und geistigen Entwicklung noch einem Jugendlichen gleichstand«. Für die Tatzeit attestiert sie ihm »schädliche Neigungen« und verweist darauf, dass er »wegen Eigentums- und Rohheitsdelikten bereits vielfach vorbelastet« gewesen sei. Bis dahin sei es auch nicht gelungen, »die bei dem Angeklagten bestehenden Anlage- bzw. Erziehungsmängel mit den zahlreichen pädagogischen und gerichtlichen Maßnahmen, die ihm als Weisungen und Auflagen anlässlich zurückliegender Gerichtsverfahren zuteilwurden, hinreichend aufzuarbeiten«. Sechzehnmal war Wissam Remmo bisher nach den Feststellungen der Strafverfolger strafrechtlich in Erscheinung getreten. Aber stets ohne ernsthafte Konsequenzen für ihn.

Aber jetzt, 35 Monate nach dem Goldmünzendiebstahl – Februar 2020 – attestiert ihm die Strafkammer, dass eine »Nachreife« erkennbar sei: Die »schädlichen Neigungen«, die bei ihm zum Zeitpunkt des Einbruchs in das Bode-Museum vorgelegen hätten, seien nun »zum Urteilszeitpunkt nicht mehr sicher feststellbar«.

Als Grund dafür nennt die Strafkammer einen »Entwicklungsschub«, der sich bei ihm »zum Jahresende 2017 bemerkbar gemacht« habe – und zwar als Folge der von ihm »als Einschnitt erlebten, viermonatigen Untersuchungshaft«. »Nach der hiesigen Tat ist auf den Angeklagten Wissam Remmo durch die in hiesigem Verfahren vollstreckte Untersuchungshaft im Herbst 2017 eingewirkt worden«, schreiben die Berliner Richter in ihrem Urteil. »Den so erlebten mehrmonatigen Freiheitsentzug hat er als beeindruckend empfunden und sich nach der Entlassung aus der Untersuchungshaft um eine berufliche Festigung bemüht und im Ergebnis eine Festanstellung erlangt.«

Vermutlich hätten das die Richter nicht geschrieben, wenn sie geahnt hätten, dass Wissam Remmo, drei Monate bevor sie zu ihrer Feststellung gekommen waren, auf Juwelenbeutezug in Dresden war. Überhaupt: Man fragt sich, woher die Richter – »erzieherisch befähigt und in der Jugenderziehung erfahren« – ihre positive Einschätzung schöpften. Ihnen gegenüber schwieg Wissam Remmo. Verhandlungstag für Verhandlungstag. Einundvierzig Tage lang.

Und auch nicht nachvollziehbar erscheint, warum zuvor die Berliner Justiz bei sechzehn erheblichen Straftaten Wissam Remmos in fünf Jahren mit aufsteigender krimineller Tendenz – sieht man von der Beamtenbeleidigung ab – immer mehr darauf verzichtete, die Taten zu ahnden. Wohnungseinbruch, räuberischer Diebstahl und schwere Körperverletzung – unter Hinweis auf bereits in vorangegangenen Urteilen »angeordnete erzieherische Maßnahmen«. Offensichtlich war schon damals, dass diese Maßnahmen keine Wirkung zeigten. Dass Wissam Remmo brandgefährlich war und immer gefährlicher wurde, ist offensichtlich und im »Tatbestand« etlicher Urteile nachzulesen. Alles spricht dafür, dass es höchste Zeit für nachhaltigere Sanktionen war. Hatte die Berliner Justiz resigniert? Fehlte es ihr am gebotenen Verfolgungseifer?

Wissam Remmos Werdegang zeigt, dass er eine routinierte Einbruchsfachkraft mit einschlägigen und langjährigen Erfahrungen ist. Trotz seiner Lernschwäche zeigt seine kriminelle Biografie Dreistigkeit, ein erhebliches Planung- und Koordinierungsvermögen, die Fähigkeit, Spuren zu vermeiden und ausgesprochen konspirativ vorzugehen, die Bereitschaft zur Androhung und Anwendung von Gewalt, starke Körperkraft und die Möglichkeit, Beute mithilfe anderer zu verwerten.

KAPITEL 6

ZUGRIFFE – DIE FESTNAHMEN DER TATVERDÄCHTIGEN REMMOS

Über die Monate erhält der größte Kunstdiebstahl der deutschen Nachkriegsgeschichte für die Beamten der Soko Epaulette Gesichter. Fünf – bis November 2020. Als Tatverdächtige machen sie fünf junge Männer aus. Alle rechnet die Berliner Polizei dem Berliner Remmo-Clan zu: Abdul Majed und Mohamed Remmo sind Zwillinge; Wissam und Bashir Remmo sowie Rabieh Remo Cousins. Alle sind Anfang, Mitte zwanzig. Alle wurden in Berlin geboren – als Deutsche. Und alle wuchsen in der Berliner Bronx auf: in Neukölln. Junge Wilde, für die Neukölln rechtsfreier Raum ist, weil sie sich unendlich stark fühlen.

ABDUL MAJED REMMO

Geboren am 1. März 1999 in Berlin, wächst er in Neukölln auf – mit sechs Geschwistern und seinen Eltern in einer Wohnung in der Thomasstraße. In der Konrad-Agahd-Grundschule muss er die zweite Klasse wegen Lernschwierigkeiten wiederholen. Er hatte immer, so sagt er, »sehr schlechte Noten und auch Zeugnisse, 4–5er Durchschnitt«. Oft spielt er Fußball. Am liebsten steht er im Tor.

Er wechselt auf die Otto-Hahn-Oberschule in Neukölln. Tagein, tagaus streift er durch die Straßen von Neukölln und Kreuzberg. Das sei nicht gut für ihn gewesen, blickt er zurück, weil »wir alle nur Scheiß gebaut« hätten. Mit Sachbeschädigungen und Diebstählen sei es losgegangen, Körperverletzungen seien gefolgt. Seine Freunde seien immer gewalttätiger geworden und dafür »reihenweise« ins Gefängnis gekommen. Er wiederholt die neunte Klasse – und habe »den Unterricht wieder nur gestört«, sagt er, und diese Chance »leider nicht« genutzt. Schulabgang ohne Abgangszeugnis.

Anschließend ist er viel auf dem Bolzplatz – »wir waren dort jeden Tag, stundenlang, nur sinnlos«. Er fängt an, »intensiver zu stehlen«, sagt er; Werkzeuge und Haushaltsgeräte besorgt er auf Bestellung. Mitunter dienen die Werkzeuge für Einbrüche – »manchmal konnte ich es mir denken, manchmal habe ich es später erfahren«.

Damals sei eine Ausbildung für ihn »nicht in Betracht« gekommen, blickt er zurück. Gelegentlich hilft er seinem Vater in einem Geschenkeartikelladen in der Neuköllner Karl-Marx-Straße.

Er lässt sich leicht ablenken und ist unkonzentriert. »Deswegen habe ich es auch nicht geschafft, über Jugendprojekte in eine Ausbildung zu kommen.« Nach dem Diebstahl der Goldmünze kommt er in Untersuchungshaft, später auch noch wegen einer anderen Sache.

Nach seiner Entlassung macht er ein Praktikum als Lackierer. Er freut sich auf die Lackiererei: Schon bevor er dort anfängt, läuft er in seinem blauen Arbeitskittel »stolz durch die Straßen Neuköllns«, blickt er zurück, um »zu zeigen, ich bin ein Arbeiter«.

Dann geht er in die »arabisch-türkische Hinterhofwerkstatt«: »Einer konnte nur Arabisch, einer konnte Türkisch, manche konnten Kurdisch, mein Arabisch war zu diesem Zeitpunkt nicht das Beste, und die hatten auch so einen komischen Dialekt, den ich nicht verstanden habe.« Dort hätte er »nur Kaffee holen« müssen, hätte selbst nicht Hand anlegen dürfen. Geld habe er auch nicht bekommen. Deshalb habe er die Werkstatt verlassen. Er gerät auf die schiefe Bahn. Fängt an, Drogen zu nehmen – »das wurde immer mehr«. Im Herbst 2019, als die Vorbereitungen für den Einbruch ins Grüne Gewölbe laufen, lebt er, jedenfalls zum Teil, vom Auftragsdiebstählen in Baumärkten.

BASHIR REMMO

Er hat den Blick eines schüchternen Jungen. Sein Gesicht ist blass, wirkt blutleer. Die Haare hat er zwei Fingerbreit über den Ohren ausrasiert. Bashir Remmo ist vierundzwanzig. Sein bisheriges Leben lässt sich auf den kurzen Nenner bringen – folgt man seiner eigenen Darstellung: Ohne Schulabschluss und Berufsausbildung träumte er davon, seinen Lebensunterhalt durch die Gewährung von Sicherheit für andere zu verdienen. Als er damit scheitert, wechselt er nach einem unsteten Leben ins andere Lager. Wird kriminell. Der Weg einer gescheiterten Existenz.

Geboren wurde Bashir Remmo am 23. Januar 1996 in Berlin – als erstes von sieben Geschwistern: zwei Brüder und vier Schwestern. Mit zwölf, nach der Grundschule in Berlin-Kreuzberg, wechselt er 2008 auf die Carl-von-Ossietzky-Oberschule in Kreuzberg. Vier Jahre später, mit sechzehn, verlässt er sie ohne Abschluss.

Aus seinem Traum »Ausbildung als Personenschützer« wird nichts – er scheitert an der Sachkundeprüfung. Es folgen berufsvorbereitende

Maßnahmen des Jobcenters »zur Nachholung des Hauptschulabschlusses«. Den Unterricht findet er »schlimm«, seine Mitschüler »auffällig«. Gegenüber dem Jobcenter erklärt er, »Sicherheitsdienstleistungen« erbringen zu wollen. Und so arbeitet er als Mitarbeiter eines Sicherheitsunternehmens in Berlin: Im Kranzler Eck am Berliner Kurfürstendamm und – ausgerechnet – in der Boutique von Meissener Porzellan, in Berlin-Mitte, Unter den Linden.

Später beginnt er eine Ausbildung als Kabelmonteur in der Firma, in der auch sein Vater tätig ist. Weil er dort immer so engagiert gewesen sei, habe man ihm eine Tätigkeit als Logistiker angeboten, berichtet er. Aber da er immer »viel Leistung« erbracht hätte, sei er krank geworden – und hätte die Arbeit aufgeben müssen.

Dann arbeitet er für einen Pizzadienst in Berlin-Bukow. Dabei – so seine Schilderung – kommt er »mit Drogen zusammen«.

Er dealt auch, ist mit einer Art von »Koks-Taxi« in Berlin unterwegs. Am 12. Februar 2018 fliegt er auf – er ist zweiundzwanzig. Auf dem Ku'damm sieht eine Polizeistreife gegen 19 Uhr einen Smart, der mehrfach die Busspur nutzt. Auf der Höhe Ku'damm-Karree kontrollieren die Beamten Fahrer und Fahrzeug. Der Fahrer Bashir Remmo hat keine Fahrerlaubnis. In seiner Winterjacke im Kofferraum stecken fünf Eppendorf-Gefäße, gefüllt mit insgesamt 2,1 Gramm Kokain. Die Plastik-»Mikroreaktionsgefäße« – erfunden für kleine chemische Proben – mit praktischem Schnappdeckel werden von Dealern gern genutzt, um portioniertes Kokain zu transportieren. In einer Tüte im Kofferraum finden die Beamten weitere 50 »Eppis«, gefüllt mit insgesamt 22 Gramm Kokain, eine Feinwaage, 95 leere Eppendorf-Gefäße und 1300 Euro Bargeld. In Bashir Remmos hinterer Hosentasche steckt ein Geldbündel mit 2600 Euro.

Ein Schöffengericht des Amtsgerichts Berlin-Tiergarten kommt zu dem Ergebnis, dass Remmo »das Kokain eigennützig verkaufen wollte« und das sichergestellte Bargeld – 3900 Euro – »aus vorangegangenen Kokaingeschäften stammt«. Außerdem ist das Gericht überzeugt davon, dass das von ihm mit einem Clip am Gürtel getragene »Einhandmesser mit einer Klingenlänge von etwa neun Zentimetern« zumindest »auch der Verteidigung des Kokains diente«.

Am 17. September 2018 verurteilt ihn das Gericht zu einem Jahr und sieben Monaten Freiheitsstrafe auf Bewährung – »wegen vorsätzlichen Fahrens ohne Fahrerlaubnis und wegen unerlaubten Handeltreibens mit Betäubungsmitteln in nicht geringer Menge unter Mitwirkung eines Gegenstandes, der seiner Art nach zur Verletzung von Personen geeignet und bestimmt ist«. Außerdem bekommt er ein Jahr Fahrerlaubnissperre. Die 3900 Euro werden eingezogen.

Die Aussetzung der Strafe zur Bewährung begründet das Amtsgericht mit den Worten: »Nach dem Eindruck, den das Gericht in der Hauptverhandlung von dem Angeklagten gewinnen konnte, ist davon auszugehen, dass er sich dieses Urteil zur Warnung dienen lassen und künftig auch ohne Einwirkung des Strafvollzuges keine Straftaten mehr begehen wird.« Vierzehn Monate später schließt sich Bashir Remmo dem Grüne-Gewölbe-Einbruchskommando an.

Von 2017 bis 2019 arbeitet er bei einem Sicherheitsunternehmen als Baustellenaufsicht. Er verdient 1100 Euro netto. Dann wird er Paketzusteller. Und stellt fest, dass das mit den Paketen nicht alles so einfach ist, wie er dachte. Mit vierundzwanzig, 2020, nachdem er eine Rap-Künstlerin kennengelernt hat, möchte er ins Rap-Management einsteigen – aber dazu kommt es nicht mehr.

RABIEH REMO

Mit sechsundzwanzig Jahren ist Rabieh Remo der älteste Tatverdächtige. Typ freundlicher Zapfer. Er ist stämmig und kann sehr entgegenkommend lächeln. Er hat kräftige Oberarme, als einziger Angeklagter braunes Haar, zurückgekämmt – und nur ein »m« im Nachnamen. Sein Vater kam 1985 aus dem Libanon nach Berlin. Dort wird Rabieh

1993 geboren. Er hat acht Geschwister und wächst in Neukölln auf. Er besucht Förderschulen, macht den Hauptschulabschluss. Keiner seiner Jobs ist von Dauer – als Bauhelfer, in der Gastronomie, auf Trödelmärkten. Er kassiert Arbeitslosengeld. Ein Ausflug in die Selbstständigkeit mit einer Unterkunft für syrische Flüchtlinge scheitert. Ihm bleiben Steuerschulden. Lange Zeit hat er Drogenprobleme, Kokain und Cannabis, sagt er – bis zu dreimal pro Woche hätte er Kokain genommen.

Gerne geht er in den Boxverein. Profiboxer: Das könnte er sich gut vorstellen – die passenden Oberarme hat er. Aber daraus wird nichts. Später träumt er davon, sich im »Vertriebsbereich« selbstständig zu machen. Am liebsten im Einzelhandel. Sein Vorstrafenregister enthält ein Dutzend Einträge binnen zehn Jahren: immer wieder Diebstähle, Körperverletzungen und Straßenverkehrsdelikte. Bei seinem ersten Eintrag war er vierzehn. Der Achtundzwanzigjährige ist mit einer Frau nach islamischem Recht verheiratet und hat einen dreijährigen Sohn. Seine Frau ist schwanger mit einer Tochter.

MOHAMED REMMO

Im Unterschied zu den anderen Tatverdächtigen ist der Bundeszentralregisterauszug des 1999 in Berlin geborenen Mohamed Remmo fast ein unbeschriebenes Blatt. Nur ein Eintrag, erklärt dessen Strafverteidigerin im Grüne-Gewölbe-Strafprozess. Vierzig Tagessätze – 2020 wegen eines Verstoßes gegen die Coronavorschriften.

DER REMMO-FESTNAHMETAG

Als »Remmo-Festnahmetag« legen die Beamten der Soko Epaulette Dienstag, den 17. November 2020 fest. Fast ein Jahr nach dem Juwelendiebstahl: Sie planen eine groß angelegte Aktion in Berlin. Anderthalb

Dutzend Objekte. Sie verfolgen zwei Ziele: die zeitgleiche Festnahme der Mitglieder des Quintetts – so »zeitgleich«, dass keiner vor dem Zugriff gewarnt werden kann – sowie das Auffinden der Kunstschätze und von Beweismitteln – wie Speichermedien, Bekleidungsgegenständen und Werkzeugen. Aber nur ein Teil des Plans gelingt.

Über Wochen laufen die Vorbereitungen auf Hochtouren. Ihre Einsatzzentrale in Berlin richten die sächsischen Ermittler in einer Kaserne ein. Sie bringen einen eigenen Toilettenwagen mit. Als Zugriffszeitpunkt an dem entscheidenden Dienstag bestimmen sie sechs Uhr.

Ein großes Aufgebot für 5 Remmos: 1638 Beamte sind an diesem Dienstag in Berlin wegen der Clanmitglieder unterwegs – aus acht Bundesländern: Sachsen, Baden-Württemberg, Berlin, Brandenburg, Niedersachsen, Nordrhein-Westfalen, Sachsen-Anhalt und Thüringen. Dabei sind auch die GSG 9 der Bundespolizei und SEKs – Spezialeinsatzkommandos – aus Sachsen. Ein Megaeinsatz. Nichts soll schieflaufen.

Sächsische Polizisten am »Remmo-Festnahmetag« in Berlin

Bis drei Stunden vor dem geplanten Zugriff läuft alles nach Plan. Aber dann, kurz vor drei Uhr, nehmen Polizisten Wissam Remmo im Bezirk Neukölln fest: Um 2:52 Uhr holen sie ihn aus seinem Wagen an einer roten Ampel in der Nähe des U-Bahnhofs Schönleinstraße: Kottbusser Damm Ecke Bürknerstraße. Sie fürchten, dass er zum Zugriffszeitpunkt, drei Stunden später, verschwunden sein könnte. Nach ihm verhaften um sechs Uhr Polizisten in blauen und schwarzen Kampfanzügen, mit Helmen versehen, maskiert mit Sturmhauben und bewaffnet mit Maschinenpistolen, Bashir Remmo in seiner Wohnung in Berlin-Kreuzberg und Rabieh Remo in einer Wohnung in Berlin-Charlottenburg. Vor Beginn der morgendlichen Hauptverkehrszeit warnt die sächsische Polizei die Bevölkerung in der Bundeshauptstadt via Medieninformation: »Aufgrund des Polizeieinsatzes ist den ganzen Tag mit erheblichen Verkehrsbeeinträchtigungen im gesamten Stadtgebiet von Berlin zu rechnen.«

Nicht zu fassen aber bekommen die Beamten Mohamed und seinen Zwillingsbruder Abdul Majed Remmo. In dieser Nacht, keine drei Stunden vor dem geplanten Festnahmetermin, schickt Abdul Majed Remmo seinem Zwillingsbruder ab 3:18 Uhr drei Sprachnachrichten: Er solle seine Wohnung verlassen, nicht die Handys mitnehmen, nicht sein Auto benutzen. Grund – vermutlich: Jemand, der gegen drei Uhr etwas von der Polizeiaktion an der roten Ampel mitten in Neukölln mitbekam, bei der Wissam Remmo verhaftet wurde, berichtete davon in Richtung Remmos. Um 3:44 Uhr schreibt Mohamed Remmo einem Bekannten, dass er ihn an einer bestimmten Stelle abholen solle. Um 3:48 Uhr steigt er vor seiner Wohnung in einen Smart und fährt los. Den Wagen ortet die Polizei um 4:01 Uhr im Grünlingweg in Berlin-Buckow – zehn Fahrminuten von der Wohnung entfernt. Zu dem Smart kehrt Mohamed Remmo nicht mehr zurück. Er bleibt verschwunden, vier Wochen lang. Seinem Zwillingsbruder Abdul Majed gelingt die Flucht, weil er nicht mit seinem Citroën CS davonfuhr, sondern in einen Renault Mégane.

Und dann, kurz nachdem sich die Remmo-Zwillinge abgesetzt haben, beginnt der Remmo-Gedankenaustausch im größeren Rahmen: »Ab 4:20 Uhr war festzustellen, dass einige Zielpersonen zunehmend untereinander bzw. mit anderen Familienmitgliedern kommunizierten«, hält die »Abschlussmeldung« der Soko Epaulette fest. »Außerdem wurden einige bis dahin genutzte Mobiltelefone ausgeschaltet.« Nicht gesagt werden könne, steht in dem Polizeibericht, »ob dies auf das eventuelle Bekanntwerden der bevorstehenden polizeilichen Maßnahmen zurückzuführen ist«.

Generaldirektorin Marion Ackermann vor der leeren Vitrine im Juwelenzimmer (Mai 2020)

Am »Remmo-Festnahmetag« erfolgen dann über zwei Dutzend Durchsuchungen: neunzehn Wohnungen, ein Café, zwei Garagen, zwei Bankschließfächer und mehrere Pkws. Sichergestellt bei den Remmos werden Mobiltelefone, Tablets, Speichermedien und Dokumente – und jede Menge Klau- und Kampfutensilien: hydraulisches Werkzeug, Macheten, Äxte, Messer, Schreckschusswaffen, ein Reizstoffsprühgerät und Munition. Außerdem entdecken die Ermittler Betäubungsmittel und »mutmaßlich durch Diebstahlshandlungen erlangte Bekleidung«.

Der Polizeizugriff löst Hoffnungen bei SKD-Generaldirektorin Marion Ackermann aus: »Wir hoffen natürlich, dass die Juwelengarnituren gefunden werden und bald wieder an ihren angestammten Ort zurückkehren können.« Die Hoffnung erfüllt sich nicht. In keinem der zwei Dutzend durchsuchten Objekte entdecken die Beamten Teile der Beute oder einen Hinweis auf sie.

Am frühen Nachmittag werden Rabieh Remo, Wissam und Bashir Remmo in Dresden dem Haftrichter vorgeführt: Aus dem Gefangenentransporter steigt Bashir Remmo ohne Maske, in den mit Handschellen gefesselten Händen hält er eine Wasserflasche. Er trägt einen weißen Pullover, verwaschene Jeans und Turnschuhe. Sein Cousin Rabieh Remo kommt mit Maske, ohne Wasser, in einem bunt gestreiften Pullover, dunkelblauer weiter Hose mit weißen Seitenstreifen. Umgeben sind sie von vermummten Polizeibeamten in schwarzen Kampfanzügen mit Maschinenpistolen. Beim Ermittlungsrichter sagen sie nichts zur Sache – Remmo-typisch. Der setzt die Haftbefehle in Vollzug und ordnet Untersuchungshaft an.

So bringt der große Zugriffstag für die Polizei beträchtliche Erfolge – aber ihr Plan geht nicht voll auf. Zwei der Verdächtigen entwischen. Vermutlich, weil aus den vorgesehenen »zeitgleichen« Festnahmen nichts wurde. Und von der Beute keine Spur.

Den Großeinsatz der sächsischen Polizei in der Bundeshauptstadt kommentiert *Zeit*-Journalist Tobias Timm: »Es fühlte sich etwas an, als ob da jetzt die Sachsen nach Berlin kommen, um ihren Staatsschatz wieder zurückzuholen«, sagt er an diesem Tag im Deutschlandfunk, »um diese verlorene Identität, wie das damals nach dem Einbruch betitelt worden ist, wieder irgendwie ›ganz‹ zu machen.« Sein Fazit: Der Einbruch im Grünen Gewölbe habe »den Sachsen schon sehr wehgetan« – und »dieser Einsatz heute soll auch in dieser Hinsicht ein Signal sein«.

Um die flüchtigen Remmo-Zwillinge zu fassen, schaltet die Soko Epaulette die Elitefahnder der Republik ein: Zielfahnder des Bundeskriminalamtes (BKA) – Spezialisten, die wissen, wie man sich an die Fährte eines Untergetauchten heftet und ihn bei günstiger Gelegenheit verhaftet. Zu den Festnahmen führen »personelle Nachrichten von Personen untereinander«, sagt ein BKA-Zielfahnder, »weniger Observationen«.

Sächsische Polizeibeamte vor einem der durchsuchten Objekte in Berlin

Mohamed Remmo wird vier Wochen nach dem »Remmo-Festnahmetag« gefasst. Am Abend des 14. Dezember 2020 von einem Berliner SEK-Kommando in der Neuköllner Jahnstraße. Dort steht er am Abend kurz vor halb acht neben dem gelben Kleinwagen eines Pflegedienstes. Ein silberfarbener BMW-Kombi stoppt neben ihm. SEK-Beamte springen heraus und überwältigen ihn. Sie fixieren ihn auf dem Fußweg. Widerstandslos lässt er sich abführen. Er war auf dem Weg zu einem Bekannten – das haben die Zielfahnder herausbekommen. Die Erkenntnis für den Fahndungserfolg. Am nächsten Tag wird er nach Dresden zum Ermittlungsrichter gebracht. Auch er sagt nichts zur Sache. Der Richter setzt den Haftbefehl in Vollzug und ordnet Untersuchungshaft an.

Überrascht sind die Ermittler davon, dass sich Mohamed Remmo angesichts des immensen Fahndungsdrucks in seinem Kiez aufhielt. Entweder hatte er unterschätzt, wie dicht ihm die Fahnder auf den Fersen waren. Oder aber – dies scheint wahrscheinlicher – er hat sich dort gerade sicher gefühlt: dort, wo er aufwuchs, wo seine weitverzweigte Familie lebt und wo er sich am besten auskennt.

Schwierig gestaltet sich die Fahndung nach Abdul Majed Remmo. Über Monate gelingt es den Zielfahndern nicht, auf seine Fährte zu stoßen – »wo er steckte, wussten wir nicht«, berichtet einer der am Einsatz beteiligen BKA-Beamten. Der Remmo-Clan bietet ihm in Berlin Unterschlupf. In etlichen Telefonaten, die bei einem Dutzend Personen ein halbes Jahr lang abgehört wurden, fällt sein Name kein einziges Mal – die Beamten vermuten, dass über ihn mit dem Decknamen »Imam« gesprochen wird. So findet seine geplante Verhaftung am 5. Januar 2021 ohne ihn statt. Am Vormittag stürmt die GSG 9 eine Wohnung im Neuköllner Stadtteil Rudow – in ihrem Gefolge erscheinen Dresdner Ermittler. Aber Abdul Majed Remmo ist nicht da. Ausgeflogen? Die Beamten beschlagnahmen zwei Handys und Dokumente. Das war's. »Wir hatten die berechtigte Vermutung, dass er sich in der Wohnung aufhält«, sagt ein Sprecher der Staatsanwaltschaft Dresden. So werde nun nach Abdul Majed Remmo »weiterhin mit Hochdruck und auch öffentlich gefahndet«.

Ein halbes Jahr nach dem »Remmo-Festnahmetag« verhaften Polizisten Abdul Majed Remmo in der Wohnung seiner Eltern im Berliner Stadtteil Neukölln, in einem Mehrfamilienhaus in der Eschenbachstraße. 17. Mai 2021, 20:15 Uhr: Ein großes Polizeiaufgebot ist im Einsatz: Beamte der BKA-Zielfahndung, des Landeskriminalamts Berlin, der Berliner und der Dresdner Polizei, der »Spezialkräfte der Bundespolizei« und des Mobilen Einsatzkommandos des Bundeskriminalamts. Abdul Majed Remmo lässt sich widerstandslos festnehmen. Beim Ermittlungsrichter erscheint er lässig in einem blauen Sweatshirt, einer blauen Adidas-Hose mit den drei weißen Streifen und blau-weißen Turnschuhen. Auch er sagt nichts zur Sache. Auch bei ihm setzt der Ermittlungsrichter in Dresden den Haftbefehl in Vollzug und ordnet Untersuchungshaft an.

Später berichtet Abdul Majed Remmo darüber, was er in dem halben Jahr tat, während die Polizei mit Hochdruck nach ihm europaweit suchte. Nachdem er abgetaucht sei, hätten ihm Bekannte gesagt: »Komm doch in die Türkei, wir sind alle hier, wir haben auch Haftbefehl, und alles ist schön.« Er hätte dem entgegengehalten: »Nein, ich habe keine Lust, lange in der Türkei zu bleiben, ich will für immer in Deutschland bleiben. Ich möchte das Land nicht verlassen. Meine ganze Familie und meine ganzen Freunde sind hier, was soll ich in der Türkei machen?« Zunächst hätte er sich versteckt, dann aber irgendwann nicht mehr, sagt er. Dann sei er »nachts ganz normal unterwegs« gewesen, »ganz normal draußen mit Bekannten wieder rausgegangen« – und dabei hätte er »Spaß gehabt«.

So sind anderthalb Jahre nach dem Juwelendiebstahl alle »derzeit dringend Tatverdächtigen«, wie es der Dresdner Polizeisprecher Thomas Geithner formuliert, gefasst – »derzeit«.

Denn dann kommt noch ein »Nachzügler« hinzu. Ein sechster Tatverdächtiger. Eindreiviertel Jahre nach dem Juwelendiebstahl verhaften Dresdner Polizeibeamte am 19. August 2021 Ahmed Remmo in einer Wohnung in Berlin-Treptow. In Dresden vorgeführt, sagt auch er beim Ermittlungsrichter nichts zur Sache – der setzt den Haftbefehl gegen ihn in Vollzug und ordnet die Untersuchungshaft an.

Auch bei ihm erscheint verblüffend, dass er noch immer auf freiem Fuß ist – nicht anders als sein Alter Ego Wissam Remmo wurde er wegen des Goldmünzendiebstahls zu einer Jugendstrafe von vier Jahren und sechs Monaten verurteilt. So verhaften Dresdner Beamte Ahmed Remmo in Berlin: anderthalb Jahre nach seiner Verurteilung durch das Landgericht Berlin und mehr als vier Jahre nach dem Goldmünzendiebstahl. Wie Wissam Remmo hatte auch er noch keine Ladung zum Strafantritt erhalten.

Grund dafür ist eine Berliner Justizschlamperei. Die Viereinhalb-Jahre-Strafe-Entscheidung des Berliner Landgerichts war knapp zwei Monate vor seiner Verhaftung rechtskräftig geworden: Der Bundesgerichtshof hatte am 24. Juni 2021 die Revision von Ahmed Remmo und einem anderen Verurteilten zurückgewiesen. Allerdings hatte sich das Revisionsverfahren um ungefähr fünf Monate verzögert, weil es der Berliner Justiz nicht gelungen war, die Akten »beschleunigt« – entsprechend den »Richtlinien für das Strafverfahren und das Bußgeldverfahren« – an den Bundesgerichtshof zu senden. Durch die dem Beschleunigungsgebot »widersprechende Zurückstellung der Aktenübersendung nach Eingang der Revisionsbegründungsschriften« sei das Revisionsverfahren »um etwa fünf Monate rechtsstaatswidrig verzögert« worden, entscheidet der Bundesgerichtshof am 21. Juni 2021. Kurzum: Der Bundesgerichtshof stellt fest, die Berliner Justiz hätte »rechtsstaatswidrig« gehandelt. Berliner Verhältnisse.

Nach der Festnahme von Ahmed Remmo erklärte die Staatsanwaltschaft Dresden im August 2021, sie gehe davon aus, »dass damit alle sechs Personen, die unmittelbar an dem Einbruch in das Historische Grüne Gewölbe beteiligt waren, ermittelt sind«.

Eindreiviertel Jahre nach dem Einbruch im Grünen Gewölbe erhebt die Staatsanwaltschaft Anklage beim Landgericht Dresden gegen die sechs in Untersuchungshaft sitzenden Remmos – »wegen Bandendiebstahls, Brandstiftung und besonders schwerer Brandstiftung«. Angeklagt sind die drei Komplexe Juwelendiebstahl, Brände im Pegelhaus und in der Tiefgarage. Die Strafkammer bestimmt den Beginn der Hauptverhandlung für den 28. Januar 2022.

KAPITEL 7

DIE BEGIERDE DER REMMOS – SACHSENS SCHATZKAMMER

Warum ist die Bestürzung über den Einbruch ins Grüne Gewölbe so groß? Weil das Grüne Gewölbe, so wie es heute in Dresden zu besuchen ist, ein mehrfaches Wunder ist. Ein Wunder, weil weltweit ein einmaliges Gesamtkunstwerk aus üppiger Schatzkammer und einzigartigem Museum. Ebenso ist ein Wunder, wie die Exponate fast drei Jahrhunderte überstanden haben – Zweiter Weltkrieg, Verschleppung in die Sowjetunion, DDR-Sozialismus. Ein Wunder zudem ist der heute einzigartige Umfang des weitgehend unangetasteten Pretiosenbestands. Anderswo gingen fast alle spätbarocken Schatzkunstsammlungen verloren. Und auch ein Wunder ist die Zeitreise, auf die man sich begibt, dreihundert Jahre und noch mehr zurück, wenn man das Raumgefüge des Grünen Gewölbes mit seinen dreitausend Kostbarkeiten aus längst vergangenen Zeiten betritt.

Das sind die zentralen Faktoren, aus denen die kunsthistorische und historische Bedeutung des Grünen Gewölbes resultiert – für die gesamte europäische Kunst- und Kulturszene.

August der Starke

Das Historische Grüne Gewölbe hat zwei Väter. Der eine ist August der Starke. Der sächsische »Sonnenkönig« lebte von 1670 bis 1733. Zwischen 1723 und 1729 ließ er im Dresdner Residenzschloss das Grüne Gewölbe einrichten. Barocke Repräsentationsarchitektur: acht Räume voller Kostbarkeiten. Überall funkelt, glitzert und strahlt es. Diamanten, Silber, Gold, Elfenbein, Kupfer, Bergkristall.

Zweiter Vater des Historischen Grünen Gewölbes ist Dirk Syndram. Geboren mehr als zweihundert Jahre nach dem Tod August des Starken, 1955, in der Nähe von Duisburg. Mit siebenunddreißig wird der promovierte Kunsthistoriker 1993 Direktor des Grünen Gewölbes in Dresden. Seine grandiose Idee: Genau dort wieder das Grüne Gewölbe zu errichten, wo es einst war – ein Teil der Räume war durch einen Bombenangriff im Februar 1945 zerstört worden – und es von innen so zu gestalten, wie August der Starke es getan hatte. Vor mehr als zweieinhalb Jahrhunderten.

Dirk Syndram im Juwelenzimmer des Grünen Gewölbes (2011)

So entsteht die Idee zu zwei »Grünen Gewölben«. Das »Neue« in der ersten Etage des Residenzschlosses: schlichte Räume, weiße Wände, kein historisches Ambiente, verhängte Fenster, Kunstlicht, Vitrinen. Und das »Historische« – genau eine Etage darunter im Erdgeschoss. Dort, wo es bis zur Auslagerung 1938 war: in den Gewölbesälen dreitausend Exponate. Wie einst auf Konsolen und Prunktischen – ohne

Sicherheitsglas. Mit Ausnahme der Juwelen. Dreizehn Jahre nach Syndrams Ankunft in Dresden ist es so weit: 2006 öffnete sich für Besucher die Luftschleuse ins »Historische Grüne Gewölbe«.

Für August den Starken war die Eröffnung des Grünen Gewölbes so etwas wie die Selbstkrönung seines barocken Lebenswerks. Friedrich August I., alias August der Starke, ist dreiundzwanzig, als er sich 1694 auf den Thron im Dresdner Residenzschloss setzt. Mit seiner Machtübernahme beginnt die augusteische Epoche. Lange Sachsens goldenes Zeitalter – durch den Siebenjährigen Krieg am Ende (1756–1763) verblasst Sachsens Glanz durch Preußens Gloria. Geprägt sind die goldenen Jahre durch Übermaß, Überschwänglichkeit, Sinneslust, Hochkultur, Entfaltung von Pracht und Macht. Die augusteische Epoche währt fast siebzig Jahre. Bis 1763, bis Augusts Sohn Friedrich August II. – als August III. auch König von Polen – bei einem Besuch der Dresdner Oper stirbt.

Dass August auf dem Thron Platz nahm, war nicht vorgesehen – sein Bruder Johann Georg war zwei Jahre älter. Während der schon in jungen Jahren die »Regierungsgeschäfte lernt«, wächst August unbekümmert im Residenzschloss in Dresden auf – genießt Prunk und Protz, das höfische Leben: Pompöse Mahlzeiten. Rauschende Feste. Glanzvolle Bälle. Irgendwo ist immer Party. Er liebt Theater und Ballett, Ritter- und Reiterspiele. Seine Zukunft sieht er als Soldat. In sich spürt er den »Trieb des Soldatentums«, wie er später erklärt: »Mein einziger Wunsch war kriegerischer Ruhm.«

Aber dann kommt alles ganz anders. Nach drei Jahren auf dem Thron stirbt sein Bruder – mit fünfundzwanzig – an Blattern. Angesteckt hatte er sich bei seiner Mätresse Sibylla von Neitschütz durch einen Kuss auf dem Totenbett: Sie starb drei Wochen vor ihm. Weil sein Bruder keinen Nachfolger mit seiner Ehefrau Eleonore gezeugt hatte, muss August auf den Thron.

Bei seinem Amtsantritt 1694 stehen die Voraussetzungen für das goldene Zeitalter, dem auch das Grüne Gewölbe entsprießt, bestens.

Ende des siebzehnten Jahrhunderts ist das Kurfürstentum Sachsen vermögend, wirtschaftlich und kulturell hoch entwickelt, reich auch an Bodenschätzen, vor allem an Silber – und der viertgrößte Territorialstaat im Heiligen Römischen Reich. Unter Augusts Ägide boomt die Wirtschaft weiter. »In meinem Land soll einem jeden verstattet sein«, ordnete er in einem Dekret 1705 an, »die Profession, die er erlernt und womit er sich zu ernähren gedenkt, zu treiben …« Handwerk und Gewerbe florieren, Handel und Manufakturen wachsen. Und natürlich – Bergbau und Hüttenwesen: Üppig beladen rollen die Silberwagen von Freiberg nach Dresden zur Münzstätte. Die rasante Entwicklung zieht immer mehr Menschen in die Stadt. Die Einwohnerzahl verdoppelt sich. Von 22 000 um die Jahrhundertwende auf 46 000 im Jahr 1727. August liebt Kunst, Macht und Pracht. Weiß, was Frauen gefällt. Verheiratet ist er mit Christiane Eberhardine (1671–1727) aus einer Seitenlinie der Hohenzollern – und betreibt eine rege Mätressenwirtschaft. Fast ein Dutzend seiner Mätressen sind »offiziell anerkannt«. Die bekannteste ist Gräfin Cosel (1680–1765). Als sie einer polnischen Mätresse weichen muss und es zu keiner einvernehmlichen Trennung von August kommt, verbannt er sie in einen Turm auf der Burg Stolpen. Dort stirbt sie achtundvierzig Jahre später. Mit fünfundachtzig. Grausam konnte August auch sein.

Nachgesagt werden ihm 365 Kinder. Tatsächlich aber waren es nur neun. Eines davon ist ehelich. Friedrich August. Sein Thronfolger. Die anderen acht nennt der Hof die »königlichen Bastarde«.

Mit 1,76 Metern ist der Herrscher für damalige Verhältnisse sehr groß. Zeitweilig wiegt er 121 Kilo. Und er wird wegen seiner Kräfte gepriesen. Er soll, so wird ihm nachgesagt, Hufeisen zerbrochen und Eisenstangen verbogen haben. Beweise dafür gibt es nicht.

In den neununddreißig Jahren seiner Regentschaft macht August der Starke aus Dresden eine barocke Residenzstadt. Eine der schönsten Europas. Fast alles, was heute Besucher in der Kunst- und Kulturmetropole und drum herum bewundern, wurde unter seiner Ägide gebaut oder begonnen: der Zwinger, die Frauenkirche, die Augustusbrücke, das Taschenbergpalais, das Japanische Palais, das Blockhaus, der Große Garten, die Schlösser Pillnitz, Großsedlitz und Moritzburg. Und natürlich das Grüne Gewölbe. »An den Höfen Europas schwärmt man neidisch von ›Elbflorenz‹«, resümiert August-Biograf Jens Jungmann – und überhaupt im »gesamten europäischen Ausland schaut man neidisch nach Sachsen, wo das Geld für Kunst mit vollen Händen ausgegeben wird«. Die besten Architekten, Goldschmiede, Bildhauer und Elfenbeinschnitzer kommen nach Dresden. »Dresden wurde zu einer Stadt, deren Bedeutung Künstler und Architekten begründeten«, bilanziert Reinhard Delau, Biograf August des Starken, »und nicht Festungen und Exerzierplätze.«

Als Höhepunkt seines barocken Schaffens entwickelt August der Starke die Vision eines barocken Gesamtkunstwerks, das sowohl seinen Reichtum als auch seine absolutistische Macht ausdrückt: Diese Vision vom Grünen Gewölbe geht auf Impressionen zurück, die er als junger Mann auf seiner Grand Tour gesammelt hatte. Gerade siebzehn, hatte er sich als »Graf von Meißen« inkognito und auch als »Herzog Friedrich August« auf eine fast zweijährige Reise durch die Lande begeben, um Kultur anderswo zu erleben und Fremdsprachen, Umgangsformen und diplomatische Kenntnisse zu erlernen. Begleitet wurde er von seinem Hofmeister Christian August von Haxthausen, der ihn auch das Reiten, Fechten und Schießen lehrte, sowie von einem Pfarrer, einem Stallmeister, einem Kammerjunker und zwei Ärzten.

Von Mai 1687 bis April 1689 führt ihn die Reise von Dresden über Frankfurt am Main, Frankreich, Spanien, Portugal, England, Holland, Dänemark, Schweden, München, Mailand, Venedig und Wien zurück nach Dresden. Von den fürstlichen Schatzsammlungen, die er unterwegs sieht, beeindrucken ihn drei ganz besonders: die der Medici in Florenz, die der Habsburger in Wien und am meisten die des französischen Königs Ludwig XIV. in Versailles. Hier erlebte er Macht und Größe, hier »lernte der junge Herzog durch Ludwig XIV.

nicht nur die majestätische Verwendung von Juwelenschmuck kennen«, schreibt Dirk Syndram über die »Quellen der Inspiration« Augusts für das Grüne Gewölbe, »er sah dort auch die effektvolle Aufstellung fürstlicher Schatzkunstsammlung.« Bronzekonsolen vor verspiegelten Wänden, glitzernde Edelsteingefäße, in Gold und in Emaille gefasste Diamanten, Juwelen. All die Kostbarkeiten dienten nur einem Zweck: der »Darstellung der Majestät«. Sechzehnmal hatte »Herzog Friedrich August« Versailles besucht – im Alter von siebzehn und achtzehn Jahren.

Zudem habe der junge Prinz auf seiner Kavalierstour »auch beobachtet«, schreibt Jean Louis Sponsel, Direktor des Grünen Gewölbes von 1914 bis 1923, »dass diese Sammlungen an den Höfen des Auslands ganz anders, als es an den deutschen Fürstenhöfen bisher üblich war, in den Dienst fürstlicher Repräsentation gestellt waren«. Protzkunst, um bei einem – natürlich ausgewählten – Publikum Eindruck zu schinden. Und schließlich, dritter ideengeschichtlicher Aspekt für das Gesamtkunstwerk Grünes Gewölbe: Auf seiner Tour sah August, resümiert Sponsel, »dass manche Sammelgebiete von seinen Vorfahren, besonders im Hinblick auf künstlerische Werte, nur in ungenügendem Umfang gepflegt worden waren«.

Diese Erfahrungen des jungen August sind es, die ihn mehr als zwei Jahrzehnte später dazu bringen, den Kunstbesitz seines Hauses grundlegend umzugestalten. Bis dahin wurden, seit Ende des sechzehnten Jahrhunderts, zahlreiche Schätze in einem Saal und zwei großen Zimmern im Erdgeschoss des Westflügels des Residenzschlosses verwahrt. Eine »geheime Verwahrung«. Ein begehbarer Staatstresor. Der Umbau zur »Königlichen Schatz-Kammer« mit barocker Innenarchitektur für Besucher beginnt am 1. Juni 1723 auf Befehl Augusts. Daraus erwächst das, was wenige Jahre später das legendäre Grüne Gewölbe ist. Unter Leitung des Oberbaurates Matthäus Daniel Pöppelmann entstehen vier repräsentative Räume: Fußböden aus geschliffenem sächsischem Marmor, Wände mit großen Spiegeln, üppig verzierte Pfeiler, gedrechselte und geschnitzte Konsolen. Es gibt ein Silberzimmer und einen Pretiosensaal. Der geheimnisvolle Name Grünes Gewölbe für die Räume, der seit ungefähr 1570 verwendet wird, geht auf die einst malachitgrüne Farbe an Decken, Säulen und Wänden im Pretiosensaal zurück.

Es folgt die zweite Phase: In den Jahren 1727 bis 1729 lässt der rastlose August durch Wanddurchbrüche das Grüne Gewölbe entstehen – so, wie es für mehr als zweihundert Jahre als Museum bestehen bleibt und 2006 wiedereröffnet wird: Im Westflügel des Residenzschlosses erstreckte es sich über das gesamte Erdgeschoss. Den Eingang lässt er von der Zwingerseite in den großen Schlosshof verlegen – und von Soldaten bewachen.

Die acht Räume füllt August der Starke mit ererbten und selbst erworbenen Schätzen. Zeit seines Lebens kauft er jede Menge Kunst. Geld spielt keine Rolle. Ihm kommt zugute, dass seine Vorgänger leidenschaftliche Kunstsammler waren. Sie hegten, pflegten und erweiterten das Ererbte, bis sie es vererbten – über viele Generationen, bis zu August des Starken Vor-Vor-Vor-Vor-Vor-Vor-Vorgänger August (»Vater August«). Der regierte hundertfünfzig Jahre vor ihm, von 1553 bis 1586. Seine Kostbarkeiten hatte er auf sieben einzelne »Kunststuben« im Schloss verteilt. So stammt das, was August der Starke ins Grüne Gewölbe räumen lässt und was dort heute noch zu sehen ist, überwiegend aus dem fünfzehnten bis zum Anfang des achtzehnten Jahrhunderts.

Im September 1729 wird das Grüne Gewölbe eröffnet – ein Novum: ein funktionsfähiges Museum im heutigen Sinne. Den Rundgang, vorbei an den dreitausend Schätzen, hat August der Starke als emotionales Ereignis inszeniert: Beim Durchschreiten der acht Räume steigen die sinnlichen Wahrnehmungen allmählich an, dann klingen sie ab, und schließlich steigen sie wieder an: im Juwelenzimmer, dem Höhepunkt des Erlebnisses. Dort, wo die Einbrecher fast dreihundert Jahre später die Vitrinen aufhacken.

Der Rundgang beginnt im schlichten und mit vierzig Quadratmetern auch vergleichsweise kleinen Bronzenzimmer. An den Wänden Eichenpaneele. Davor stehen Bronzestatuetten aus dem Barock und der Renaissance. Bacchus, Amphitrite und hundert weitere Kleinbronzen, das Reiterstandbild August des Starken auf Postamenten. Das anschließende Elfenbeinzimmer ist kaum größer. Aber lichter. Fast überbordend wirkt die weiße Pracht. Gedrechselt und geschnitzt, auf Konsolen und barock-wuchtigen Tischen: kleine verspielte Säulen, filigran gedrechselte Deckelschalen, Deckelpokale mit Bekrönungsfiguren und ein Humpen »mit den klugen und törichten Jungfrauen« – sie warten auf Christus, ihren Bräutigam. Ein Gleichnis aus dem Matthäusevangelium. Augsburg, 1650er-Jahre.

Der nächste Raum ist mehr als doppelt so groß: das Weißsilberzimmer – eine repräsentative Silberkammer. Die Wände sind »zinnoberrot«. Leuchtend rot. Fast wie die Krankenwagen dreihundert Jahre später. Auf Konsolen und Tischen: Prunkgefäße, Prunkkassetten, Pokale, Statuetten von Jupiter und Athena.

Den strahlenden Mittelpunkt bilden 377 Tafelgegenstände aus unvergoldetem Silber. August hatte sie für die teuerste Feier des Jahrhunderts angeschafft. Vier Millionen Taler bezahlte er für die einen Monat währenden Feiern zur Hochzeit seines Sohns Friedrich August mit der Habsburger Erzherzogin Maria Josepha im September 1719: Prunkvasen – jede 85 Kilo schwer, Eiskrüge, Schwenk- und Kühlkessel, Pasteten- und Suppenschalen mit Löffeln, Kannenflaschen, mehrarmige Leuchter. Heute ist von alledem nichts mehr da. Nach Ende des für Sachsen de facto verlorenen Siebenjährigen Kriegs wurde das Silberzeug 1772 in der Dresdner Münze eingeschmolzen und zu Talern gepresst. Deshalb heißt dieser Raum im Grünen Gewölbe bald »Kaminzimmer«, später »Emaillenzimmer«.

Kupfergrün lackiert folgt das Silbervergoldete Zimmer. In dem Spiegelkabinett glänzen silberne Gestände, die vergoldet wurden: dreihundert Trinkgefäße, Vasen, Pokale, Kassetten, Kannen und Becken. Und dann der erste Höhepunkt des Rundgangs. Für den Besucher erfolgt die »beabsichtigte Erlebnissteigerung« im Pretiosensaal. Der Raum, in den die Einbrecher fast dreihundert Jahre später einstiegen. Mit fast zweihundert Quadratmetern ist er der größte Raum der Schatzkammer. Ein prunküberzogener Festsaal mit Spiegelkabinett. Rundherum verschnörkelt mit goldenen Ornamenten. Überwölbt von einer weißen Renaissancedecke aus dem sechzehnten Jahrhundert. Der Blick des Besuchers bleibt an neun riesigen Ölbildern in breiten Goldrahmen von August dem Starken und seinen Vorgängern hängen. Bis zu Moritz. Der regierte von 1547 bis 1553.

Von den malachitgrünen Säulen, denen das Grüne Gewölbe seinen Namen verdankt, sieht der Besucher nichts, weil vor ihnen verspielte Pfeiler errichtet wurden. Überwältigend ist die Fülle von Silber, Perlmutt, Bernstein, Bergkristall, Jaspis, Achat und Smaragden. Die Einrichtung ist eine Reminiszenz Augusts an seinen Besuch bei Ludwig XIV. in Versailles. Dort stand er als Siebzehnjähriger staunend vor Gefäßen aus Bergkristall und Edelstein – drapiert vor pompösen Spiegelwänden.

Hinter einem Renaissancegitter liegt der kleinste Raum auf dem Rundgang. Das Eckkabinett, ganze vierzehn Quadratmeter groß. Vierhundert Kleinteile Fürstennippes: Elfenbeingedrechseltes, Perlenvasen, goldene Figuren und Emaillespielereien.

Es folgt die Abkühlung für Augen und Gemüt. Im Wappenzimmer hängen an drei Wänden 44 aus Kupfer getriebene vergoldete Wappen von Territorien, die zu den Stammlanden der Albertinischen Wettiner gehörten oder von ihnen beansprucht wurden. Die Sammlung beginnt mit den Wappen des Königreichs Polen und des Großfürstentums Litauen.

Und dann der absolute Höhepunkt. Nirgendwo in Augusts Schatzkammer funkelt es prächtiger als im Juwelenzimmer. In vier großen rotbraunen Wandvitrinen ist der Staatsschatz der Kurfürst-Könige hinter Glas zu bewundern – auf schwarzen Samttableaus: Die zehn

Juwelengarnituren, die August der Starke im Laufe seiner Regentschaft anfertigen ließ: die Diamantrosen- und die Brillantgarnitur, die Saphir-, Smaragd-, Rubin-, Achat-, Karneol- und Schildpattgarnitur sowie die silberne und die goldene Jagdgarnitur. Später fügt sein Sohn und Nachfolger Friedrich August II. dem Staatsschmuck die Juwelen der Königin hinzu; seit Anfang des neunzehnten Jahrhunderts werden sie in den Inventaren unter der Bezeichnung »Der Brillantschmuck und die Perlen der Königinnen« geführt (mitunter ist auch von »Diamantschmuck und die Perlen der Königinnen« die Rede).

Für August waren die Garnituren ein beliebtes Protzmittel, weil damals wertvolle Juwelen als Ausdruck von Macht galten. »Die größte Pracht«, die die »höchsten Standes=Personen in ihrer Kleidung« bei feierlichen Festen zeigen könnten, schreibt der Kammerrat Julius von Rohr in seinem 1733 erschienenen Fürsten-Verhaltenskodex *Einleitung zur Ceremoniel-Wissenschaft der großen Herren*, »kann in nichts anders bestehen als in Kleidern von Sammet oder golden und silbern Stück, die mit Garnituren von Diamanten, die bißweilen zu vielen Tonnen Goldes auch Millionen werth, besetzt sind«. Sein Faible für Schmuckgarnituren hatte August auch aus Versailles mitgebracht. Von Ludwig XIV. Der hatte es auf drei gebracht – zeit seines Lebens sah sich August der Starke in einer Art von Wettbewerb mit dem französischen Sonnenkönig.

Durch das Bronzenzimmer verlässt der Besucher das Grüne Gewölbe – überwältigt von Pracht, Kostbarkeiten und künstlerischer Gestaltung. Über dem Ausgang prangt – wie könnte es anders sein? – ein Porträt August des Starken.

Seine Schatzkammer entwickelt sich rasch zu einem Besuchermagneten. Weil er nicht will, dass sie überlaufen wird, verfügt August der Starke im Dezember 1732, »dass nicht alle und jede und auch deren niemahls zuviel auf einmahl hinein geführet werden«. »Inspectoren« geleiten Gruppen von maximal fünf Personen durchs Grüne Gewölbe – »nur mit sauberer Kleidung«, lautet des Königs Befehl. Zu

Besuch kommen vor allem Monarchen, Fürsten und sonstige Adlige, vermögende Bürger und Intellektuelle. Wegen des ansteigenden Besucherinteresses wird in den 1870er-Jahren das Besichtigungsregime geändert. Erlaubt wird der »freie Rundgang«. Aber der hat seinen Preis: Vor den Schauwänden stellen Museumsarbeiter hohe, engmaschige Eisengitter auf. Für viele wie Dornen vor den Augen. Augusts Idee war eine andere. Gleichwohl strömen immer mehr Menschen ins Grüne Gewölbe. Nach dem Ersten Weltkrieg mehr als einhunderttausend im Jahr.

Von Anfang an überschwänglich positiv ist die veröffentlichte Meinung über das Grüne Gewölbe. Als einer der Ersten schreibt der Reiseschriftsteller Johann Georg Keyssler (1693–1743) über seinen Besuch 1730 – wenige Monate nach der Eröffnung: »In Dresden hat man vor allen Dingen dahin zu trachten, dass man das sogenannte Grüne Gewölbe oder die Schatzkammer zu sehen bekomme.« Reisenden gibt er den Hinweis: »Ehe man in die Zimmer tritt, werden den Fremden die Schuhe genau abgekehret, damit destoweniger Staub hineingetragen werde.« Der junge Arthur Schopenhauer besichtigt mit sechzehn (1804) das Grüne Gewölbe und »glaubt sich in einen Feen-Palast versetzt«. »Auch jetzt nachdem ich so viele Schatzkammern gesehen habe, finde ich doch noch, dass es alle an Reichthum weit übertrifft.«

Vierzig Jahre später, 1844, warnt Major Baron von Landsberg im Führer *Das Grüne Gewölbe in Dresden*, mittlerweile in der zehnten Auflage, dass »das Auge durch die Pracht des Ganzen geblendet wird«. Der Besucher erstaune, schreibt der »Erste Inspector des Grünen Gewölbes«, »über den Glanz, den Umfang und die Manchfaltigkeit dieser Sammlung«. Zu der Führung gehöre, »dass von den Beschauern kein Stück angerührt oder von der Stelle genommen werden darf. Die Führer sind beauftragt, jede gewünschte Erklärung zu geben und auf solche Stücke aufmerksam zu machen, deren Eigenthümlichkeit nicht übersehen zu werden verdient.« Am Ende der Tour glaube der »Beschauer« sich »in eine Zeit versetzt, die den schwülen Ernst unserer

Tage noch nicht ahnte«. Und der 1930 vom Dresdner Verkehrsamt für »Besucher Dresdens« herausgegebene Führer *Dresden – Deutschlands wundervolle Kunststadt* rät, im Schloss »auf jeden Fall das Grüne Gewölbe ... zu besuchen. Im Juwelenzimmer ist der alte Juwelenschmuck des ehemaligen sächsischen Königshauses untergebracht.«

In den zweihundert Jahren nach Eröffnung des von August gestalteten Grünen Gewölbes geschieht nichts, was den von ihm bestimmten Charakter verändert hätte. Natürlich gab es einige bauliche Veränderungen. Wie eine elektrische Beleuchtung in den Räumen und den Juwelenvitrinen und eine Heizung unter dem Marmorfußboden. Einige Abgänge, wie das Tafelsilber, eingeschmolzen nach dem Siebenjährigen Krieg. Und natürlich – Zugänge. Das wohl einzige echte Problem, weil sie »eine solche Häufung in der Aufstellung verursachten«, beklagt sich 1915 der Direktor des Grünen Gewölbes Jean Louis Sponsel, »dass viele Gegenstände, auch von feinster Durchbildung der Formen, auf den Konsolen bis unter der Decke aufgestellt und dadurch der eingehenden Betrachtung und Würdigung entzogen waren«. Ein Hauch von Schatzrumpelkammer. Anfang des zwanzigsten Jahrhunderts.

Schon ein Jahr vor Ausbruch des Zweiten Weltkriegs beginnt im Grünen Gewölbe das große Einpacken – im Schatten der Sudetenkrise: Der sächsische Reichsstatthalter Martin Mutschmann befürchtet nach dem Einmarsch der Deutschen Wehrmacht ins tschechoslowakische Sudetenland am 1. Oktober 1938 für Dresden »Fliegergefahr«. Deshalb räumen im Grünen Gewölbe Museumsarbeiter bereits ab dem 28. September 1938 leicht zerbrechliche Exponate in längst bereitstehende Kisten – unter Leitung von Konservator Klaus Köhn (1894–1975): NSDAP-Mitglied seit 1. April 1933 und Blockleiter seit 1937. Darunter auch die Juwelengarnituren aus dem Juwelenzimmer. Die Museumsmitarbeiter wuchten die Kisten in einen »Bergungsraum« im Keller des Residenzschlosses. Der Rest der Schätze folgt dorthin ein knappes Jahr später, fünf Tage vor Beginn des Zweiten Weltkriegs: dem Überfall auf Polen am 1. September 1939. So ist zu Beginn des Kriegs das Grüne Gewölbe geschlossen und besenrein sauber.

Seine leeren Flächen werden im letzten Vierteljahr 1939 aufgefüllt mit Leihgaben aus anderen Dresdner Museen wie der Skulpturensammlung und dem Kupferstich-Kabinett. Am 1. Januar 1940 öffnet das Grüne Gewölbe wieder. Aber bald ist es das einzige Museum in Dresden, das noch besucht werden kann. Die anderen schließen nach und nach. Die Mitarbeiter müssen an die Front. Die Exponate werden in Sicherheit gebracht. Da nach Luftangriffen auf Köln, Lübeck und andere deutsche Städte ein Angriff auf Dresden nicht mehr ausgeschlossen erscheint, verfügt am 15. Juni 1942 Reichsstatthalter Mutschmann, das Grüne Gewölbe zu schließen. Vier Tage später bringen Lastkraftwagen die ersten 35 Grüne-Gewölbe-Kisten aus dem Schlosskeller auf die Festung Königstein, dreißig Kilometer östlich von Dresden in der Sächsischen Schweiz. Eine der größten Bergfestungen Europas.

Festung Königstein

Dort werden sie in acht Räumen der Kasematte III untergebracht – zuvor waren die Festungsräume dafür hergerichtet worden, etwa durch den Einbau von Öfen. Insgesamt werden dort 165 Kisten mit den Kunstschätzen aus dem Grünen Gewölbe eingelagert. Am 11. September 1942 ist die »Verbringung« beendet.

Drei Jahre später, in der Nacht vom 13. auf den 14. Februar 1945: Durch den verheerenden Bombenangriff versinkt die Dresdner Innenstadt und mit ihr das Residenzschloss in Schutt und Asche.

1945 – nach dem Bombenangriff: Blick vom Zwinger auf die Ruine des Residenzschlosses

Von der Innenarchitektur des Grünen Gewölbes werden rund vierzig Prozent vernichtet. Die Räume zum Schlosshof fallen den Flammen anheim, einschließlich der dort zurückgelassenen Präsentationsmöbel: das Bronzenzimmer, das Juwelenzimmer und das Wappenzimmer. Unversehrt bleiben die Räume auf der anderen Seite zur Sophienstraße: das Elfenbeinzimmer, das frühere Weißsilberzimmer und der Pretiosensaal mit dem Eckkabinett. Ein Eindringen der Flammen verhinderten die schweren eisernen Fensterläden und Türen zwischen den Räumen. Das ebenfalls zur Sophienstraße gelegene Silbervergoldete Zimmer ist teilweise zerstört. Durch einen Lüftungsschacht drang Feuer ein. Aber mangels Sauerstoffs konnte es sich nicht weiterentwickeln.

Drei Monate später – eine Woche nach Kriegsende: Am 14. Mai 1945 beschlagnahmt die Trophäenkommission der Roten Armee unter Führung von Leutnant Leonid Rabinowitsch auf der Festung Königstein die ersten sechs Kisten aus dem Grünen Gewölbe. Schon bald bringt ein Eisenbahnzug alle Kisten in die Sowjetunion. Das ist das vorübergehende Ende des Grünen Gewölbes. Für mehr als ein Jahrzehnt. Seine Bestände liegen weit weg in Kisten außer Landes – tausendsechshundert Kilometer von Dresden entfernt.

Stalin ordnet an, dass die beschlagnahmten Kunstschätze als Kriegsbeute und Kompensation für die Zerstörungen in der Sowjetunion bleiben. Schon 1943 hatte der Moskauer Kunsthistoriker Igor Grabar, ein Kenner der deutschen Kunst – in München studierte er Malerei von 1896 bis 1901 – derartige Konfiskationen als Ausgleich für das von der deutschen Wehrmacht zerstörte russische Kulturgut gefordert. Unter seiner Mitwirkung erstellte ein Expertenbüro in Moskau zwei Jahre lang Listen mit Kunstwerken, die als Beutekunst aus dem Deutschen Reich fortgeschafft werden sollten.

Die konfiszierten Kunstwerke werden unter sowjetischen Museen aufgeteilt, hört Hermann Voss, Direktor der Dresdner Gemäldesammlung, von einem Major der Roten Armee. Doch dazu kommt es nicht.

Auch nichts wird aus einem in der Sowjetunion geplanten Trophäenmuseum. Ebenso wenig aus einer in Moskau für 1946 geplanten Ausstellung der Beutekunst. Es passiert – nichts. Fast ein Jahrzehnt lang. Die Schätze aus Dresden lagern in von den Sowjets geheim gehaltenen Depots in Moskau, Leningrad und Kiew. Währenddessen stirbt Stalin 1953, und 1954 gibt die Sowjetunion ihr Vorhaben von einem wiedergeeinten Deutschland auf. Die DDR wird Teil des Ostblocks. Die politische Nachkriegsordnung nimmt Gestalt an. Im Ostblock beginnen 1954 die Gespräche, die im nächsten Jahr zur Gründung des Warschauer Pakts führen.

Vor diesem Hintergrund beschließt der Ministerrat der Sowjetunion am 31. März 1955 die Rückgabe der Dresdner Gemäldegalerie und am 21. Mai 1957 weiterer Bestände. Sein zentrales Motiv ist zum einen, das Prestige der Sowjetunion aufzupolieren, und zum anderen, ein versöhnliches Zeichen an die Menschen in der DDR zu senden, die Teil des Warschauer Pakts wird. »Der Rückgabeakt bot eine einzigartige Möglichkeit, sich durch eine breit angelegte Inszenierung international kulturpolitisch zu profilieren und das angeschlagene Image der Sowjetunion zu verbessern«, resümiert die Kunsthistorikerin Irina Alter: »So konnte man sich selbst als human, aufgeklärt und großzügig präsentieren.« Zudem hätte durch die Rückgabe »die DDR auch in einen kulturellen Wettbewerb mit Westdeutschland treten« können.

Auf einmal muss alles ganz schnell gehen – zweites Halbjahr 1958. Am Freitag, 24. Oktober, erhält die Kunsthistorikerin Gisela Rudolph in Dresden einen Anruf vom kommunistischen Generaldirektor der Dresdner Kunstsammlungen Max Seydewitz – völlig überraschend für die dreiunddreißigjährige gebürtige Dresdnerin. »Er teilte mir mit, dass ich bei der Übergabe der Kunstschätze in der Sowjetunion mitwirken solle«, blickt sie zurück: »Der Flug nach Russland war schon für Montag, den 27. Oktober geplant.« Ohne lange nachzudenken, nimmt sie »dieses außergewöhnliche Angebot an«. Mehr Informationen erhält sie nicht, Arbeitsanweisungen erst in Moskau, im Puschkin-Museum. »In einem großen Raum standen mehrere lange Tische, auf denen jeden Morgen bei Arbeitsbeginn eine Vielzahl von neuem, mir unbekanntem Kunstgut aufgebaut war.« Die Bestände des Grünen Gewölbes befinden sich in einem Tieftresor des Finanzministeriums und im Puschkin-Museum. Gisela Rudolph und ihre Kollegen haben vorbereitete Listen abzuarbeiten. Beeindruckt ist sie davon, dass sie beim Sichten, Registrieren und Verpacken Miniaturen, Bergkristall- und Elfenbeinarbeiten aus dem Grünen Gewölbe in den Händen hält. »Die Elfenbeingruppe Herkules und Omphale und die vier kleinen Figuren der Jahreszeiten von Balthasar Permoser bei Arbeitsbeginn morgens zu sehen, einzeln in die Hand nehmen zu dürfen und für Dresden zurückzuerhalten, war für mich eines der unvergessenen Erlebnisse während meines Aufenthalts in Moskau«, berichtet sie mehr als vierzig Jahre später.

Für die Kunstschätze steht genügend Packmaterial bereit: Hunderte Kisten, Holzwolle in großen Mengen und Stapel von Seiden- und Packpapier – alles finanziert von der DDR. Eile ist angesagt. Die Übergabe soll schnellstmöglich abgewickelt werden. »Erst wenn alle täglich herausgestellten Stücke ›abgearbeitet‹, das heißt genau geprüft, verpackt und verplombt waren, begann der Feierabend«, erinnert sich Gisela Rudolph. Der Transport der Werke erfolgt im November 1958. Direkt von Moskau nach Dresden in Eisenbahnwaggons unter Bewachung der Roten Armee. Am Neustädter Bahnhof werden die Kisten auf Lastwagen geladen und über das Polizeipräsidium zu einem Tieftresor der Deutschen Notenbank in der Galeriestraße gebracht.

Dann endlich ist es so weit – Dienstag, 28. November 1958: die feierliche Übergabe des Grünen Gewölbes im Dresdner Rathaus. Nach dem Schmerz der Dresdner über die ungeheuren Verluste an historischer Bausubstanz durch die Bombenangriffe und die »verschwundene Kunst« muss die Rückgabe »gewirkt haben wie die Rückkehr der verlorenen Seele«, urteilt der Dresdner Publizist Hans-Peter Lühr. »Dieser Tag wird einen Ehrenplatz in der Geschichte einnehmen«, sagt DDR-Kulturminister Alexander Abusch beim Staatsakt im Lichthof des Dresdner Rathauses: »Kunstschätze von unermesslichem Wert, die von den sowjetischen Truppen während der Kampfhandlungen für unser Volk in der Sowjetunion aufbewahrt wurden, sind nach Dresden zurückgekehrt.« Der Minister würdigt »die große Tat der Rettung der Kunstschätze durch sowjetische Spezialisten« und spricht von einem »besonderen Tag der Freundschaft mit der Sowjetunion«. Damit stellt er die historischen Tatsachen auf den Kopf. Die Schmuckstücke des Grünen Gewölbes hatten die sowjetischen Soldaten, von langer Hand geplant, als Beutekunst verschleppt – es ging gerade nicht darum, für »unser Volk« etwas aufzubewahren, sondern ihm etwas wegzunehmen. Und es geschah auch nicht »während der Kampfhandlungen«, sondern erst eine Woche nach deren Ende und der bedingungslosen Kapitulation der Wehrmacht. Das Ammenmärchen von der »Rettung der Kunstschätze« war erst in diesem Jahr, 1955, von der Sowjetunion und der DDR-Regierung in Umlauf gebracht worden, um außenpolitisch die UdSSR aufzuwerten und um ein Narrativ für die »deutsch-sowjetische Freundschaft« zu schaffen. Die Rückgabe der Kunstwerke wird »dafür verwendet, den Heldentypus des sowjetischen Soldaten mit Hilfe von Büchern, Presse und Film zu konstruieren«, kommentiert die Kunsthistorikerin Irina Alter. So kommt der Dieb auf einmal als altruistischer Wiederbeschaffer der Beute daher.

Genau diese Botschaft hat auch die Ausstellung »Der Menschheit bewahrt« im Erdgeschoss des Dresdner Albertinums – das Museum am Ende der Brühlschen Terrasse war vom Krieg weitgehend verschont geblieben. Eröffnet wird die Ausstellung am 8. Mai 1959. Auf den Tag genau vierzehn Jahre nach Kriegsende. Zu sehen sind aus der Sowjetunion zurückgekehrte Kunstgegenstände. 383 aus dem Grünen Gewölbe und einige mehr aus anderen Dresdner Museen. »Das war natürlich ein Hammerschlag!«, blickte Joachim Menzhausen zurück – damals Mitarbeiter des Grünen Gewölbes, ein Jahr später dessen Direktor. »Jetzt hatten wir die Dresdner Sammlungen zurück und konnten alles zeigen.«

Wesentlich mehr Platz für die Exponate bietet ab 1974 die von ihm im ersten Stock des Albertinums eingerichtete Dauerausstellung. In vier Räumen ist ein Drittel des Grüne-Gewölbe-Bestands aufgebaut. Eine Wand aus dem Silbervergoldeten Zimmer – hinter Glas – vermittelt den Besuchern einen Hauch der barocken Atmosphäre aus Augusts Schatzkammer. Die Protzschätze der Monarchie werden zu einem Renner im Sozialismus. Zu einem Publikumsmagneten im »Arbeiter- und Bauernstaat«. Ein Interim, das drei Jahrzehnte Bestand hat. In dieser Zeit, bis 2004, kommen 19,4 Millionen Besucher. Mehr Menschen, als die DDR jemals Einwohner hatte. Aber unerfüllt bleibt Menzhausens Traum während seiner Tätigkeit als Museumsdirektor – 1992 geht er in den Ruhestand –, dass das Grüne Gewölbe wieder ins Schloss kommt. Dorthin, wo August der Starke es eingerichtet hatte. Zu DDR-Zeiten kam der Wiederaufbau des Schlosses nur langsam voran.

»Kostproben« aus dem Grünen Gewölbe, ausgestellt im Albertinum (1987)

»Silberwand« aus dem Silbervergoldeten Zimmer des Grünen Gewölbes im Albertinum (1974–2004)

So befindet sich die Grüne-Gewölbe-Dauerausstellung im Albertinum, als Dirk Syndram 1993 in Dresden anfängt. Er bekommt den Auftrag, das Grüne Gewölbe wieder ins Residenzschloss zurückzubringen. Der Wiederaufbau des Schlosses geht voran. Syndrams Idee, die üppigen Schätze auf zwei Museen aufzuteilen, ist ein historisch kluger Gedanke. Denn Anfang des zwanzigsten Jahrhunderts war das Grüne Gewölbe überfrachtet. Zu viel war im Laufe der Zeit hineingestellt worden. Überbordende Konsolen vermeidet Syndram dadurch, dass er sich an der Aufstellung zur Zeit August des Starken orientiert. Detailliert festgehalten ist sie in Inventaren, die sein Sohn neun Monate nach dessen Tod unterzeichnet hatte. Am 31. Oktober 1733. So orientiert sich die Neugestaltung am Original im Todesjahr August des Starken.

Im September 2004 öffnet das Neue Grüne Gewölbe, zwei Jahre später das Historische Grüne Gewölbe – elf Monate nach der Weihe der wiederaufgebauten Frauenkirche: Nach vierundsechzig Jahren ist das Grüne Gewölbe ins Residenzschloss zurückgekehrt. Vier Jahre dauerten die Arbeiten. Über einhundert Restauratoren, Bildhauer, Kunstmaler und Handwerker gestalteten die Wiederauferstehung des Gesamtkunstwerks. Kosten: 45 Millionen Euro. Nun ist vieles fast wieder wie zu Zeiten August des Starken: Die Feierlichkeiten dauern zwei Wochen. Die Exponate stehen frei auf Wandkonsolen und Tischen. Zum Greifen nah. Und es gibt auch kein störendes Gitter oder Glas zwischen den Augen des Betrachters und dem Objekt. Statt des strengen Inspektors Blick jetzt Elektronik. Bewegungsmelder sollen Alarm auslösen, wenn ein Besucher einem Schatz zu nahe kommt. Und ebenso wie zu Augusts Zeiten befinden sich dessen Juwelengarnituren hinter Glas. Wieder ist sein Juwelenzimmer der Höhepunkt des Rundgangs.

Wiedereröffnung des Historischen Grünen Gewölbes 2006: Bundeskanzlerin Angela Merkel im Juwelenzimmer

Die »Wiedereröffnung« beginnt mit einem Festakt am 7. September 2006. 250 geladene Gäste kommen. Alle, die etwas sagen, sind voll des Lobes. Ein »Glanzstück europäischer Kultur in einer der schönsten Städte Europas« nennt Bundeskanzlerin Angela Merkel das aus Ruinen auferstandene Dresdner Residenzschloss. »Heute ist das Historische Grüne Gewölbe vollständig wiederhergestellt«, erklärt Sachsens Ministerpräsident Georg Milbradt, »einundsechzig Jahre nachdem das Residenzschloss den Bomben zum Opfer gefallen ist.« Damit werde ein Traum wahr, »den mittlerweile drei Generationen von Dresdnern geträumt haben« – und auch er als früherer Finanzminister. »Der Traum, das barocke Ensemble von Dresden vollständig wiederherzustellen.« Er spricht von einem »sächsischen Louvre«. »Es gibt keine Schatzkammer auf der ganzen Welt, die diesen Zustand erreicht hat«, meint der Generaldirektor der Staatlichen Kunstsammlungen Martin Roth, nämlich dass »eine Zeit um 1730 herübergerettet wurde in ihrer Authentizität«. Das sei »vollkommen einzigartig in der ganzen Welt«. Das Fazit für Oberkonservatorin Ruth Kappe – seit achtzehn Jahren arbeitet sie im Grünen Gewölbe: »Wenn August der Starke hier durchgehen würde, ich glaube, er wäre sehr zufrieden.«

Generaldirektor Martin Roth (2007)

Bei allem, was öffentlich gesagt wird, spielt das Thema Sicherheit nur eine nachgeordnete Rolle. »Wir haben eine alte Tradition«, sagt Dirk Syndram im MDR-Fernsehen – darüber habe er auch vor Kurzem geforscht. »Wir haben kaum Verluste durch Diebstahl – und wir werden diese Tradition fortführen.« Auch sein Chef, Generaldirektor Martin Roth, gibt sich bei diesem Thema gelassen. »Die beste Sicherheit ist immer die, die sich nicht sehen lässt«, erklärt er in einem Interview mit der *Welt am Sonntag.* »Wenn Sie bei uns ins Grüne Gewölbe gehen, scheint das nicht geschützt zu sein. Aber es ist gesichert wie Fort Knox. Die Alarmsysteme sind unsichtbar.«

KAPITEL 8

WAS PASSIERTE MIT DER BEUTE DER REMMOS?

Mutmaßungen schießen wie wild nach dem Jahrhundertdiebstahl ins Kraut. Landete der Schmuck bei einem »Oligarchen«, dem Auftraggeber? Wurde er in Rumänien verscherbelt? Oder im Libanon verbuddelt? Tauchte er im Internet oder im Antwerpener Diamantenviertel auf? Oder wurde er zerlegt, um die Juwelen einzeln zu verhökern?

Quintessenz der Medienlage einige Wochen und Monate nach dem Jahrhunderteinbruch: Die Beute ist wieder da. Sie muss nur noch herangeholt werden. Diese frohe Kunde macht die Runde in den Medien. Und von dem Jahrhundertdiebstahl versuchen Trittbrettfahrer zu profitieren – auch in den Medien.

Sechs Wochen nach der Tat, im Januar 2020, erklärt in Tel Aviv Zivka Nave, seiner israelischen Sicherheitsfirma CGI seien Schmuckstücke aus dem Juwelendiebstahl im Grünen Gewölbe angeboten worden: Unbekannte hätten per Mail neun Millionen Euro für den Bruststern des polnischen Weißen-Adler-Ordens und den »Sächsischen Weißen« verlangt. Die Zahlung solle in der Internetwährung

Bitcoin erfolgen. Wie ein Lauffeuer verbreitet sich die Meldung in den Medien. Von *Spiegel online* bis *Zeit online*.

Tage darauf meldet der Mitteldeutsche Rundfunk (MDR), seine Redaktion »Kripo live« hätte ein »Kaufangebot für Juwelen erhalten, die aus dem Grünen Gewölbe in Dresden gestohlen wurden«. Mit ihr hätte der Anbieter über dieselbe verschlüsselte E-Mail-Adresse kommuniziert wie wenige Tage zuvor bereits mit der israelischen Sicherheitsfirma. In einem längeren Mailwechsel sei der Redaktion ein drittes Schmuckstück angeboten worden. Auch dafür verlange der Anbieter mehreren Millionen Euro in Bitcoin. Plötzlich sei die Forderung deutlich gesenkt worden, in einer weiteren Mail. Und dann sei damit gedroht worden, die Juwelen zu zerstören – in einer weiteren Mail: »Wir werden bald die Diamanten herausschneiden und sie neu schleifen.«

»Geraubter Schmuck aus Grünem Gewölbe zum Verkauf angeboten«, titelt *Zeit online*. »Auch MDR bekam Schmuckstück zum Kauf angeboten«, lautet die Schlagzeile von *BILD*.

Auch die Polizei möchte die Beute bekommen. Sie lobt 500 000 Euro für Hinweise aus, die »zum Auffinden des Diebesgutes führen«. Auf den entscheidenden Hinweis wartet sie unter 0351/483-2233.

Ebenso versuchen Bürger, die Juwelen nach Dresden zurückzuholen. »Privatdetektiv« Josef Resch aus Bad Schwartau erklärt bei YouTube, er handle im Auftrag einer »Privatperson, die vorerst anonym bleiben möchte«. In einem Video sieht man ihn hinter einem Schreibtisch stehen. Auf ihm türmen sich Stapel von 100-Euro, 50-Euro und 20-Euro-Bündeln. »Guten Tag, mein Name ist Josef Resch«, beginnt er seine Offerte und legt beide Hände auf die Spitzen der Geldbündelberge vor sich: »Sie sehen hier 1,3 Millionen in bar.« Ausgelobt worden sei der Betrag für die Rückgabe »der vollständigen und möglichst unversehrten Beute des Diebstahls aus dem Grünen Gewölbe«. Seinem Mäzen gehe es »ausschließlich um die Rückführung des Kunstschmuckes«, nicht um die Täter. An Reschs Detekteiunternehmen Wifka GmbH – Wirtschaftsfahndung und Inkassobüro hätte sich der Mäzen gewandt, erklärt der Privatdetektiv weiter, weil »es die einzige Plattform in Europa« sei, »die so außergewöhnliche Aufträge durchführt«. Später vernimmt ihn die Staatsanwaltschaft als Zeugen. Dadurch erlangt sie aber »keine neuen Erkenntnisse«, resümiert ein Staatsanwalt. »Um den Deal nicht zu gefährden«, sagt Resch, »arbeite ich mit dem Staat nicht zusammen.«

Dresdner Juwelenraub.
Öffentliche Auslobung!

Eine Initiative von Privatleuten lobt hiermit einen Betrag von **1 Mio. Euro** zur Wiederbeschaffung des Dresdner Juwelenschatzes aus, der am 25. November 2019 aus dem Grünen Gewölbe geraubt worden ist.

Bei dieser Auslobung handelt es sich um ein **bindendes Versprechen** gemäß § 657 BGB. Ziel dieser Auslobung ist die Wiederbeschaffung des Juwelenschatzes, nicht die Verfolgung der Täter. Etwaigen Kontaktpersonen wird deshalb hiermit der Schutz ihrer Anonymität zugesichert.

Wer sachdienliche Hinweise zur Wiederbeschaffung des Schatzes machen bzw. den Schatz wiederbeschaffen kann, wendet sich bitte an den Vertreter der Privatinitiative:

Rechtsanwalt Robert Unger
Fasanenstraße 72 · 10719 Berlin · Telefon (030) 88 77 80 3002 ·
kanzlei@unger.legal

Anzeige in der Welt am Sonntag *am 20. Juni 2021*

Eine Million Euro für die Wiederbeschaffung setzt eine anonyme private Initiative in Berlin aus. Es seien Menschen, die dem Museum eng verbunden seien, erklärt der Berliner Rechtsanwalt Robert Unger als ihr Vertreter und »Ansprechpartner«. Später, nach dem Ende der Auslobung, bilanziert er: Bei ihm hätten sich »alle möglichen Leute« gemeldet – »aber nichts Substanzielles« sei darunter gewesen.

Trotz insgesamt 1,5 Millionen Euro ausgesetzter Belohnung: Kein zielführender Hinweis. Und trotz umfangreicher Ermittlungen stößt die Polizei auf keine Fährte zur Beute.

Gleichwohl zuversichtlich bleibt SKD-Generaldirektorin Marion Ackermann. Sie rechnet fest damit, dass die Beute eines Tages ins Grüne Gewölbe zurückkehrt.

Von einer Reise nach Antwerpen erhofft sie sich, den Bruststern des polnischen Weißen-Adler-Ordens aus der Beute zurückzuholen. Antwerpen – die Stadt der Diamanten. In einen Zug dorthin steigt sie am zweiten Weihnachtstag 2021. Zwei Jahre sind seit dem Einbruch ins Grüne Gewölbe vergangen.

Vier Tage zuvor hatte sie einen Anruf des Berliner Rechtsanwalts Robert Unger erhalten. Er sagte ihr – zwei Tage vor Heiligabend –, es bestehe die Chance, über einen Amsterdamer Kunstdetektiv das Schmuckstück von einem belgischen Diamantenhändler in Antwerpen anzukaufen. Für 40 000 Euro. Dem sei der Bruststern angeboten worden. »Wenn es nur die geringste Chance gibt«, denkt sich die Generaldirektorin, »stelle ich mich zur Verfügung.«

Dann geht alles schnell. Schon einen Tag nach dem Anruf des Anwalts sitzen bei ihr im Büro am Taschenberg ein Staatsanwalt und zwei Kriminalbeamte vor hohen Regalen voller Kunstbücher. Die beiden Kommissare erklären Marion Ackermann, der Hinweis des Kunstdetektivs, Arthur Brand, sei »ernst zu nehmen«. Unter Hinweis auf dessen Renommee in Fachkreisen sprechen sie von einer »vielversprechenden Spur«. Sie geben ihr Instruktionen für die Reise. »Wir haben den Hinweis für glaubhaft gehalten«, sagt einer der Kriminalhauptkommissare in der Rückschau. Der Hinweis hätte »eine besondere Qualität« gehabt: »Antwerpen, das europäisches Zentrum der Diamantenwelt.« Es sei eine Möglichkeit. Aber die beinhalte natürlich auch Risiken.

Marion Ackermann entscheidet, sich »zur Verfügung zu stellen«. Für sie ist in diesem Augenblick, einen Tag vor Heiligabend in ihrem

Büro im Dresdner Residenzschloss, wie sie später sagt, »die Möglichkeit des Gelingens und des Scheiterns gleich groß«.

Mit ihr im Zug sitzen zwei ihrer Mitarbeiter der Staatlichen Kunstsammlungen Dresden: Dirk Burghardt, der kaufmännische Direktor – in seiner Bauchtasche stecken in einem Briefumschlag 40 000 Euro: zweihundert 200-Euro-Scheine –, und Michael W. Er ist Restaurator und hat alle Erkenntnisse der SKD zu dem Bruststern des polnischen Weißen-Adler-Ordens im Kopf: Angeschaut hat er sich alle verfügbaren Fotos, Dokumente, Gewichts- und Größenangaben. In seinem Gepäck hat er ein Equipment, um die Steine in Antwerpen auf ihre Echtheit zu prüfen. Er ist davon überzeugt, dass er eine Kopie »mit Sicherheit sofort erkennt«. »Wir sind alle in der Hoffnung hingefahren«, sagt Marion Ackermann rückblickend, »dass es eine zielführende Spur sein könnte.«

Die Quelle der Hoffnung, der »Kunstdetektiv« Arthur Brand, hat in der Branche einen Namen – als Rückholer gestohlener und geraubter Kunst. Den »Indiana Jones der Kunstwelt« nannte ihn CBS, den »Mittelsmann zur Unterwelt« die *Neue Zürcher Zeitung*. Arthur Brand entdeckte längst verschollen geglaubte monumentale Bronzepferde, die einst vor Hitlers Reichskanzlei standen. Zwei Gemälde von Dalí und Tamara de Lempicka, die aus dem Scheringa Museum in den Niederlanden gestohlen worden waren. Er holte Picassos weltberühmte »Dora Maren« zurück – entwendet worden war sie von der Jacht eines Scheichs in Frankreich. Geschätzter Wert: siebzig Millionen Euro. Und er fand den fehlenden Ring von Oscar Wilde, den er an das Magdalen College in Oxford zurückgab.

Dresdner Kriminalbeamte stellen fest, dass der Kunstdetektiv Arthur Brand in Polizeikreisen einen ausgesprochen guten Ruf genießt, weil er mehrfach an der Rückführung gestohlener Kunstgegenstände mitgewirkt hatte – mit Kriminalisten abgestimmt.

Den Amsterdamer Kunstdetektiv treffen Marion Ackermann und ihre beiden Kollegen gleich nach ihrer Ankunft in Antwerpen in der

Lobby ihres Hotels. Im NH Collection, Pelikaanstraat 84, 22:45 Uhr – im Diamantenviertel, nicht weit vom Bahnhof entfernt. Arthur Brand ist ein alerter, schlanker Niederländer Anfang fünfzig mit vollem braunem Haar und Mittelscheitel. Er wirkt jung und dynamisch. Und gibt sich ausgesprochen zuversichtlich: Alle von ihm eingezogenen Erkundigungen zeigten, sagt er, dass es so sein könne, wie sein Informant behaupte.

Auf den pastellfarbenen Stoffstühlen in der Hotellobby erörtern die vier den »Schlachtplan« für den nächsten Vormittag. Um zehn wollen sie sich hier wieder treffen. Dann soll Arthur Brand die 40 000 Euro ausgehändigt bekommen und sie zu seinem Informanten bringen. Der soll sie dann zu den Tschetschenen tragen – und dafür im Gegenzug den Bruststern bekommen. Den soll er zu Brand bringen – und der ihn dann anschließend zu der SKD-Delegation, die im Hotel wartet. Zuvor soll sich Brand das Geschäft seines Informanten ansehen. Das ist der Plan.

Kunstdetektiv Arthur Brand

Aber es läuft anders. Es fängt damit an, dass am Vormittag Arthur Brand nicht allein in der Lobby erscheint, sondern in Begleitung eines untersetzten Mannes. Anfang fünfzig. Er trägt eine komische schwarze Pudelmütze. Von seinem Haar ist nichts zu sehen. Sein breites Gesicht verdeckt eine Mund- und Nasenmaske – Dezember 2021: Corona-Hochzeit. Der Mann ist ganz in Schwarz gekleidet: schwarze Trainingsjacke, schwarze Jogginghose und schwarze Turnschuhe – die »ohne Logo«, stellt Marion Ackermann fest. Sogar seine Maske ist schwarz. Das sei sein Informant, erklärt der Kunstdetektiv. Und der stellt sich selbst vor. Als »Marcus«. Noch am Abend zuvor hatte die SKD-Reisegruppe damit gerechnet, den geheimnisvollen Mann nicht zu sehen zu bekommen. Weil – so hatte es ihnen der Kunstdetektiv gesagt – er Angst vor Identifikation und Polizei hätte. Seine Kleidung ist auffällig leger. »Camping-Smoking«, kommentiert das Outfit später Arthur Brand. Wie ein »abgerissener Rapper« kommt er Marion Ackermann vor. So sieht er völlig anders aus, als man sich gemeinhin einen erfolgreichen Diamantenhändler in Antwerpen vorstellt.

Marcus wirkt etwas nervös. Aber nicht unsympathisch. Und plaudert drauflos – er spricht fließend Deutsch: Viele Touristen seien über Weihnachten nach Antwerpen gekommen. Durch sie hätte sein Unternehmen gute Umsätze gemacht. 50 000 Euro. Allein am ersten Weihnachtstag. Zu jedem in der Runde knüpft er schnell einen Gesprächsfaden: Mit Marion Ackermann spricht er über die kulturhistorische Bedeutung der gestohlenen Juwelen, mit dem kaufmännischen Direktor Burghardt über Luxusuhren – Rolex und insbesondere die von A. Lange und Söhne aus der sächsischen Kleinstadt Glashütte, Clanstrukturen und Drogenkriminalität. Mit dem Restaurator erörtert er unterschiedliche Juwelenschliffe im Grünen Gewölbe. Dessen Eindruck: »Der beherrschte Fachtermini und hatte Fachverständnis.« Und Marcus glänzt in sächsischer Geschichte. Eine »erstaunliche Informationstiefe« attestiert ihm Marion Ackermann. Dieser Auftritt, mit dem niemand am Vorabend bei der Besprechung in der Hotellobby gerechnet hätte, verändert die Lage grundlegend. Der Informant ist nicht mehr ein rätselhafter Anonymus, sondern sitzt leibhaftig mit ihnen am Tisch – mit der verrückten Pudelmütze.

Ohne Umschweife erklärt »Marcus«, er sei krank. Er habe nicht mehr lange zu leben. Seine Aussage wird unterstrichen durch ein nicht zu identifizierendes medizinisches Gerät, das er unter seiner weiten Trainingsjacke zu tragen scheint.

Der Kunstdetektiv will Beweismaterial sichern. Deshalb bestellt er Tee für alle. In der Hoffnung, dass sein Informant die Corona-Maske absetzt und trinkt – und ihn dabei eine Überwachungskamera in der Lobby aufnimmt. Aber der Tee kommt nicht. Der Detektiv reklamiert am Tresen. Als der Tee endlich auf dem Tisch steht, nimmt der Pudelmützenmann seine Maske ab und trinkt ein paar Schlucke. Doch auf den Aufzeichnungen ist sein Gesicht nicht zu erkennen. »Die Videos aus dem Hotel brachten nichts« sagt ein Kriminalhauptkommissar aus dem sächsischen LKA, der alle Aufzeichnungen aus dem Hotel angeschaut hat.

Nicht mit in der Lobby sitzen die beiden Beamten des LKA Sachsen, ein Kommissar und Kommissarin. Sie waren mit dem Zug von Dresden nach Antwerpen mit dem Ziel gefahren, die zurückgegebene Beute sicher nach Dresden zu bringen. Nun, derweil, sitzen die beiden in der Dienststelle ihrer belgischen Kollegen in Antwerpen – trinken Kaffee und warten auf einen Anruf aus dem Viersternehotel.

Nach fünfundvierzig Minuten Gespräch in der Hotellobby stellt sich die entscheidende Frage – für die drei aus Dresden und den Kunstdetektiv aus Amsterdam: Machen wir's? Oder nicht? Fragend blickt Arthur Brand in die Runde. Die anderen signalisieren: Ja. Nicken. Daumen hoch. »Ich sah keinen Anlass«, resümiert Dirk Burghardt später, »dass Marcus ein Betrüger sein könnte.« – »Wir waren zuversichtlich«, blickt Arthur Brand zurück, »dass wir das Stück für 40 000 Euro zurückbekommen.« Und so erhält der Kunstdetektiv die

Bauchtasche vom kaufmännischen Direktor mit den 40000 Euro überreicht. Mit ihr und Marcus verlässt er die Lobby.

Marcus hat das Vertrauen des Kunstdetektivs gewonnen. In kurzer Zeit. Angefangen hatte alles mit einer Mail, die Marcus eine Woche vor dem Treffen in Antwerpen an den Detektiv geschickt hatte, am 20. Dezember 2021: Er wisse etwas von der Sache in Dresden. Kurz darauf ruft er Arthur Brand an – weitere Telefonate und Mails folgen. Quintessenz: Marcus erzählt Brand die von ihm frei erfundene Geschichte von den Tschetschenen: Dass sie ihm, tätig im Antwerpener Diamantenhandel seit 1985, den Bruststern vorgelegt und er und sein Chef ihn als Teil aus der Grüne-Gewölbe-Beute identifiziert hätten; dass ihm die Tschetschenen außerdem eine Hutagraffe und zehn Knöpfe aus der Dresdner Beute vorgelegt hätten, dass sie auch versuchen würden, die Beute in der Schweiz abzusetzen, und dass es keine Polizei vor Ort geben dürfe, weil er um sein Leben und das seiner Angehörigen fürchte. Aber Brand könne der Polizei sagen, was laufe – weil er, Marcus, mit der »zurückgeholten« Beute nicht als Hehler verhaftet werden wolle. Nur vor Ort solle die Polizei nicht erscheinen. Das würde alles verkomplizieren. Und weil er nicht mehr lange zu leben hätte, vielleicht noch zwei Jahre, sagt Marcus dem Detektiv, hätte er sich einen Papagei gekauft. Ein Foto von ihm mailt er dem Kunstdetektiv.

Vor dem Treffen an diesem Montagmorgen mit den drei Mitarbeitern der SKD hatte Marcus den Kunstdetektiv in seinem Hotel in Antwerpen abgeholt. Zur Überraschung des Detektivs sagt Marcus, er wolle »die Leute vom Museum treffen«. Auf dem Weg dorthin schlendern sie durchs Diamantenviertel. Vorbei an Schmuckgeschäften. Marcus deutete auf eines von ihnen und sagt: »Dort arbeite ich.« – »Hallo«, sagt jemand zu Marcus hier, wie Brand später berichtet; kurz darauf ein anderer »Hallo« dort. Der Kunstdetektiv glaubt, dass Marcus ein Typ ist, den man im Diamantenviertel kennt. Auch keine Zweifel erwachsen für den Kunstdetektiv daraus, dass für den Bruststern nur vergleichsweise schlappe 40 000 Euro gezahlt werden sollen. Für Brand ist der Betrag plausibel, weil es nicht um einen regulären Eigentumserwerb gehe, sondern um den Kauf von Diebstahlsbeute. Andere Tarife.

Marcus schlägt Brand vor, er könne in seiner Wohnung warten: Fußläufig zum Hotel, keine fünfhundert Meter entfernt – während er zu den Tschetschenen geht, ihnen das Geld gibt und dafür den Bruststern zurückholt. Offensichtlich, um mögliche Zweifel bei dem Detektiv zu zerstreuen, erläutert Marcus ihm die Situation aus seiner Sicht: »Ich bin krank – und du sitzt in meiner Wohnung. Da verschwinde ich doch nicht.« Mehr Sicherheit könne es nicht geben – und er fügt hinzu: »Bin doch nicht blöd.« Brand schaut ihm in die Augen. »Arthur«, schiebt er nach, »ich gehe doch nicht für 40 000 Euro vier bis fünf Jahre in den Knast.« – »Natürlich nicht«, erwidert Arthur Brand. »Das macht doch niemand.«

So gehen Arthur Brand und Marcus zu dessen Apartment, Lange Kievitstraat 13. Als sie an dem Apartmenthaus ankommen, registriert der Detektiv, dass Marcus Menschen winkt, die ihnen entgegenkommen – »und die zurückwinken«. Sein Fazit: »Die Leute kennen ihn.« In Apartment 222 übergibt er Marcus den Umschlag mit den 40 000 Euro. »Willst du zählen?«, fragt der Kunstdetektiv. »Nein, das brauche ich nicht«, antwortet Marcus leutselig. Brand glaubt, das Risiko sei »gering«, dass Marcus stiften geht.

Keine Stunde später ist alles anders. Aufgeregt ruft der Kunstdetektiv aus Marcus' Wohnung Generaldirektorin Ackermann im Hotel an: Bislang sei Marcus nicht zurückgekehrt. Auch gehe er nicht an sein Handy. Brand fürchtet, sagt er der Generaldirektorin, Marcus sei »erschossen worden«. Das hätte er in diesem Augenblick, sagt Brand später, »glaubwürdiger« gefunden, »als dass er weggelaufen« sei. Die Generaldirektorin antwortet: »Wir warten noch eine halbe Stunde.« Sie steht per Handy in Kontakt mit dem Kriminalhauptkommissar, der aus Dresden nach Antwerpen gereist ist.

Dem Detektiv in Marcus' Apartment fällt auf, dass er dort wenige persönliche Gegenstände von Marcus sieht – etwa Medikamente im Badezimmer. Aber für ihn gibt es eine plausible Erklärung: Marcus hatte ihm gesagt, er wohne in Maastricht – etwas mehr als eine Autostunde entfernt, und er habe hier, in Antwerpen, nur ein Apartment gemietet.

Aber um 13:02 Uhr resigniert Arthur Brand. An Marion Ackermann tippt er auf seinem Smartphone: »Der kommt nicht mehr.«

Bald darauf stellt sich heraus, dass Marcus lebt und mit den 40 000 Euro getürmt ist.

Drei Monate später landet er in einem niederländischen Gefängnis. Abzusitzen hat er eine Reststrafe wegen eines versuchten Diebstahls – widerrufen wurde die Strafaussetzung auf Bewährung. Nach Dresden überstellt wird er im November 2022. Aufgrund eines europäischen Haftbefehls vom Ermittlungsrichter des Amtsgerichts Dresden.

Dort beginnt am 16. Mai 2023 das Strafverfahren gegen Marcus – mittlerweile fünfundfünfzig Jahre alt – vor der 16. großen Strafkammer des Landgerichts Dresden. Zwei Berufsrichter, zwei Schöffinnen. In Handschellen bringen ihn zwei Justizbeamte in den Gerichtssaal zu seinem Platz, rechts vor dem Richtertisch – er kommt aus dem Haftkrankenhaus in Leipzig. Die schlohweißen Haare seines Haarkranzes reichen ihm bis zu den Schultern. Sein Poloshirt ist pink, die Trainingshose schwarz, sein Gang schleppend. Seit einem Motorradunfall seien seine Beine »zertrümmert, total kaputt«, sagt er später. Sein linker Arm steckt in einer Schlinge. Folge eines Schlaganfalls in der Untersuchungshaft.

Staatsanwalt Christian Weber wirft ihm Betrug vor, weil er vorgegaukelt hätte, für 40 000 Euro den Bruststern des polnischen Weißen-Adler-Ordens zurückholen zu können, und dann mit dem Geld verduftet sei. »Ich räume den gegen mich erhobenen Tatvorwurf ein«, sagt Marcus unumwunden und schildert, dass seine Gaunerei aus seiner Sicht nicht besonders schwierig gewesen sei.

Als Schausteller, der in einem Wohnwagen lebe, stehe er mal hier, mal dort – zumeist in den Niederlanden, hätte er von Weihnachten bis zum Frühjahr kaum etwas zu tun. Er lebe von Trödelei, »kaufe alles an, womit ich durch den Verkauf wieder Geld verdienen kann«.

Geld verdienen will er auch durch die 500 000-Euro-Auslobung des Freistaates Sachsen, ausgesetzt für die Wiederbeschaffung der Grüne-Gewölbe-Beute. Als Erstes versucht er, Anfang November 2021 mit der Soko Epaulette ins Gespräch zu kommen. Mehrmals ruft er im Lagezentrum der Dresdner Polizei an, gibt sich als Goldhändler aus, der vom Verbleib einiger Beutestücke wisse – und bittet darum, mit der Soko Epaulette verbunden zu werden. Aber das klappt nicht. Man hätte ihn nicht »durchgestellt«, sagt Marcus enttäuscht. So hätte er im Internet nach einer anderen »Zugangsmöglichkeit« zum Geld gesucht. Dabei sei er auf Arthur Brand gestoßen. Den erfolgreichen Kunstrückholer, der »in Holland bekannt« sei. Und so sei er im Dezember 2021 auf die Idee gekommen, sich ihm gegenüber als Diamantenhändler aus Antwerpen mit dem Bruststern-Angebot auszugeben.

Der Vorsitzende der Strafkammer Thomas Mrodzinsky hakt nach; fragt, wie er als Niederländer ausgerechnet auf die Idee mit Dresden gekommen sei: »Frau Ackermann ist dafür bekannt«, grinst der Betrüger auf der Anklagebank, »dass sie ganz einfach Geld vergibt.« Alle, die Marion Ackermann kennen, wissen, dass auch bei diesem Satz der notorische Lügner nicht die Wahrheit sagt.

Angemietet hatte er das Apartment in Antwerpen ab vier Wochen vor der Tat, zum 1. Dezember 2021. Dem Kunstdetektiv hat er nie ein Foto von dem gezeigt, was er angeblich zurückholen wollte. Auch später hätte ihn niemand danach gefragt. Nur die Größe des Bruststerns, ungefähr 15 mal 15 Zentimeter, hätte er gekannt und genannt: Erfahren hätte er sie »durch meinen Laptop« – von der Homepage des Grünen Gewölbes. So wurde der Kunstdetektiv aus Amsterdam Mittelsmann und Türöffner für Marcus zu den Staatlichen Kunstsammlungen Dresden – und damit auch zum Geld, wenn auch nicht dem der Staatlichen Kunstsammlungen Dresden.

Nicht schwer gewesen sei es, sagt Marcus der Dresdner Strafkammer, das Vertrauen der Vertreter der Staatlichen Kunstsammlungen zu gewinnen: »Wir sprachen über dieses und das – und dann bekam ich das Geld.« Mit Diamanten und Edelsteinen kenne er sich aus, erläutert er seinen Auftritt als »Diamantenhändler« in der Hotellobby: Seine Eltern hätten einen Schmuckladen gehabt. Er räumt ein, die 40 000 Euro »für eigene Zwecke« verwendet zu haben. Zur Tilgung von Schulden und zum Kauf einer Musikanlage. Der Vorsitzende fragt, ob er zur »Schadenswiedergutmachung« bereit sei. »Ja«, sagt Marcus – und blickt treuherzig, »des Willens: Ja. Aber nicht in der Lage.«

Er sagt, er sei Vater von neun Kindern – und fügt stolz hinzu: »Alle von einer Frau.« Seinen Lebensunterhalt hätte er als Schausteller und Fahrer von Transportern verdient. »Führerschein?«, fragt der Vorsitzende – ihn scheint die Klasse zu interessieren. »Nee, bin so gefahren«, erwidert Marcus. Und fügt hinzu – er wisse: »Ich darf nicht ohne Führerschein fahren.« Der Vorsitzende wiegt sein graues Haupt, schaut überrascht. Und Marcus schiebt hinterher: »Wenn Sie mich so fragen, kriegen Sie eine ehrliche Antwort.« Dreitausend Euro im Monat hätte er vor seiner Verhaftung gehabt. »Brutto oder netto«, sagt der Vorsitzende – das wolle er gar nicht mehr fragen. Der Angeklagte hat über 200 000 Euro Schulden.

Marcus' niederländisches Vorstrafenregister ist lang: Sieben einschlägige Verurteilungen – Betrug, Unterschlagung, Geldwäsche. Insgesamt mehr als acht Jahre Gefängnis.

Unter Hinweis auf die »Vortaten« fordert Staatsanwalt Christian Kohle wegen Betrugs vier Jahre Freiheitsstrafe. Marcus' Verteidiger Thomas Zeeh plädiert auf zwei Jahre Freiheitsstrafe und argumentiert, »die ganze Geschichte« sei »unter Aufsicht von Polizei und Staatsanwaltschaft gelaufen«. Weil sein Mandant »wie der letzte Schluffi« dahergekommen sei, sei für ihn nicht nachvollziehbar, dass er als »ein anerkannter Diamantenhändler« durchgegangen sei. Der Anwalt spricht von »Naivität« und dass man bereit gewesen sei, »sich täuschen zu lassen«.

Die Strafkammer verurteilt Marcus am 16. Juni 2023 wegen Betrugs zu zwei Jahren und sieben Monaten Freiheitsstrafe und ordnet ihm gegenüber einen Wertersatz von 40 000 Euro an. Zu seinen Gunsten berücksichtigen die Richter ein Geständnis am ersten Verhandlungstag, zu seinen Lasten die einschlägigen Vorstrafen.

Wie gelang es dem »Schluffi« Marcus, die 40 000 Euro zu ergaunern? »Er hat alles so gemacht, wie es ein Betrüger nicht machen sollte«, sagt Kunstdetektiv Brand. Ähnlich formuliert es der Strafkammervorsitzende Mrodzinsky in seiner Urteilsbegründung: »Dieser Betrug hat so gut funktioniert, weil er so schlecht war.«

Mehrere Faktoren griffen ineinander. Es fängt damit an, dass die Geschichte, die sich Marcus ausgedacht hatte, plausibel erschien: Tschetschenen seien unterwegs, um ein Beuteschmuckstück »zu vermarkten«; vielleicht auch alsbald mehr – nach den Erkenntnissen des LKA Sachsen machen Tschetschenen in Berlin so manches Mal gemeinsame Sache mit den Remmos. Und konnte es als Schauplatz der angeblichen Handlung einen plausibleren Ort geben als Europas Diamantenhauptstadt? Weltweit wird hier die Hälfte der geschliffenen Diamanten gehandelt. Dazu passte auch die »Feststellung« der beiden »Fachleute«, des »langjährigen Diamantenhändlers« Marcus und seines angeblichen Chefs, aus ebenjener Stadt, eindeutig das ihnen angebotene Stück als den Bruststern aus dem Grünen Gewölbe identifiziert zu haben.

Clever war auch der Zeitdruck – aufgrund der von Marcus mit seinem Hinweis erzeugten Drohkulisse, die Tschetschenen würden sich auch in der Schweiz nach Absatzmöglichkeiten umsehen. Wie lange halten die ihr Angebot noch aufrecht war die Frage, die im Raum stand. Und die daran anknüpfende Befürchtung: Würde nicht schnell genug gehandelt, könnten die Anbieter versuchen, ihre Sore bei anderen Händlern abzusetzen – ohne Handlungsoption für die SKD. Keiner will die Chance verstreichen lassen. Deshalb die Hauruckaktion in der Weihnachtszeit.

Diese Tage waren alles andere als ideal für Recherchen. Und schließlich sorgte die Weihnachtszeit mit ihren Bescherungen für eine zuversichtliche Stimmung bei den dann Betrogenen. »Wir waren alle da«, resümiert der Kunstdetektiv, »um die Stücke zurückzubekommen.« Eine determinierende Grundeinstellung.

Und dann die scheinbare »Offenheit«, die Marcus an den Tag legte. Das sei atypisch in seiner Branche, sagt Kunstdetektiv Brand in der Rückschau. Seine Kundschaft wolle üblicherweise »anonym bleiben«. Aber schon in der ersten Mail an Brand hatte Marcus – zutreffend – seinen Nachnamen genannt und auf Seriosität und Tradition verwiesen: Er sei Diamantenhändler in Antwerpen – und seit fünfunddreißig Jahren im Geschäft. Dabei ließ es der Kunstdetektiv bewenden. Wäre Marcus mit seinem Familiennamen in einer polizeilichen Datei überprüft, sein Vorstrafenregister herangezogen oder wäre sonst vernünftig recherchiert worden, hätte sich sofort gezeigt, dass es sich bei ihm nicht um einem Diamanten-, sondern um einen Trödelhändler handelte. Und einen einschlägig vorbestrafen Serienbetrüger. Aber nicht einmal ein »Lebenszeichen« des Bruststerns hatte man von ihm verlangt – wie ein Foto des Istzustands der über zweihundertfünfzig Jahre alten Kostbarkeit aus der Brillantgarnitur.

Eine Art von Umgarnungsinitiative startet Marcus am Morgen des 27. Dezember 2021. Er steht vor dem Hotel von Arthur Brand und erklärt ihm, dass er mit zum NH-Hotel kommen und die Gäste aus Dresden persönlich begrüßen wolle. Unterwegs deutet er auf eines der Geschäfte und sagt dem Kunstdetektiv, es sei seins. Passanten, die ihnen entgegenkommen, grüßen Marcus mit Vornamen, berichtet Brand.

Der Kunstdetektiv nimmt Marcus, dem Ganoven und notorischen Lügner, so ziemlich alles ab: dass er ein erfahrener »Diamantenhändler« sei, fast so etwas wie ein bunter Hund im Antwerpener Diamantenviertel. Tatsächlich hatte Marcus dort erst vier Wochen zuvor das Apartment gemietet. Und dass die Prognose des Detektivs grundverkehrt ist, »gering« sei das Risiko, dass Marcus mit dem Geld flüchtet, weil der Detektiv in dessen Wohnung sitzt, dämmert ihm erst, als Marcus nach fast einer Stunde noch nicht zurückgekehrt ist.

Positiv überraschte Marcus die SKD-Vertreter durch sein Erscheinen in der Hotellobby. Ein klassischer Betrüger hätte sich von Zeugen ferngehalten. Nun aber sitzt Marcus leibhaftig vor ihnen mit seiner schwarzen Pudelmütze und plaudert; er ist kommunikationsfreudig. Mit jedem kommt er schnell ins Gespräch. Da ist natürlich die merkwürdige Diskrepanz zwischen Kleidung und Ausdrucksfähigkeit. Aber die anfänglichen Zweifel verfliegen. Nach einer Dreiviertelstunde greift Dirk Burghardt zum Geldbeutel.

Bemerkenswert ist schließlich auch die Chuzpe, mit der Marcus seinen Coup anging. Eine besondere Unverfrorenheit spricht aus seinen Anrufen bei der Polizei in Dresden, mit denen er an sein Betrugsopfer gelangen wollte: die Soko Epaulette. Ausgerechnet. Weil ihm das nicht gelang, nutzte er »Kunstdetektiv« Brand als Vehikel, um ans Geld zu kommen.

Die Reise nach Antwerpen war gewiss keine Lehrbuchaktion, aber die von der Hoffnung getragene Chance, etwas von der Beute aus dem Grünen Gewölbe zurückzuholen. Das Ergebnis zeigt: Die Tour war von zu großen Hoffnungen und zu wenig Zweifeln getragen. Und wäre rechtzeitig eine kriminalistisch-professionelle Recherche erfolgt, etwa durch die Abfrage bei einer polizeilichen oder strafrechtlichen Datei, wäre Marcus' Märchen ganz schnell entzaubert gewesen: Herausgekommen wäre, dass er ein notorischer Lügner und Betrüger ist.

Für den anerkannten Kunstdetektiv ist das Ende der Geschichte bitter. Seit fünfzehn Jahren hätte er viel aufgedeckt, sagt Arthur Brand. Es hätte »nur Erfolge« gegeben. Und nun war er auf einen Betrüger reingefallen, der nie den Bruststern des polnischen Weißen-Adler-

Ordens in den Händen hielt, sondern sich die ganze Geschichte komplett ausgedacht hatte. Kunstdetektiv Brand hätte sich vor Gericht nicht recht entscheiden können, kommentiert Wiebke Ramm seine Darstellung auf *Spiegel online*, »ob er an einen der dümmsten oder an einen der intelligentesten Betrüger geraten ist«.

Aus Marcus' Perspektive war das Ganze eine Kamikaze-Aktion: Von Anfang an war klar, dass es nur eine Frage der Zeit ist, dass er gefasst wird und im Gefängnis landet. Seine Personalien waren bekannt, weil er sie dem Kunstdetektiv per Mail mitgeteilt hatte – und am Ende ließ er ihn auch noch ausgerechnet in seiner Wohnung sitzen, die er unter Vorlage eines Scans seines Personalausweises angemietet hatte.

Wer hatte den Schaden – 40 000 Euro? Nicht die Staatlichen Kunstsammlungen Dresden, auch nicht der Freistaat Sachsen. Sondern ein Berliner Versicherungsmakler. Einer aus der privaten Initiative, die eine Million Euro für den Rückkauf der Beute zusammengebracht hatte. Von ihm stammten 200 000 Euro. Als sich einen Tag vor Heiligabend 2021 ergibt, dass kurzfristig 40 000 Euro cash für das Treffen mit Marcus in Antwerpen gleich nach den Weihnachtsfeiertagen benötigt werden, ist Rechtsanwalt Unger, der über das Konto der Initiative verfügungsberechtigt ist, im Weihnachtsurlaub in Österreich. Er trifft eine Absprache mit dem Versicherungsmakler und anderen: Vom Konto der »Freunde der Staatlichen Kunstsammlungen Dresden« werden die 40 000 Euro vorgeschossen; den Betrag in Scheinen holt Dirk Burghardt in einer Dresdner Sparkassenfiliale am Tag vor Heiligabend 2021 ab. Nachdem das Geld zusammen mit Marcus verschwunden ist, überweist der Rechtsanwalt von dem Treuhandkonto 40 000 Euro auf das Freunde-Konto. Und an den Versicherungsmakler, der 200 000 Euro für die Auslobung der privaten Initiative zur Verfügung gestellt hatte, überweist er am Ende 160 000 Euro zurück. So ist er das pekuniäre Opfer des Betrugs.

Die gute Nachricht: Ein Jahr nach dem Rückholflop kommt der Bruststern des polnischen Weißen-Adler-Ordens tatsächlich wieder zurück nach Dresden. Die Remmos hatten ihn, zusammen mit einem großen Teil ihrer Beute, einem ihrer Verteidiger übergeben. In dessen Berliner Kanzlei stellt die Soko Epaulette die Schmuckstücke sicher. Knapp ein Jahr nach der Reise nach Antwerpen. Eine Woche vor Heiligabend 2022.

Wo die Remmos über drei Jahre die Beute aus dem Grünen Gewölbe versteckten, bleibt im Dunkeln. Spekuliert wird, dass sie irgendwo in Neukölln war – in einem Keller, auf einem Dachboden, in einem Hinterhof, in einem Tresor oder sonst wo. Aber tatsächliche Anhaltspunkte dafür gibt es keine.

KAPITEL 9

DIE REMMOS VOR GERICHT – IM DRESDNER HOCHSICHERHEITSTRAKT

Exakt einen Monat nach der fehlgeschlagenen Antwerpener Rückkaufoperation beginnt der »Grüne-Gewölbe-Strafprozess« gegen die sechs Remmos am 28. Januar 2022: zwei Jahre, zwei Monate und drei Tage nach dem Einbruch. Der Auftakt zu einem Mammutverfahren über 16 Monate und 47 Verhandlungstage. Allein die Hauptakten umfassen 30 000 Seiten. Angeklagt ist der größte Juwelendiebstahl der deutschen Nachkriegsgeschichte.

Die Staatsmacht zeigt Präsenz: Über dreihundert Polizisten sind an diesem Morgen »zur Absicherung des Strafverfahrens« im Einsatz, am und im Dresdner Hochsicherheitstrakt – wie auch an den nächsten Verhandlungstagen. Über ein Dutzend Polizisten, in Zweierreihen und Kampfanzügen, unter ihnen zwei Frauen, die Gesichter mit schwarzen Sturmhauben vermummt, eilen zügigen Schritts von links nach rechts vor dem Eingang zum Hochsicherheitstrakt vorbei – und kurz darauf von rechts nach links. Auf der anderen Straßenseite steht ein halbes Dutzend kräftiger Männer auffällig-unauffällig in Räuberzivil mit weiten Jacken. »Aufklärungskräfte« der Polizei. Nun werden die Angeklagten wesentlich besser bewacht als seinerzeit die Juwelen im Schloss.

Der Freitagmorgen ist kalt und windig. 7:45 Uhr: Das Thermometer zeigt knapp über dem Gefrierpunkt. Es fängt an zu regnen. Die Journalistenschlange vor dem »Zugangs- und Kontrollbereich« des Hochsicherheitstrakts wird immer länger. Die Verhandlung soll um 9:45 Uhr beginnen. Um 8:15 Uhr zieht ein Justizwachtmeister die schwere Panzerglaseingangstür auf. Die ersten beiden Besucher dürfen eintreten. Die Sicherheitskontrolle ist streng – »wegen des Bezugs zur Organisierten Kriminalität«, sagt Gerichtssprecher Thomas Ziegler.

Die Kontrollen sind strenger als auf einem Flughafen: Alles, was der Besucher in den Taschen hat, muss er in einen Plastikkasten legen. Stifte, Portemonnaie, Schlüssel, Notizblöcke, die Brieftasche. Auch Gürtel und Armbanduhr gehören hinein. Der graue Kasten rollt auf einem Laufband in eine Röntgenanlage. Dann muss der Besucher durch einen »Sicherheitsbogen« gehen wie vor dem Abflug. Anschließend die Körper- und Schuhkontrolle – anders als vorm Abflug: Erst fährt ein Justizbeamter mit einem Metalldetektor über die Kleidung, dann tastet er den Besucher mit den Händen ab. Der Besucher hat sich auf einen Stuhl zu setzen und seine Schuhe auszuziehen. Mit einer Stablampe leuchtet der Justizbeamte hinein. Dann fährt er mit seinem Metalldetektor um die Schuhe herum. Auch unter die Sohlen. Anschließend darf der Besucher seine Schuhe wieder anziehen. Das strenge Prozedere gilt auch für die – nach einer Überprüfung durch die Pressestelle des Landgerichts Dresden – »akkreditierten« Journalisten. Hier, beim Remmo-Prozess, sind auch sie für die Justiz potenzielle Gefährder. Journalisten der Deutschen Presseagentur, der *Frankfurter Allgemeinen Zeitung*, der *Süddeutschen Zeitung*, der *Welt*, des *Spiegel*, des Mitteldeutschen

Rundfunks, der *Sächsischen Zeitung* und der *Dresdner Neuesten Nachrichten.*

Die Angeklagten werden in Handschellen, mit der doppelten Fesselung, in den Saal geführt. Völlig anders, als man sich einen Museumsdieb vorstellt, kommt Mohamed Remmo daher, laut Anklage einer der beiden Grüne-Gewölbe-»Einsteiger«: In aufrechtem Gang schreitet er federnd-entspannten Schrittes durch den Raum. Das schwarze Haar hat er trendy zurückgegelt. Über seinem schwarzen Rollkragenpullover trägt er eine beige Hemdjacke mit dunkelbraunen Karos. Er wirkt entspannt und selbstbewusst. Vorsichtig lächelnd betrachtet er die Menschen im Zuhörerraum und entdeckt einige bekannte Gesichter. Er grüßt, nickt, grinst und lacht.

Ganz anders der laut Anklage zweite Grüne-Gewölbe-Einsteiger Wissam Remmo – strafprozesserfahren, Goldmünzendieb. Er versteckt sich: Zum Schutz vor den Fotografen hält er vor Kopf und Oberkörper einen riesigen dreiseitigen dunkelbraunen Klappschutz. Hinter einem nicht einmal halb so großen aufgeklappten Aktenordner verbirgt Ahmed Remmo sein Gesicht. Abdul Majed Remmo hat sich einen Mantel über den Kopf gelegt, vors Gesicht hält er sich einen grünen Aktendeckel. Unverhüllt, abgesehen von der vorgeschriebenen Maske wegen Corona, erscheinen Bashir Remmo und Rabieh Remo. Erst an ihrem Platz werden jedem die zwei Paar Handschellen aufgeschlossen.

Gegen elf, über eine Stunde verspätet, kommen die Richter in den Saal und setzen sich an einen langen Tisch unter dem rechtsschrägen grünen Rautenkranz – dem Wappen des Freistaates Sachsen: die drei Berufsrichter, ein Schöffe und eine Schöffin – vorsorglich sind zwei Ersatzschöffen dabei. Damit das Verfahren nicht platzt, falls einer der Schöffen ausfallen sollte; wegen Krankheit, Befangenheit oder was auch immer.

Der Vorsitzende Richter Andreas Ziegel nimmt die Personalien der Angeklagten auf: Alle sechs sind verwandt, wurden in Berlin geboren, zwischen 1993 und 1999, haben die deutsche Staatsangehörigkeit und sind ledig nach deutschem Recht – verheiratet nach islamischem Recht ist Rabieh Remo. Bei der Adresse von Mohamed Remmo klemmt es; der Vorsitzende zeigt sich irritiert. »Zuletzt ohne festen Wohnsitz – ist das richtig?«, fragt er vorsichtig den Zweiundzwanzigjährigen. »Nein«, greift seine Anwältin Ines Kilian ein. »Zuletzt wieder bei Mutti.«

Die sechs Angeklagten geben sich als nette junge Männer, machen alles andere als einen Böse-Buben-Eindruck, bieten nichts Provokantes: Außerhalb des Gerichtssaals würde jeder von ihnen als freundlicher Amazon-Paketbote durchgehen.

Staatsanwalt Christian Weber erhebt sich und verliest die Anklageschrift: Durch die aus dem Residenzschloss entwendeten 21 Schmuckstücke »von überragender kunst- und kulturhistorischer Bedeutung« sei ein Schaden von 113,8 Millionen Euro entstanden. Die Tat hätten die Angeklagten »akribisch vorbereitet«: In der Vorbereitungsphase hätten sie selbst oder über Mittelsmänner zwei Autos beschafft, den Mercedes E 500 und den Audi S6 Avant, sie mit gestohlenen Kennzeichen versehen und sich vier SIM-Karten für Mobiltelefone unter falschem Namen und einen Revolver beschafft.

Vor der Tat in den frühen Morgenstunden des 25. November 2019 seien die Angeklagten in mindestens vier Nächten zu Ausspähungen in Dresden unterwegs gewesen, listet Staatsanwalt Weber auf: in den Nächten vom 18. auf den 19., vom 19. auf den 20., vom 20. auf den 21. und vom 23. auf den 24. November. Bei einer dieser Touren hätten sie das schmiedeeiserne Gitter vor dem späteren Einstiegsfenster mit einem Schneidewerkzeug, »am ehesten einem hydraulisch betriebenen Schneidegerät«, aufgeschnitten, das »herausgeschnittene Gitterteil« anschließend wieder eingesetzt und es »mit Klebeband« fixiert.

In der Tatnacht, vom 24. auf den 25. November 2019, seien Mohamed und Wissam Remmo mit zwei Komplizen um 4:22 Uhr über den Zaun des Residenzschlosses geklettert, hätten das angeklebte Gitterteil entfernt und den linken Flügel des Fensters mit einem Hydraulikzylinder und einem eigens für die Tat angefertigten Widerlager aufgedrückt. Um 4:56 Uhr sei die Straßenbeleuchtung ausgefallen, weil zwei Komplizen im Pegelhaus ein »Gemisch aus Ottokraftstoff und Diesel oder Heizöl« in zwei Kochtöpfen entzündet hätten. Dadurch seien Stromschaltschränke zerstört worden. Um 4:57 Uhr seien Mohamed und Wissam Remmo durch das Loch im Gitter und das aufgedrückte Fenster ins Gebäude geklettert und zu der Vitrine »mit den Juwelengarnituren August des Starken« gerannt. Mit 56 Axthieben hätten sie das Glas zerschlagen, die Juwelen herausgerissen und in einer Tasche verstaut. Nach fünf Minuten seien sie wieder draußen gewesen, 5:01 Uhr. Ihren Flucht-Audi hätten sie wenige Minuten später in einer Tiefgarage in der Kötzschenbroder Straße in Brand gesteckt, »um ihre Fluchtchancen zu erhöhen und alle Spuren zu beseitigen«. Unmittelbar danach seien die Täter in dem Mercedes der E-Klasse mit dem »Erscheinungsbild eines Taxis nach Berlin geflüchtet.

Durch die Brandstiftung seien 61 in der Tiefgarage abgestellte Fahrzeuge beschädigt worden. Außer der Diebstahlsbeute sei ein Schaden von über einer Million Euro entstanden, unter anderem durch die Beschädigungen am Residenzschloss 295 000 Euro, an der Tiefgarage 421 000 Euro, an den Kraftfahrzeugen 171 000 Euro. Außerdem betrage der »Mietausfallschaden« in der Tiefgarage 45 000 Euro und der Schaden am Pegelhaus 127 000 Euro.

Strafbar sei das Verhalten der sechs Angeklagten als »Bandendiebstahl in zwei Fällen, schwerer Bandendiebstahl in Tateinheit mit gemeinschädlicher Sachbeschädigung, Brandstiftung und besonders schwere Brandstiftung in Tateinheit mit gefährlicher Körperverletzung«.

In den nächsten sechzehn Monaten nimmt das Verfahren überraschende Wendungen. Im Wesentlichen verläuft es in sieben Phasen:

DIE REMMOS GEBEN SICH UNSCHULDIG

Während der ersten Verhandlungstage geben sich die Remmos unschuldig und schweigen. Mehr oder minder entspannt hören sie der Verhandlung zu. Oft schauen sie so, als ob sie mit der ganzen Sache nichts zu tun hätten. Als ob der größte Kunstdiebstahl der deutschen Nachkriegsgeschichte ein Coup anderer gewesen sei.

Für jeden der sechs Angeklagten erklären die Verteidiger, dass sie zu Unrecht in diesem Gerichtssaal säßen. Die Angeklagten haben vierzehn Verteidiger, und zwar zehn Pflicht- und vier Wahlverteidiger. Sie kommen aus Berlin, Hamburg, Hannover, Leipzig, und Dresden. Viele bekannte Namen. So mancher Großmeister seines Fachs: Prof. Dr. Michael Nagel, Dr. Toralf Nöding, Dr. Ines Kilian, Prof. Dr. Stefan König, Kai Kempgens, Carsten Brunzel, Dr. Lara Wolf.

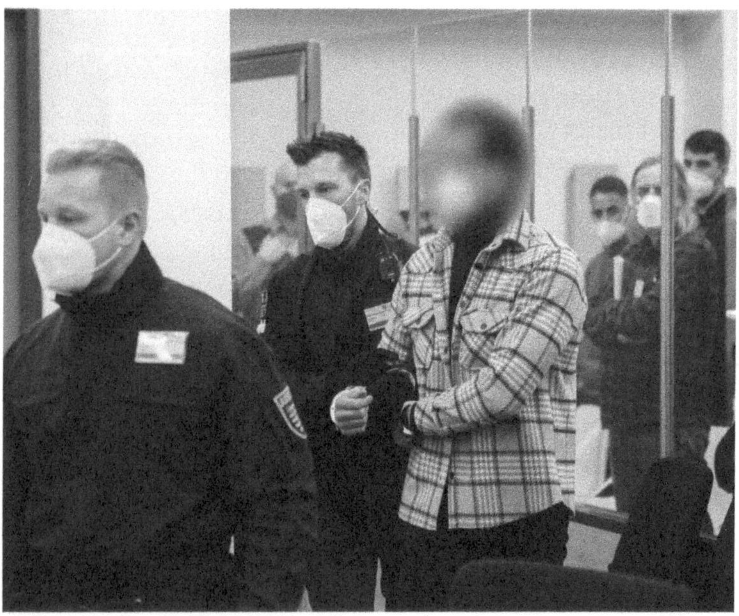

Prozessauftakt: Mohamed Remmo wird in den Verhandlungssaal geführt

Jeder Pflichtverteidiger erhält pro Verhandlungstag als »Terminsgebühr« 575 Euro – sofern die Sitzung über fünf Stunden dauert, was zumeist der Fall ist. Bezahlt werden die Pflichtverteidiger aus der Staatskasse, weil die Angeklagten kein Geld haben. Das Verfahren dauert 47 Tage.

Bei ihrem Mandanten Mohamed Remmo werde die Beweisaufnahme ergeben, prophezeit Verteidigerin Ines Kilian, dass er – anders als ihm in der Anklageschrift vorgeworfen – nicht ins Grüne Gewölbe eingestiegen sei. Denn am Tatmorgen hätte er gar nicht durch das Loch im Gitter gepasst. Das Dreieck ist 61 Zentimeter breit und in der Spitze 43 Zentimeter hoch. Ungläubige Blicke von der Richterbank – der Mohamed Remmo, der im Gerichtssaal sitzt, ist schlank, etwas über 1,85 Meter und wirkt durchtrainiert. Während der Haft hätte ihr Mandant deutlich abgenommen, fährt Kilian fort. Zum Tatzeitpunkt hätte er 115 Kilo gewogen. Bei seiner Festnahme, vor dreizehn Monaten, ein Jahr nach der Tat, wog er 104 Kilo, im Gefängnis nahm er weitere zwanzig Kilo ab.

Mit Blick auf Bashir Remmo sagt sein Verteidiger Michael Nagel, die Vorwürfe seien ungerechtfertigt. Er hätte mit den Taten nichts zu tun, werde freigesprochen, sitze zu Unrecht in Untersuchungshaft. Nur weil sein Name Remmo sei, schlügen ihn die Medien »dem Clan« zu. Folge sei eine »öffentliche Vorverurteilung«. Sein zweiter Verteidiger, Carsten Brunzel, pflichtet ihm bei: Bashir Remmo habe »Angst« wegen der »Vorverurteilung«.

Für Rabieh Remo betont Verteidiger Kai Kempgens, die Zugehörigkeit zu einem Clan ersetze nicht den Nachweis eines konkreten strafrechtlichen Tatbeitrags. Zu den von seinem Mandanten an der Schlossmauer entdeckten DNA-Spuren sagt er, das »Spurenbild« lasse keine klare Aussage zu, wann die Spur dahin gekommen sei: Das könne auch schon vor der Tat geschehen sein – und nicht bei der Tatausführung. Es handle sich um »einen Indizienprozess voller ungeklärter Fragen«.

»Meisterdieb« Wissam Remmo versteckt sich hinter einer Kladde

Der Anwalt von Wissam Remmo, Moritz Baum, betont, schon die Formulierung, sein Mandant sei Mitglied des Remmo-Clans, sei eine Vorverurteilung. Denn »Clan« besage »Kriminalität«. Hier, in dem Verfahren, gehe es nicht um einen Clan, sondern um Menschen.

Die gegen Ahmed Remmo in der Anklage erhobenen Vorwürfe träfen nicht zu, erklärt seine Verteidigerin Lara Wolf. Auch wenn ihr Mandant wegen des Goldmünzendiebstahls in Berlin verurteilt worden sei, gebe es beim Einbruch in Dresden kein einziges objektives Beweismittel, dass er dabei gewesen sei.

Quintessenz des Verteidigervorbringens: Das Strafverfahren könne nur mit Freisprüchen enden. Also 0 zu 6 gegen die Ankläger. »Kann die Staatsanwaltschaft den sechs Angeklagten den Diebstahl des Schmuckes überhaupt nachweisen?«, fragen die Prozessbeobachter der *Sächsischen Zeitung* Karin Schlottmann und Alexander Schneider nach dem ersten Verhandlungstag. Ähnlich skeptisch das Resümee der Prozessbeobachterinnen von MDR Sachsen, Ina Klempnow und Heike Römer-Menschel: Am Ende des ersten Tages sei für sie die Frage geblieben, »ob es der Staatsanwaltschaft tatsächlich gelingen wird, die Tatbeteiligung jedes einzelnen Angeklagten zu beweisen«. Die zentrale Frage, um die sich alles dreht: Ist die Anklagebank richtig besetzt? Hingegen geht die Staatsanwaltschaft davon aus, dass »alle sechs Personen, die unmittelbar an dem Einbruch in das Historische Grüne Gewölbe beteiligt waren, angeklagt sind«. Also 6 Verurteilungen zu 0 Freisprüchen.

Ausdrücklich erklären drei der Angeklagten im weiteren Verlauf des Verfahrens, dass sie nicht zum Einbruchskommando gehört hätten. So sagt Abdul Majed Remmo, er hätte in der Tatnacht geschlafen – in Berlin. Nachdem er am nächsten Morgen aufgewacht sei, habe er auf seinem Handy bei Google die »Meldungen von Dresden« gelesen. In der Nacht, so sagt er weiter, kurz vor Mitternacht – sprich: fünf Stunden vor dem Einbruch ins Grüne Gewölbe – sei er mit zwei ebenfalls jetzt in Dresden Angeklagten in einem Pkw in eine Polizeikontrolle in Berlin geraten, bei der »Werkzeug« im Kofferraum gefunden worden sei – von »Einbruchswerkzeugen« sprachen die Polizisten, die die Kontrolle durchführten. Nach der Kontrolle hätte er bemerkt, dass ihnen zivile Polizeifahrzeuge folgten. Deshalb sei er in ein Taxi gestiegen und nach Hause gefahren. Dort hätte er seiner Familie geholfen – bis er sich schlafen gelegt hätte. An dem Einstiegsfenster am Residenzschloss sei er »noch nie in meinem Leben« gewesen.

Anders Rabieh Remo. Er räumte via Verteidiger ein, vier Nächte vor dem Einbruch zur »Besichtigung« der Einstiegstelle von Berlin nach Dresden gefahren zu sein, um die Örtlichkeiten für den Bruch auszubaldowern. Auch hätte er in dem Wagen gesessen, der in Berlin in der Tatnacht, kurz vor Mitternacht, von der Polizei kontrolliert worden sei – und hätte Muffensausen bekommen. Er hätte gefürchtet, die Polizei »würde eins und eins zusammenzählen, wenn die Tat in dieser Nacht begangen würde«. Deshalb sei ihm das das Risiko »zu hoch« erschienen. So hätte er die Nacht in der Wohnung seiner Eltern verbracht und sei am nächsten Morgen in seine Schule in Berlin-Neukölln gegangen, die Tannenhof-Schule – eine Schule für Menschen mit »Suchthintergrund«. Die Tat sei »unabhängig von mir und ohne mich begangen« worden.

Ahmed Remmo ist der Dritte, der etwas zur Sache sagt, ebenfalls über seinen Anwalt. In der Tatnacht sei er nicht in Dresden gewesen, sondern in der Notaufnahme des Vivantes Klinikums in Berlin-Neukölln. Fazit seiner Verteidigung: »Wir haben eine sehr schwache Anklage.«

Zu Verfahrensbeginn verlangen Verteidiger, das Verfahren auszusetzen oder anders durchzuführen. So beantragt Verteidiger Carsten Brunzel, das ganze Verfahren auszusetzen und dem Bundesverfassungsgericht die Frage vorzulegen, ob die Bestimmung des Jugendgerichtsgesetzes (§ 33a), nach der als Jugendschöffen »ein Mann und eine Frau herangezogen werden« sollen, verfassungswidrig sei. Denn das Bundesverfassungsgericht habe 2017 in seiner »Divers«-Entscheidung »das dritte Geschlecht eingeführt« – und aus dieser Kategorie gebe es keine Jugendschöffen.

Die Verteidiger von Mohamed und seinem Zwillingsbruder Abdul Majed Remmo verlangen, das Verfahren gegen die beiden abzutrennen, weil sie am Tattag noch nicht einundzwanzig Jahre alt gewesen seien und deshalb eine Verurteilung nach Jugendstrafrecht erfolgen könnte. Für ein »jugendgerechtes« Verfahren sei es notwendig, die Öffentlichkeit auszuschließen. Andernfalls könne eine Stigmatisierung erfolgen, die mit dem Zweck des Jugendstrafrechts nicht zu vereinbaren sei – allein schon durch das Wort »Clankriminalität«.

Die Strafkammer weist die Anträge zurück. Zur »Besetzung der Jugendschöffen« erklärt der Vorsitzende, die vom Gesetz getroffene Regelung, eine Frau und ein Mann, sei nicht zu beanstanden, weil nach der Rechtsprechung des Bundesverfassungsgerichts bei »Personen des dritten Geschlechts« ein Diskriminierungsverbot bestehe, nicht aber ein Gleichberechtigungsgebot. Der Gesetzgeber habe einen Regelungsspielraum. Von ihm habe er Gebrauch gemacht – durch die bestehende Regelung, dass »ein Mann und eine Frau« als Jugendschöffen »herangezogen werden« sollten.

Auch sei eine Abtrennung des Verfahrens gegen die Remmo-Zwillinge nicht geboten. Zum einen könnten Strafsachen gegen Jugendliche und Erwachsene »verbunden werden« nach dem Jugendgerichtsgesetz, »wenn es zur Erforschung der Wahrheit oder aus anderen Gründen geboten ist«. Das sei hier der Fall, weil den Angeklagten gemeinschaftlich begangene Straftaten zur Last gelegt würden und eine umfangreiche Beweisaufnahme zu erwarten sei. Zudem sei bei beiden nicht die »typische Unerfahrenheit Heranwachsender« erkennbar – zum Zeitpunkt des Einbruchs waren die Zwillinge zwanzig Jahre und neun Monate.

Während der ersten Verhandlungstage wirken die Angeklagten so, als ob sie in dem Prozess Oberwasser hätten und dies für sie deutlich wahrnehmbar wäre. Diese Stimmung im Dresdner Hochsicherheitstrakt schlägt sich auch in der Medienberichterstattung nieder, beispielsweise in dem Kommentar der MDR-»Kripo live«-Journalistin Nadja Malak nach dem fünften Verhandlungstag: »In den vielen Gerichtsprozessen, die ich als Journalistin verfolgt habe, stand am Ende immer eines: Die Aufklärung des Falles. Doch ob der Diebstahl im Grünen Gewölbe aufgeklärt werden kann, bezweifle ich mittlerweile.« Anscheinend habe »die Staatsanwaltschaft keine Erkenntnisse darüber, was mit den wertvollen Pretiosen geschehen ist«. Auf sie wirke es »wie ein Stochern im Nebel«.

DIE REMMOS WIRKEN ANGESPANNT

Fünf der sechs Angeklagten wirken nicht mehr so selbstsicher unschuldig, nachdem ein Sachverständiger erklärt hat, dass von ihnen DNA-Material am Tatort, an der Rückseite der Schlossmauer, gefunden wurde. Die Wende kommt am zwölften Verhandlungstag –

im Mai 2022: Ralf Nixdorf, Chef der DNA-Analytik im Landeskriminalamt Sachsen, berichtet, dass von vier der Angeklagten auf der Rückseite der Mauerkrone, über die die Täter gestiegen waren, DNA gefunden worden sei – von Rabieh Remo, Bashir, Mohamed und Wissam Remmo. Die Wahrscheinlichkeit einer Übereinstimmung, sagt der Sachverständige, liege einmal bei 1 zu 100 Trilliarden, einmal bei 1 zu 1 Trilliarde und einmal bei 1 zu 10 Trillionen. Bei solchen Wahrscheinlichkeiten spreche man davon, dass der Spurenverursacher erwiesen sei. Und eine Mischspur stamme von Abdul Majed, aber sie sei nicht eindeutig.

Die genetischen Fingerabdrücke an der Rückseite der Dresdner Schossmauer sind zwar keine unumstößlichen Beweise für eine Beteiligung der vier an der Tat. Aber starke Indizien, weil keine plausible Erklärung dafür ersichtlich ist, wie die DNA der Berliner dorthin gekommen sein könnte. So erscheint es von Stund an als nicht unwahrscheinlich, dass zumindest vier der Angeklagten durch ein Indizienurteil verurteilt werden könnten.

Das war dann aber auch schon alles an identifizierenden Spurenergebnissen an den Tatorten. Allein vor und in dem Schloss hatten die Tatortermittler fast eintausend mögliche Spurenträger eingesammelt – darunter aber nichts Weiteres von den Angeklagten gefunden, berichtet der DNA-Sachverständige über sein Untersuchungsergebnis. Beim Abmarsch der beiden Einsteiger aus dem Grünen Gewölbe hatte einer den Inhalt eines Feuerlöschers in den Räumen versprüht und dadurch alle Spuren vernichtet. »So was mögen wir gar nicht«, sagt Ralf Nixdorf: »Das ist für DNA-Spuren ganz schlecht.«

Nur Ahmed Remmo schaut noch selbstsicher unschuldig. Keine DNA oder sonstige Spur von ihm am Tatort, hat der Sachverständige bestätigt. Und das von ihm behauptete Alibi? Ein Kommissar hat es unter die Lupe genommen und berichtet: In der Tatnacht sei die Krankenkassenkarte von Ahmed Remmo in der Notaufnahme des Vivantes Klinikums in Berlin-Neukölln eingelesen worden; ebenso sei dort die Notfallpauschale bezahlt worden. Der Patient hätte über Hals- und Ohrenschmerzen geklagt. Eine Entzündung. Um 0:42 Uhr hätte er in der Notaufnahme ein Selfie gemacht – zu sehen ist ein Mann mit Bart, Basecap und Kapuze neben einem Gummibaum – und es seiner On-off-Freundin via Handy geschickt. Um 2:46 Uhr wird der Arztbrief für ihn ausgedruckt. Diagnose des Arztes: akute Pharyngitis, eine Rachenentzündung – mit ausstrahlenden Ohrenschmerzen. Der Doktor empfiehlt Schonung, Tee trinken und aufs Rauchen zu verzichten. Niemand, berichtet der Kommissar weiter, hätte sich in der Notaufnahme an den Patienten erinnern können – aber gewiss ist das auch kein Wunder bei Erkundigungen zwei Jahre nach dem Besuch. Auch hätten die Ermittler, berichtet ein Beamter, trotz umfangreicher Recherchen, nicht feststellen können, dass Ahmed Remmo nach dem Krankenhausbesuch dem Einbruchskommando hinterhergefahren und anschließend zu ihm gestoßen sei.

Weil nach Ansicht des Verteidigers Andreas Boine die Beweisaufnahme nichts hervorgebracht hat, was seinen Mandanten Ahmed Remmo belastet, beantragt er, das Verfahren gegen ihn abzutrennen und ihn freizusprechen. Die Kammer lehnt das ab. Aber vor Beginn des Verfahrens hatte das Landgericht Dresden ein deutliches Zeichen gegenüber Ahmed Remmo gesetzt und – anders das Amtsgericht und die Staatsanwaltschaft – bei ihm einen dringenden Tatverdacht verneint und deshalb den Haftbefehl aufgehoben. Auf freien Fuß kam er trotzdem nicht, weil er seine Haftstrafe wegen des Goldmünzendiebstahls abzusitzen hatte.

Nach der DNA – das Beweismittel Hund: Lässt sich durch Spürhunde nachweisen, die mehr als ein Jahr nach dem Einbruch im Grünen Gewölbe schnüffelten, dass Wissam und Mohamed Remmo die beiden waren, die dort, so wie es in der Anklageschrift steht, eindrangen? Die Bejahung der Frage ist die These der Staatsanwälte.

Zum Einsatz kamen »Geruchsdifferenzierungshunde«: Polizeihunde, die ausgebildet wurden, den individuellen Geruch von Menschen zu erschnüffeln – der Geruch eines Menschen ist so einmalig wie sein Fingerabdruck. Schon die DDR-Volkspolizei und die DDR-Staatssicherheit arbeiteten mit Geruchskonserven in luftdicht verschlossenen Gläsern und Spürhunden.

Die »Hundenummer« sorgt für Spannung im Dresdner Hochsicherheitstrakt: Gezeigt werden Videos mit den Polizeihunden Kascha und Tiger aus Schleswig-Holstein. Erst bekommen sie jeweils aus einem Glas mit einer Mullkompresse den Geruch eines Angeklagten zu schnuppern – denen waren die Geruchsproben mit diesen Kompressen in den Haftanstalten abgenommen worden. Am Oberkörper, insbesondere unter den Achselhöhlen. Dann dürfen Kascha und Tiger rumlaufen und schnuppern am Tatort im Dresdner Residenzschloss – im März und im Juli 2021. Mehr als eineinviertel Jahre nach dem Einbruch. Am Einstiegsfenster und in der Nähe der demolierten Vitrine macht die Schäferhündin Kasha »Sitz«; Tiger wird ganz aufgeregt. Die beiden Polizeihundeführer bekunden, für sie seien das klare Zeichen, dass die Hunde den Geruch von zwei der Angeklagten erkannt hätten, von Mohamed und Wissam Remmo. Die Verteidiger halten dagegen. Argumentieren, dass nach über einem Jahr Spuren von Hunden nicht mehr erschnüffelt werden könnten. Zumal die Räume von den Tätern mit Löschpulver überzogen und später gereinigt worden seien. Sie fürchten Manipulationen. »Hat Ihr Hund Sie schon mal belogen?«, fragt Rechtsanwalt Carsten Brunzel einen der Hundeführer. »Nein«, antwortet der: »Ich muss den Hund verstehen.«

Dann erhalten die Sachverständigen das Wort. Kai-Uwe Goss, Professor für Umweltchemie vom Helmholtz-Zentrum in Leipzig, und Dr. Esther Schalke, Hundeverhaltensforscherin. Beide mit langjährigen Erfahrungen im Spürhundewesen. Ihr Fazit: Völlig ausgeschlossen, dass Hunde nach so langer Zeit noch erschnüffeln können, wer in einem Raum war. Allerspätestens nach achtundvierzig Stunden, in der Regel schon wesentlich früher, sei es unmöglich, dass ein Hund noch den Geruch eines Menschen wahrnehmen könne, weil dann die Geruchsmoleküle verflogen seien. Von einer »unfassbar alten« Fährte spricht die Hundepsychologin, von »esoterischem Hokuspokus« Rechtsanwalt Andreas Boine.

Die Kammer folgt offensichtlich den Sachverständigen, weil sie den rechtlichen Hinweis erteilt, dass hinsichtlich des »Einbruchsgeschehens in das Residenzschloss auch eine Verurteilung der Angeklagten Wissam und Mohamed Remmo wegen eines anderen Tatbeitrags in Betracht kommt, soweit ihnen ein Eindringen in die Ausstellungsräume zur Last gelegt wird«. Wiebke Ramm kommentiert auf *Spiegel online*: »Zwei Sachverständige überzeugten dann das Gericht, besser nicht an derart wundersame Fähigkeiten von Hunden zu glauben.« Quintessenz: Das Beweismittel Schnüffelhund fast fünfhundert Tage nach der Tat hat sich als untauglich erwiesen – und damit ist ab sofort völlig offen, wer die beiden Einbrecher waren, die Augusts Juwelen aus dem Grünen Gewölbe holten.

DIE REMMOS SIND GENERVT

Ab Juni 2022 wirken die Angeklagten zunehmend genervter. Die Brandstiftung in der Tiefgarage könnte sich erheblich strafverschärfend auswirken. Nach Aussagen mehrerer Zeugen und eines Brandsachverständigen spricht alles dafür, dass der Brand vorsätzlich zur Spurenvernichtung gelegt wurde. So berichtete der Sachverständige, fünf Liter Ottokraftstoff seien »großflächig« in dem Audi ausgeschüttet worden, der dann »zweifelsfrei in Brand gesteckt« worden sei. Sollte die Strafkammer dem folgen und deshalb eine »Verdeckungsbrandstiftung« annehmen, würde sich der Strafrahmen empfindlich nach oben verschieben. Dann wäre Ausgangspunkt für die Strafzumessung nicht mehr der Juwelendiebstahl, sondern das Abfackeln des Audi in der Tiefgarage: Maßgeblich wäre dann nicht mehr der Strafrahmen des schweren Bandendiebstahls (§ 244 Strafgesetzbuch) – ein

Jahr bis zu zehn Jahren Freiheitsstrafe, sondern der deutlich höhere Strafrahmen der besonders schweren Brandstiftung (§ 306 b Strafgesetzbuch): fünf bis fünfzehn Jahre Freiheitsstrafe.

Freilich verhängt ein Gericht in einem solchen Fall nicht die Höchststrafe. Aber aus der Perspektive eines Angeklagten Mitte zwanzig wirkt ein derartiger Strafrahmen – von fünf bis fünfzehn Jahren – nachhaltig zukunftsbedrohend. Aufgrund der Brandstiftung könnten die Strafen im Grüne-Gewölbe-Prozess nun nicht weit unter zehn Jahren liegen – acht, neun Jahre …: Sofern die Verurteilung nicht nach Jugendstrafrecht erfolgt.

DIE REMMOS SCHERZEN

Schlagartig sind fünf der Angeklagten gut drauf. Lachen, scherzen, zwinkern sich zu. Grund ist die Rückgabe eines erheblichen Teils der Beute im Dezember 2022. Sie sorgt für gute Stimmung im Gerichtssaal – zunächst.

Am 34. Verhandlungstag, 10. Januar 2023, erklärt der Vorsitzende, die Kammer habe am 5. Dezember 2022 erfahren, dass schon seit über einem Vierteljahr Sondierungsgespräche zwischen Verteidigung und Staatsanwaltschaft über die Rückgabe der Beute und damit über eine »verfahrensrechtliche Verständigung« liefen.

Am 24. August 2022 habe Rechtsanwalt Kai Kempgens Staatsanwalt Weber angerufen und vorgefühlt, Möglichkeiten ausgelotet. Staatsanwalt Weber habe ihm gesagt, bei der Staatsanwaltschaft bestehe »grundsätzlich Gesprächsbereitschaft, wenn es um den Verbleib des Schmuckes gehe«. Bei den folgenden Gesprächen erzielen Verteidigung und Staatsanwaltschaft Konsens darüber, dass die Rückgabe der Beute mit einem deutlichen Strafrabatt zu honorieren ist.

Die Rückgabe eines großen Teils der Beute erfolgt am 16. Dezember 2022. Eine Viertelstunde vor Mitternacht – in der Rechtsanwaltskanzlei von Verteidiger Kempgens in Berlin-Wilmersdorf in der Meinekestraße. Einer Seitenstraße des Kurfürstendamms.

Als dort um 23:45 Uhr ein Dresdner Kriminalhauptkommissar und Beamte der LKA-Tatortgruppe eintreffen, bitten sie die Rechtsanwälte Kempgens und Freitag – die sich als »eine Art von Verhandlungsführer für alle Verteidiger« verstehen – ins Besprechungszimmer. Auf dem braunen Konferenztisch liegen 31 Schmuckstücke aus dem Grünen Gewölbe. Sein »erster Eindruck« sei »überraschend« gewesen, berichtet der Kriminalhauptkommissar: »Das sind ja mehr Steine, als entwendet wurden« – 21 waren gestohlen worden. Aber dann, bei näherer Betrachtung, stellt er fest, dass einiges auseinandergerissen oder abgebrochen war, sodass es nun mehr Teile gab. Und drei Stücke fehlen. »Es folgte die freiwillige Übergabe der aufgeführten Schmuckstücke«, notiert der Beamte in einem Vermerk. Kriminaltechniker packen sie in Tüten, die Tüten in einen Karton und bringen ihn nach Dresden ins LKA in einen Tresor.

Zwei Tage später untersucht die SKD-Restauratorin Eve Begov die zurückgegebene Beute. »Das war schon aufregend«, blickt sie zurück: »Wir haben nicht gewusst, was uns erwartet – alles war in Tüten.« Sie und ihre Kolleginnen stellen fest, dass drei der wertvollsten Exponate aus den barocken Juwelengarnituren fehlen: die Epaulette mit dem Sächsischen Weißen, einem 50 Karat schweren Diamanten, der bei seiner Anschaffung im achtzehnten Jahrhundert fast so teuer war wie die ganze Dresdner Frauenkirche, die Große Brustschleife aus dem Schmuck der Königinnen, ein höfischer Damenschmuck, der unterhalb des Ausschnitts getragen wurde – besetzt mit 650 Diamanten, und das Brillantcollier der Königin Amalie Auguste mit 37 großen Diamanten. »Das waren Prunkstücke der Sammlung«, resümiert die Restauratorin. Ihr Ergebnis der Untersuchung der zurückgegebenen Stücke: »Es sind unterschiedliche Zustände, es gibt einige, die sind intakt, andere stark beschädigt.« Zudem hätten sehr viele Teile einen »Feuchteeintrag durch unsachgemäße Lagerung oder Behandlung mit Reinigungsmitteln«. Dadurch sei »es zu Kondensatbildung unter den Steinen und Rostbildung« gekommen. Viele Brillanten funkelten nicht mehr. Der Gesamtschaden an den zurückgegebenen Stücken belaufe sich auf 22 bis 24 Millionen Euro. Einiges werde man restaurieren können. Bei anderem sei noch nicht klar, ob das möglich sei.

Mehr an Beute zurück bringt auch nicht der Einsatz von Polizeitauchern im Berlin-Neuköllner Schifffahrtskanal am Kiehlufer Weihnachten 2022. Nach einem Hinweis vermuten die Ermittler, dass die zerbrochene Klinge des Hofdegens aus der Diamantrosengarnitur – und vielleicht auch noch weitere Beutestücke – in dem Kanal versenkt worden sein könnten. Weil er zugefroren ist, muss zunächst ein Polizeiboot das Eis aufbrechen. Am ersten Weihnachtstag sind zwanzig Polizeitaucher auf Suche im Kanal, am zweiten Weihnachtstag zweiundzwanzig. Auf dem Boden des Kanals entdecken sie mehrere Fahrräder, Geldkassetten, Tresore, Modeschmuck und allerlei sonstigen Unrat. Aber nichts aus dem Grünen Gewölbe. »Das Tauchergebnis« an den beiden Weihnachtstagen sei »gut besucht worden von der Bevölkerung«, berichtet ein Beamter, der bei dem Einsatz dabei war.

Dem »Verständigungsvorschlag« – vulgo: »Deal« – der Strafkammer stimmen vier der Angeklagten am 10. Januar 2023 zu: Wissam, Bashir und Mohamed Remmo sowie Rabieh Remo. In Anbetracht der zurückgegebenen Beute sagt die Strafkammer den Angeklagten einen Strafkorridor zwischen fünf Jahren und neun Monaten und sechs Jahren und neun Monaten zu, bei einer Verurteilung nach Jugendstrafrecht wird es weniger, sowie die Aufhebung der Untersuchungshaftbefehle mit der Verkündung des »instanzabschließenden Urteils« – wenn sie Auskunft zu Tatvorbereitungen, einzelnen Tatbeiträgen und Nachtatverhalten geben: zunächst durch glaubhafte Geständnisse und dann die glaubhafte Beantwortung von Nachfragen. Nichts sagen müssen sie, das haben die Anwälte ausbedungen, wenn die Angaben zu einer »Drittbelastung« führen könnten. Abdul Majed und Ahmed Remmo, die es abgelehnt haben, dem »Deal« beizutreten, schauen weiterhin unschuldig.

Die Strafprozessordnung sieht derartige »Deals« ausdrücklich vor. Die 2009 eingeführte Vorschrift über die »Verständigung zwischen Gericht und Verfahrensbeteiligten« war seinerzeit ein richtiger Schritt nach vorne, weil sie klare Vorgaben für derartige Verständigungen im Strafprozess trifft: Eine Reaktion des Gesetzgebers darauf, dass es zuvor bei so manchem Prozess Absprachen in »Hinterzimmern der Justiz« gegeben hatte.

Und dann schwächelt Ahmed Remmo. 41. Verhandlungstag – 24. Februar 2023: Sein Verteidiger Stefan König, der Wissam Remmo im Goldmünzenprozess und Anfang der Neunzigerjahre Stasichef Erich Mielke wegen zwei Polizistenmorden 1931 in Berlin verteidigt hatte, weist darauf hin, dass es seinem Mandanten nicht gut gehe. Er sei zu müde, der Verhandlung zu folgen. Zwei Nächte hätte er in der Dresdner Haftanstalt nicht geschlafen. Sein Mandant leide unter Panikattacken, Atemnot und Herzrasen – und sei deshalb wohl nicht verhandlungsfähig. »Ich werde nicht folgen können«, sagt der Angeklagte dem Vorsitzenden Andreas Ziegel, »aber ich habe kein Interesse, dem zu folgen, weil mich das nicht betrifft« – er scheint von seinem Freispruch überzeugt zu sein und zu hoffen, dass der Prozess, so schnell es geht, vorüber ist. »Wir können Ihnen Kaffee oder einen Energydrink anbieten oder öfter Pausen machen«, erklärt der Vorsitzende. Schließlich sagt Ahmed Remmo, er wolle »trotzdem, dass es jetzt weitergeht«. So wird die Beweiserhebung fortgesetzt, ohne dass der Angeklagte Gebrauch von den Angeboten des Vorsitzenden macht. Kein Red Bull oder ein anderer Energydrink. In der Mittagspause stellt ein Arzt die Verhandlungsfähigkeit von Ahmed Remmo fest.

Der dicke Wermutstropfen bei dem Dresdner »Deal«: Drei der einundzwanzig gestohlenen Schmuckstücke fehlen. Und von den zurückgegebenen sind nicht wenige beschädigt – zerrissen, zerschlagen, zerbeult. Ein Vertreter des Freistaats beziffert den Schaden der demolierten und fehlenden Kunst mit 88 Millionen Euro.

DIE REMMOS SPIELEN FRAGE-ANTWORT-PINGPONG

Fünf der angeklagten Remmos packen aus, an neun Verhandlungstagen von Mitte Januar bis Mitte März 2023 – auch wenn sie gewiss nicht alles verraten, was sie wissen. In »Erfüllung« des »Deals« schildern vier der Juwelendiebe, wie sie im Einzelnen zu Werke gegangen sind. Sie geben tiefe Einblicke in ihr Vorgehen und schildern viele bislang unbekannte Details. Der mit Abstand spannendste Teil des Prozesses demnächst in diesem Buch: 10. Kapitel). Zudem ein Novum in der Geschichte der unzähligen Remmo-Strafverfahren der deutschen Justiz: Die Remmos sagen etwas zur Sache – bislang hatten sie regelmäßig erklärt, unschuldig und zu Unrecht auf der Anklagebank gelandet zu sein.

Den Auftakt im Dresdner Hochsicherheitstrakt macht Rabieh Remo. Er trägt sein »Geständnis« selbst vor. Nun wolle er erzählen, beginnt er, »wie es wirklich war«. Was er bislang gesagt habe, sei nur »teilweise« zutreffend. Sein »Tatbeitrag« sei »zweifellos größer als zugegeben«. Er bezieht sich auf das, was er neun Monate zuvor der Strafkammer erklärt hatte: »Die Tat wurde unabhängig von mir und ohne mich begangen.« Nun also das Geständnis, dass sein Geständnis eine Lüge war – in den zentralen Punkten.

Damals, im März 2022, hatte er folgende Geschichte erzählt: Am Abend des Einbruchs ins Grüne Gewölbe sei er vor Mitternacht in einem Wagen in Berlin kurz vor seiner Wohnung von der Polizei gestoppt worden. Im Kofferraum hätten die Beamten Einbruchswerkzeuge gefunden. »Die Polizei würde eins und eins zusammenzählen«, wenn der Einbruch in dieser Nacht begangen würde, erklärte er der

Dresdner Strafkammer – das Risiko sei ihm zu hoch erschienen. Deshalb sei er ins Bett gegangen: »Ich wollte einfach nur meine Ruhe haben und lief zu der Wohnung meiner Eltern. Dort habe ich die Nacht verbracht und bin am nächsten Morgen von dort zu meiner Schule, der Tannenhof-Schule in Berlin-Neukölln, gegangen.« Nun erklärt er: »Ich war selbst im Grünen Gewölbe« – und outet sich damit als einer der beiden Frontmänner des Sextetts.

Staunen im Saal. Stille. Alle wollen mitbekommen, was er weiter sagt. Er schildert, wie er durchs Loch im Gitter kletterte, nachdem das Fenster von außen aufgedrückt worden war, wie er mit der Taschenlampe in der Hand durchs Grüne Gewölbe flitzt und sein Komplize ihm sagt, wo's langgeht, wie er das Glas der Vitrine mit der Axt einschlägt und sie ausräumt – so gut es geht angesichts der Angelschnüre, mit denen sie nicht gerechnet hatten. Und dann der Rückzug: In Windeseile raus aus dem Schloss, rein in den Audi. Abfahrt.

Die beiden Aussagen Remos innerhalb eines Dreivierteljahrs veranschaulichen sein »taktisches Verhältnis« zur Wahrheit – typisch für die Remmos vor Gericht. Die Wahrheit gibt's allenfalls dann, wenn sich ein Remmo handfeste Vorteile von ihr verspricht – wie hier einen erheblichen Strafrabatt. Zuvor hatte Rabieh Remo nicht nur gelogen, sondern seine Lüge auch noch mit allerlei angeblichen Plausibilitäten und Geschichten am Rande garniert, wie der Zubettgeherzählung. Mehr als ein Hauch von *Tausendundeiner Nacht.* Auch Remmo-typisch.

Es folgen die Einlassungen der drei anderen am »Deal« beteiligten Angeklagten. Quintessenz: Sie räumen ein, dass sie im Rahmen eines gemeinsamen Tatplans den Einbruch ins Grüne Gewölbe und die beiden Brandstiftungen verübt haben. Ihre Schilderungen ermöglichen eine persönliche Zuordnung der Tatbeiträge und ihre Verurteilung als Mittäter – nicht mehr aufgrund von Indizien wie bislang, sondern aufgrund des eigenen Geständnisses. Auch wenn bis dahin die »Beweislast« nicht erdrückend war: Für eine Verurteilung hätte es gereicht.

Überraschenderweise erklärt am 36. Sitzungstag Abdul Majed Remmo, der sich an dem »Deal« nicht beteiligt hatte, er wolle etwas im Hinblick auf seine Erklärung vor einem halben Jahr sagen, und zwar »wie es wirklich war«. Nämlich dass er doch etwas mit dem Juwelendiebstahl in Dresden zu tun hatte. Er räumt ein, in Kenntnis der geplanten Tat Äxte und anderes in Baumärkten für das Einbruchskommando gestohlen zu haben. Strafrechtlich ist das Beihilfe. Aber nochmals lässt er seinen Verteidiger betonen, dass er »in Dresden nicht dabei« gewesen sei, sondern in der Tatnacht in Berlin – dort hätte er seinen Eltern beim Einpacken von Umzugskartons geholfen und auf seinem Handy herumgespielt.

Zum Eklat im Hochsicherheitstrakt kommt es beim letzten Punkt des »Deals«: der Überprüfung der Geständnisse. Am 36. Verhandlungstag, 20. Januar 2023, will der Vorsitzende Andreas Ziegel Rabieh Remo nach dessen Geständnis direkt befragen. Aber das lehnen seine Verteidiger ab. Andere Verteidiger springen ihnen zur Seite. Die Verteidigung steht wie eine Front und gibt sich beinhart: Die Anwälte bestehen darauf, dass ihnen vom Gericht ein Fragenkatalog vorgelegt wird und sie die Fragen für die Angeklagten – nach Abklärung mit ihnen – beantworten können, sodass die überhaupt nichts zu sagen brauchen.

Damit hatte der Vorsitzende nicht gerechnet. Er sei davon ausgegangen, sagt er, dass er in einer »Art Gespräch« die Angeklagten zu ihrem Geständnis befragen könne – »live« in einer Gesprächssituation. Nein, so gehe das nicht – die Verteidigerfront ist sich einig – und der Vorsitzende spürbar verärgert. Zwingen jedenfalls kann er die Angeklagten nicht, in der von ihm gewünschten Art zu antworten. Natürlich hätte man das vorher anders im »Deal« vereinbaren können – unter dem Gesichtspunkt »Überprüfung der Glaubhaftigkeit«. Aber das ist nun eben nicht geschehen. Grund für den Zwist ist offenbar eine Art versteckter Dissens zwischen Gericht und Verteidigern, der nun aufgeplatzt ist.

Zum ersten Mal in dem Verfahren – es läuft seit fast einem Jahr – stürzt die gefühlte atmosphärische Saaltemperatur ab bis kurz vor den Gefrierpunkt. Der Vorsitzende unterbricht die Sitzung für zweieinhalb Stunden. Anschließend erklärt er, so kurzfristig könne er einen derartigen Katalog nicht erstellen – und dass der nächste Verhandlungstermin gestrichen sei. Eine Woche später geht es weiter.

Folge ist ein langatmiges Frage-Antwort-Hin-und-Her. Ein mühsames und zeitaufwendiges Prozedere – es zieht sich über zwei Monate, von Januar bis März 2023. An den nächsten acht Verhandlungstagen tragen Gericht und Staatsanwaltschaft ihre Fragen gebündelt »blockweise« vor: Von einer Art »Sammelliste« rund ein Dutzend Fragen. Anschließend besprechen die Verteidiger mit dem Angeklagten die Antworten außerhalb des Gerichtssaals – dreißig, vierzig Minuten lang. Bis alle wieder im Saal sind, vergeht Zeit. Zumeist geht es weiter nach ungefähr einer Stunde Sitzungsunterbrechung. Dann referieren die beiden Anwälte für ihren Mandanten, zumeist ganz kurz. Wenige Minuten. Nur ausnahmsweise enthalten die Antworten etwas substanziell Neues. Etwas, was über das bislang Gesagte hinausgeht. Das Verfahren ist zäh geworden.

Prozessbeobachtern fällt die Vorstellung schwer, dass auf diese Weise die Glaubhaftigkeit der erfolgten »Deal«-Geständnisse tatsächlich überprüft werden kann. Die Antworten der Verteidiger für ihre Mandanten sind passgenau. Die meisten Remmo-Verteidiger absolute Profis. Unvorstellbar, dass einer von ihnen etwas sagt, wodurch er das, was ein Kollege von ihm zuvor für seinen Mandanten erklärt hat, einreißt oder in Richtung Unglaubwürdigkeit rückt.

So kommt es, dass Prozessbeobachter im Zuschauerraum »Remmo-Bingo« spielen: Einen »Remmo-Bingo«-Punkt erhält, wer als Erster zutreffend tuschelt, nachdem der Verteidiger zur Antwort für seinen Mandanten angesetzt hat, welches der vier Standardmuster er dieses Mal anführt. Um zu sagen, dass er nichts sagt. Die vier Varianten – vereinfacht zusammengefasst:

A: Mein Mandant hat keine Erinnerung mehr.
B: Mein Mandant hat keine Wahrnehmung zu dem nachgefragten Aspekt gemacht, nichts davon mitbekommen.
C: Keine Antwort von meinem Mandanten, weil sie zu einer Drittbelastung führen könnte.
D: Mein Mandant sagt, es stimmt, was Rabieh Remo erklärt hat. Mehr vermag er nicht zu sagen – von Rabieh Remo stammt die umfangreichste Aussage; er hatte als Erster ausgesagt.

A, B, C und D – das sind die Gründe, warum es keine Antworten auf die vielen bohrenden Fragen gibt, die die Geschehnisse aufwerfen, die im Prozess bekannt wurden.

Es geht um Mittäter: Wer waren die beiden zentralen Figuren, die – nach den Einlassungen der Angeklagten – den Tatplan entwickelten, die Vorbereitungen weitgehend finanzierten und zentrale Aufgaben bei dem Einbruch übernahmen? Die beiden großen Unbekannten – von Verteidigern »X und Y« genannt? Oder gibt es nur noch einen Unbekannten aus dem Einbruchskommando, wie das Gericht später meint?

Es geht um die Vorbereitungen des Jahrhundertbruchs. Zum Beispiel: Wer war bei den zahlreichen Ausspähungen des Residenzschlosses in Dresden mit von der Partie – Monate, Wochen, Tage vor dem Einbruch? Von wem hat sich das Einbruchskommando die hydraulische »Rettungsschere« besorgt, mit der es sechs Nächte vor dem Einbruch die Streben des Gitters am Einbruchsfenster durchtrennte?

Voller Rätsel stecken auch die beiden Tatfahrzeuge: Wer hat die hochmotorisierten Fluchtautos beschafft, mit denen die Täter monatelang vor dem Einbruch unterwegs waren – den Mercedes E 500 und einen Audi S6 Avant? Wer hat für sie die Dublettenkennzeichen geprägt? Wer hat den Flucht-Mercedes, nachdem er von der Polizei – in Unkenntnis seiner Rolle beim Juwelendiebstahl – drei Wochen nach der Tat abgeschleppt worden war, auf einem Polizeisicherstellungsgelände in Berlin-Biesdorf in Brand gesteckt? Um Spuren zu verwischen. In der Nacht von Heiligabend zum ersten Weihnachtstag 2019.

Und natürlich – die Juwelen, ihr Verbleib: Wo wurde die Beute versteckt? Wer organisierte, mehr als drei Jahre nach der Tat, dass ein erheblicher Teil von ihr aus dem Versteck geholt und in eine Berliner Rechtsanwaltskanzlei gebracht wurde? »Die Rückgabe der Beute stand nicht in der Macht der Angeklagten«, erklärte Verteidiger Kai Kempgens – damit ist alles über die Machtverhältnisse gesagt. In seiner Kanzlei wurden die Schmuckstücke kurz vor Weihnachten 2022 an die Polizei zurückgegeben. Die Rückführung erfolgte nicht durch die Angeklagten, weil sie allesamt im Gefängnis saßen, sondern ausschließlich über bis heute unbekannte Hintermänner. Wer hat etliche dieser Pretiosen beschädigt? Was geschah mit dem Rest der Beute? Bis heute ist er verschwunden.

Schon nach den Befragungen von drei der vier Geständigen »verfestigt sich« bei den MDR-Prozessbeobachterinnen Ina Klempnow und Heike Römer-Menschel »der Eindruck, dass von ihnen mehr oder weniger nur das eingeräumt wird, was in der Beweisaufnahme sowieso schon deutlich wurde«. Und *FAZ*-Prozessbeobachter Stefan Locke spricht von »offensichtlich konstruierten Geständnissen«, die die vier, die den »Deal« geschlossen hatten, vor allem genutzt hätten, »um für alle ein erträgliches Strafmaß zu erreichen«.

Nach dem Ende der langatmigen Pingpong-Befragungen zeigt sich die Staatsanwaltschaft unzufrieden. Oberstaatsanwalt Matthias Allmang konstatiert einen »mageren Ertrag der Vernehmungen«. Sagt, die Angaben der Angeklagten stellten »eine Art Blackbox dar« – und dass alles »an ein Wunder« grenze. Er lässt keinen Zweifel daran, dass er jedenfalls an ein derartiges Wunder nicht glaubt. Nämlich dass die beiden »zentralen Figuren« des Einbruchs nicht auf der Anklagebank säßen, die nach den Schilderungen in den »Geständnissen« für Planung, Finanzierung und zentrale Entscheidungen gesorgt und an der Tat selbst in erheblicher Weise mitgewirkt hätten.

Der fade Nachgeschmack des lahmen Befragungsmarathons resultiert auch daraus, dass die Beweisaufnahme dem Ende zusteuerte, als Verteidiger die Rückgabe der Beute organisierten und in der Folge der »Deal« geschlossen wurde. Nach elf Monaten Beweisaufnahme stand weitgehend fest, was zu beweisen war und was nicht – wie die Modalitäten von Ausspähungen, des Einbruchs und der Brandstiftungen. Damit stand der »Rahmen« des prozessrelevanten Geschehens. Aber personelle Zuordnungen zu einzelnen Tatbeiträgen waren nicht möglich. Einen Teil der »zu vergebenden« Positionen übernahmen die vier am »Deal« beteiligten Angeklagten: Als Tatplaner und in Schlüsselpositionen benannten sie die beiden großen Unbekannten »X und Y«. Zudem gab es nach ihren Angaben eine Reihe von Personen, die in das Geschehen involviert waren, zu ihnen verweigerten sie Angaben »wegen einer möglichen Drittbelastung«. Aus der prozessstrategischen Perspektive der Remmos: Ihre Anwälte haben alles richtig gemacht.

Fazit in der Gesamtschau: Im Grüne-Gewölbe-Prozess geht es nur um die Spitze eines Eisbergs. Es gab, auch das hat das Verfahren deutlich gemacht, weit über ein Dutzend Eingeweihte, Mitwisser und Helfershelfer – bis hin zu dem Quartiergeber in Dresden.

DIE REMMOS UND DIE RICHTIGE BESETZUNG DER ANKLAGEBANK

Da durch den »Deal« und die Geständnisse vieles weitgehend geklärt ist, steht bei den Plädoyers die Frage im Mittelpunkt, wie viele Mitglieder des Einbruchskommandos im Gerichtssaal sitzen. Vier oder fünf?

Es sind vier, das Fazit aus den Angaben der fünf »geständigen« Angeklagten: Nach dieser Version gab es für den Einbruch eine Kernmannschaft aus drei Männern – eine Art Nukleus für den Jahrhundertdiebstahl: bestehend aus zwei bislang unbekannten Tätern – »X und Y« – und Wissam Remmo, den die beiden ungefähr ein Jahr vor der Tat angesprochen hatten. Bashir Remmo und Rabieh Remo stießen später hinzu. Nach den Geständnissen der Angeklagten hatten »X und Y« Schlüsselrollen bei dem Dresdner Bruch: Sie finanzierten weitgehend die Tatvorbereitungen, beispielsweise den Mercedes und den Audi, zusammen 23 000 Euro, saßen am Steuer der beiden Autos – von und nach Berlin. Die »Entscheidungsträger« in Sachen Jahrhundertdiebstahl. Der eine von ihnen stieg mit ins Grüne Gewölbe ein und holte den Schmuck heraus. Der andere stand vor dem Einstiegsfenster und sicherte den schnellen Abtransport.

Nach der Version der Angeklagten gehörte Abdul Majed nicht mit zum Einbruchskommando, sondern besorgte »lediglich« die Äxte und andere Utensilien für den Bruch.

Die Staatsanwaltschaft hingegen glaubt, dass auch er zum Einbruchskommando gehörte – und beantragt, ihn als Mittäter zu verurteilen.

In seinem Plädoyer erklärt Staatsanwalt Christian Weber, die Täter des Einbruchskommandos seien rücksichtslos und mit erheblicher krimineller Energie vorgegangen. Erschreckend sei ihre Gleichgültigkeit, mit der sie kulturhistorisches Erbe zur persönlichen Bereicherung zerstört hätten. Es sei »eine ausgemachte Unverfrorenheit und Schamlosigkeit, aus dem Museum mit welthistorischer Bedeutung Schmuckstücke zu stehlen«. Seine Strafanträge halten sich im Rahmen des Vereinbarten: Zwischen sechs Jahren und acht Monaten Freiheitsstrafe für Wissam Remmo und Rabieh Remo und vier Jahre und sechs Monate Jugendstrafe für Mohamed Remmo, den »Ideengeber«.

Für den sechsten Angeklagten, Ahmed Remmo, beantragt der Staatsanwalt Freispruch. Das Alibi: In der Tatnacht saß er Viertel vor drei noch in der Notfallstation im Vivantes Klinikum in Berlin-Neukölln.

Auszuschließen sei, fährt Staatsanwalt Weber fort, dass er zum Einbruchskommando gehörte. Auch gebe es keine Anhaltspunkte dafür, dass er nach dem Verlassen der Notfallstation dem Einbruchskommando hinterhergefahren und sich ihm angeschlossen habe. Aber nicht auszuschließen sei, dass er an der Tatplanung und Vorbereitung des Einbruchs beteiligt gewesen sei. Der Staatsanwalt verweist auf das enge Vertrauensverhältnis unter den Angeklagten. Darauf, dass Ahmed und Wissam Remmo nach den Feststellungen des Landgerichts Berlin über viele Jahre ein »eingespieltes Team« waren und gemeinsam die Goldmünze aus dem Bode-Museum stahlen. Aber die Beteiligung im Vorfeld sei Ahmed Remmo nicht nachzuweisen – deswegen *in dubio pro reo*: im Zweifel für den Angeklagten. Eines der Grundprinzipien des deutschen Strafverfahrens. Das ist die Begründung des Staatsanwalts für seinen Antrag auf Freispruch.

Aber natürlich bieten der Aufenthalt just in der Tatnacht des Grüne-Gewölbe-Einbruchs weit nach Mitternacht in der Notaufnahme und die Behandlungsempfehlung des Arztes – Schonung, Tee trinken und nicht rauchen – Raum für Spekulationen: Könnte es so gewesen sein, dass Ahmed Remmo krankheitsbedingt aus dem Projekt Juwelendiebstahl in Dresden ausstieg? Oder könnte es nicht auch so gewesen sein, dass er ausstieg, weil ihm die ganze Geschichte zu heikel erschien und er Muffensausen bekommen hatte – zumal er auch noch vier Jahre und sechs Monate Gefängnis wegen des Goldmünzendiebstahls vor sich hatte? Könnte er deshalb die Notfallaufnahme im Krankenhaus in Berlin-Neukölln aufgesucht haben, um sich ein Alibi zu verschaffen? Der nach halb drei ausgedruckte Arztbrief mit der Pillepalle-Empfehlung sowie das nach seiner Ankunft verschickte Selfie an eine Freundin könnten dafürsprechen. Aber tatsächliche Anhaltspunkte für eine Beteiligung von Ahmed Remmo im Vorfeld der Tat gibt es nicht, geschweige denn Beweise.

Die Plädoyers der Verteidiger sind kurz. Durch den »Deal« gibt es nicht mehr viel zu reißen. Im Mittelpunkt stehen die Rückgabe der Beute und die Geständnisse. Zwei Aspekte, die, argumentieren die Anwälte, strafmildernd als Aufklärungshilfe und Wiedergutmachungsbemühen zu berücksichtigen seien. Und dann gibt es noch ein paar verbale Hiebe für den Freistaat Sachsen und die SKD-Verantwortlichen. »Strafmildernd« seien die unzureichenden Sicherheitsvorkehrungen des Grünen Gewölbes zu berücksichtigen, sagt Toralf Nöding, Rabieh Remos Verteidiger. Auf niedrigstem Niveau hätten sie sich befunden, kritisiert Mohamed Remmos Verteidiger Uwe Mosig: Es mute »wie ein Wunder an, dass die Verantwortlichen noch in Amt und Würden« seien.

Für den auf einen Freispruch hoffenden Ahmed Remo erklärt sein Verteidiger Andreas Boine, es gehe nicht um einen Freispruch nach *in dubio pro reo*. Denn es gebe überhaupt nichts, was seinen Mandanten belaste. Deshalb könne es auch keine Zweifel geben. Daher sei sein Mandant »wegen erwiesener Unschuld freizusprechen«.

Das letzte Wort haben die Angeklagten. Wissam Remmo, der während des gesamten Verfahrens geschwiegen hat, liest nun am 46. Verhandlungstag leise vom Blatt ab. Es sei ein »sehr gutes Gericht«, beginnt er. Er habe alles getan, »was ich konnte, gemacht, dass es zur Rückgabe kam«. Dass es ihm leidtue, »dass Teile, die nicht zu ersetzen sind, weg sind«, hatte er bereits zuvor gesagt. Beim Grüne-Gewölbe-Einbruch sei er wegen »meines Drogenkonsums« dabei gewesen. Es hätte lange gedauert, bis er das Problem erkannt hätte. Er wolle andere nicht mehr nach Geld für Drogen fragen. »Ich stand bei vielen Leuten in der Kreide.« Seine »offenen Schulden« bereiteten ihm »Kopfzerbrechen«. Seit zwei Jahren und fünf Monaten sitze er in Untersuchungshaft. Seine Selbstdiagnose lautet: »Ich bin ein psychisches Wrack.« So sei er froh, dass der Prozess nun zu Ende gehe. Er wolle den Maßregelvollzug nutzen, um vom Drogenkonsum loszukommen.

Mohamed Remmo beschränkt sich auf den Satz, er »hoffe auf eine milde Strafe«. Sein Zwillingsbruder Abdul Majed Remmo äußert sich ausführlicher: »Was ich gemacht habe, war ein Riesenfehler.« Er bitte »um Entschuldigung«. Er danke der Strafkammer und der Staatsanwaltschaft, »dass wir über die Rückgabe reden« konnten. Und er sagt, er wolle seine Verlobte heiraten und in ein »neues Leben ohne Straftaten starten«. Sein allerletztes Wort richtet er an die Richterbank: »Es war nett.«

DIE REMMOS UND DAS ENDE DER UNTERSUCHUNGSHAFT

Andreas Ziegel, der Vorsitzende der großen Strafkammer, verkündet das Urteil am 16. Mai 2023. Die Strafen der vier »Deal«-Beteiligten halten sich im Rahmen des »Deals«. Für alle Verurteilten fielen strafverschärfend drei Aspekte ins Gewicht, erklärt er: der hohe Wert der Beute, die langfristige Planung – mit den drei Angriffszielen: Grünes Gewölbe, Pegelhaus und die Tiefgarage – und die hohe kriminelle Energie.

Abfahrt aus Dresden: Rabieh Remo wieder auf freiem Fuß nach der Urteilsverkündung

Die Strafkammer hebt, wie ausgedealt, alle Untersuchungshaftbefehle auf. Nicht jedoch den von Abdul Majed Remmo: Er, besser gesagt sein Verteidiger, hatte es abgelehnt, beim »Deal« mitzumachen.

Bei Abdul Majed Remmo folgt die Strafkammer dem Antrag der Staatsanwaltschaft und verurteilt ihn als Mitglied des Einbruchskommandos: als Mittäter, nicht als Gehilfen – wie er es sich erhofft hatte. Fünf Jahre Jugendstrafe. In Anbetracht einer Reihe von Indizien nimmt sie es ihm nicht ab, dass er nach der Polizeikontrolle in der Einbruchsnacht in Berlin-Charlottenburg seinen Eltern beim Einpacken von Umzugskartons in Berlin-Britz half. Vielmehr gelangte sie zu der Überzeugung, dass Abdul Majed Remmo nach der Polizeikontrolle nach Dresden fuhr. Zum Jahrhundertdiebstahl.

Die Strafkammer erteilt Ahmed Remmo einen glatten Freispruch: Es gebe keine belastbaren Indizien, sagt der Vorsitzende, aus denen Rückschlüsse gegen ihn gezogen werden könnten, dass er sich an der Tat oder den Vorbereitungen beteiligt hat.

Zum Schluss spricht der Vorsitzende Andreas Ziegel den fünf gerade von ihm Verurteilten ins Gewissen: »Sie sind jetzt alt genug, um zu entscheiden, ob Sie so weitermachen wollen oder rechtschaffend werden. Rabieh nickt mir zu«, bemerkt er. »Vielleicht kann man dann nicht mehr so schnelle Autos fahren, aber auch die Familienkutsche hat etwas. Es lohnt sich, ein anderes Leben zu führen – es ist Ihre Entscheidung, was Sie aus ihrem Leben machen.« Und dann verabschiedet er sich von den Remmos, nach über eineinviertel Jahren Verhandlung und wünscht »ihnen alles Gute«.

KAPITEL 10

DER GRÜNE-GEWÖLBE-COUP DER REMMOS

Wie geschah nun der Einbruch ins Grüne Gewölbe tatsächlich? Bei bedeutenden Kriminalfällen gibt es regelmäßig mehrere »Wahrheiten«. So auch bei dem Jahrhundertdiebstahl aus Dresdens Schatzkammer: die prozessuale Wahrheit, die sich aus Verfahrensregeln ergibt – wie dem Grundsatz »Im Zweifel für den Angeklagten«, Einlassungen der Angeklagten oder Ausführungen ihrer Verteidiger, die das Gericht nicht zu überzeugen vermögen. Im Grüne-Gewölbe-Strafprozess klang so manches, was die Angeklagten sagten oder durch ihre Verteidiger vortragen ließen, wie aus *Tausendundeiner Nacht*. Auch gibt es Sichtweisen von Staatsanwälten, die das Gericht nicht zu überzeugen vermögen. Außerdem Sachverhalte, die strafrechtlich – für das Urteil – keine Relevanz besitzen, aber eine Bedeutung für das tatsächliche Geschehen haben. Und dann ist da natürlich auch noch die historische Wahrheit. Sie festzustellen, ist regelmäßig schwierig.

Fügt man, ähnlich wie bei einem Puzzle, all das zusammen, was im Laufe des Strafprozesses zutage gefördert wurde, vor allem durch Personenbeweise – wie Aussagen von Zeugen und Sachverständigen sowie die Einlassungen der Angeklagten – und Sachbeweise – wie Videoaufzeichnungen, Scans, DNA-Material, Spurensicherungsdokumentationen und die Aufzeichnung von Telekommunikationsdaten –, spricht vieles dafür, dass sich der Coup des Jahrhunderts so oder ähnlich zugetragen hat:

IDEE

Der Plan entsprang einer Dummejungenidee. Fast zwei Jahre vor der Tat, Ende 2017, erhielt der damals neunzehnjährige Berliner Mohamed Remmo auf seinem Smartphone ein Foto von dem »Dresdner Grünen Diamanten« von einem Kumpel. Der war auf Klassenfahrt in Dresden und hatte die Aufnahme mit seinem Handy im Neuen Grünen Gewölbe gemacht. Der größte grüne Diamant, der jemals gefunden wurde. »Voll krass«, befindet Mohamed Remmo – und dass man ihn sich holen solle. Er zeigt das Foto herum.

Der Diamant leuchtet apfelgrün und ist im Original wesentlich kleiner als auf dem Foto: drei Zentimeter hoch und zwei Zentimeter breit. Tropfenförmig. 41 Karat. Grund der einzigartigen Färbung ist die natürliche Radioaktivität, der der Stein tief in der Erde in Indien ausgesetzt war. Ein echtes Naturwunder. Dieses Foto sei der »Auslöser«, sagt Mohamed Remmo, für »meine Idee« – den Einbruch ins Grüne Gewölbe.

Danach reisen Delegationen von Remmos & möglicherweise Friends von Berlin nach Dresden und schauen sich im Residenzschloss um. Baldowern Tatmöglichkeiten aus. Unmöglich, lautet das Fazit nach den Ortsbesichtigungen. Viel zu schwierig der Einbruch, weil das Neue Grüne Gewölbe in der ersten Etage des Residenzschlosses liegt. Ein Blitzeinbruch – nach der Fasson der Remmos: dort oben keine Chance. So ist schon bald der Grüne Diamant kein Thema mehr – in der Gegenwart von Mohamed Remmo.

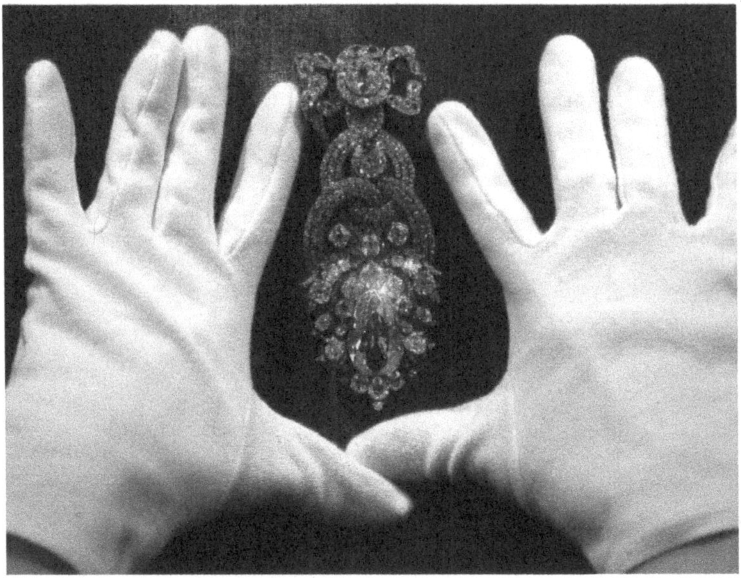

Stein des Anstoßes: Der Grüne Diamant

Hinter seinem Rücken entwickeln Clanmitglieder die Idee von einem Einbruch ins Grüne Gewölbe weiter. In ihr Visier rückt das Historische Grüne Gewölbe. Eine Etage tiefer. Erdgeschoss. Dort erscheint ihnen ein Einbruch machbar.

EINBRUCHSKOMMANDO

Eine Schlüsselrolle bei der Vorbereitung des Coups übernimmt Wissam Remmo. Angesprochen worden sei er von einem der beiden ungenannten Mittäter – nach der Remmo-Version den originären Tatplanern. Etwa Jahresanfang 2019. Die Wahl sei auf ihn gefallen, sagt Wissam Remmo, weil der Mann ihm vertraut, er zudem »einige Erfahrungen« mit Einbrüchen gehabt und hydraulisches Schneidewerkzeug besessen hätte.

So späht Wissam Remmo das Historische Grüne Gewölbe aus. Just in der Zeit, in der gegen ihn in Berlin das Strafverfahren wegen des Goldmünzendiebstahls aus dem Bode-Museum läuft. Er ist auf freiem Fuß. Und so fährt er mehrmals nach Dresden, um seinen nächsten Coup vorzubereiten – 2019.

Seinerzeit, nach dem Goldmünzendiebstahl, befand er sich in einer Art »Höhenrausch«, wie er es formuliert. »In der Öffentlichkeit wurde die Tat als Geniestreich dargestellt«, sagt sein Anwalt. Gesellschaftliche Anerkennung sei für den Nobody »neu gewesen«. Wissam Remmo ist Anfang zwanzig und fährt als Kurier Blut und Urin durch Berlin. Für eintausend Euro netto im Monat.

Zu Kopf gestiegen sei ihm der Ruhm in seinen Kreisen, resümiert er: Er hätte den Bezug zur Realität verloren. »Ich war der Meisterdieb, mit dem alle reden und feiern wollten.« Vor allem habe er »für die Nacht gelebt« – Shishastuben, Bars, Clubs, Spielbanken. Er führt, wie er es formuliert, ein »Promileben«. »Alles andere war mir egal. Ich fühlte mich unsterblich.« Dazu täglich Drogen: Kokain, Subutex, ein beruhigend wirkendes Schmerzmittel, Cannabis und Alkohol. Zum Aufputschen hätte er pro Tag 0,5 bis 2 Gramm Kokain genommen – es hätte ihn »euphorisch« gemacht. Und um wieder herunterzukommen, hätte er bis zu vier Tabletten Subutex geschluckt. Graf Koks. Seine Nase sei »regelmäßig entzündet« gewesen, sagt er, vom vielen Koksen.

Zudem hätte er dann, als er das Historische Grüne Gewölbe ausspähte, Geld benötigt. Weil er seinen Anteil an der Beute aus dem Goldmünzendiebstahl komplett ausgegeben hätte. Vor allem für Kokain.

So schlendert er mehrfach als Besucher durchs Historische Grüne Gewölbe und inspiziert die Räume, hält Ausschau nach Lichtschranken und Kabelsträngen, macht Bildaufnahmen, betrachtet Türen und befindet, das Vitrinenglas wirke »dünn«. Im Juwelenzimmer macht er halt vor einer Vitrine und fragt einen Wachmann, so seine Schilderung, ob denn in ihr »alle Steine echt« seien. »Alle echt«, habe der geantwortet – und sodann auf eine andere Vitrine gezeigt: »Dort liegen die teuersten Steine.« Später hätte er das im Internet überprüft, sagt Wissam Remmo, und festgestellt: Der Wachmann hat recht. Und damit hätte die Vitrine festgestanden, die in den frühen Morgenstunden des 25. November 2019 von den Remmos ausgeräumt wurde.

So rückt das Juwelenzimmer ins Zentrum der Ausspähungen. Eines Nachts hätte er, sagt Wissam Remmo, von der Chiaverigasse aus durch ein Fenster ins Historische Grüne Gewölbe geschaut und gesehen, dass die Türen zwischen den Räumen im Erdgeschoss offen stehen, sodass man ohne Hindernisse ins Juwelenzimmer gelangen könne. Und draußen, an der Fassade, hätte er gesehen, dass es durch einen Balkon über einem Fenster im Erdgeschoss einen toten Winkel des Fassadenscanners vor diesem Fenster gebe: Es wird das Fenster seiner Wahl, das spätere Einbruchsfenster.

Als Nächstes rekrutiert fürs Einbruchskommando wird Rabieh Remo. Der Mann mit den kräftigen Oberarmen. Wissam Remmo fragt ihn zwei, drei Monate vor der Tat, ob er beim Einbruch ins Grüne Gewölbe mitmachen wolle – bei einer Autofahrt zusammen mit »X und Y«, wie Rabieh Remo berichtet. Ihm sei gesagt worden, über ein Jahr lang sei der Plan entwickelt worden. Und einer der Tatplaner hätte ihm erklärt: Die Sache sei gut vorbereitet, der Plan genial und die Beute fett. Rabieh Remo sagt zu. Ihm sei erläutert worden: Weil er »kräftig und dazu bereit« sei, sei es seine Aufgabe, das Vitrinenglas im Juwelenzimmer »mit großer Kraft einzuschlagen« – zusammen mit einem anderen. Das Glas, so sagt ihm einer der Drahtzieher, sei besichtigt und für gut befunden worden, mit einem Werkzeug eingeschlagen zu werden. Als er zu dem Einbruchskommando gestoßen sei, erklärt Rabieh Remo später, seien schon die beiden Fluchtwagen vorhanden und der Mercedes bereits zum Taxi umfoliert gewesen. Auch sei bereits geplant gewesen, den Audi nach der Flucht in Dresden in Brand zu stecken.

Rabieh Remo berichtet Abdul Majed Remmo von dem Einbruchsplan und beauftragt ihn – die Version der Angeklagten – Werkzeuge für den Einbruch zu besorgen. Die Einbrecher wollten ihn, so sagten sie im Gerichtssaal – bei dem Einbruch nicht dabeihaben, weil sie ihn für einen Träumer und Tollpatsch halten, zudem nicht für psychisch stark genug.

Die anderen hätten Witze über ihn gemacht, berichtet Abdul Majed Remmo: Wie schwarzes Pech klebt an ihm die Geschichte von dem Einbruch, bei dem er Schmiere stehen sollte: Er hat sich einen Platz zum Sitzen gesucht – und ist eingeschlafen. Das hat ihm viel Ärger und einen nachhaltig schlechten Ruf eingebracht. Deshalb wechselt er das Metier, betreibt Werkzeugbeschaffung: Bei ihm kann man Werkzeuge und anderes, wie er es formuliert, »bestellen« – Handschuhe, Flex, Bohraufsätze, Autobatterien, Starthilfekabel, Zangen, Bauwinterkleidung, Stahlkappenschuhe und einiges mehr.

Sein Geschäftsmodell: Abends geht er in einen Baumarkt, wenn dort nicht mehr viel los ist. Gegen achtzehn, neunzehn Uhr. In seinen Einkaufswagen packt er Ware und fährt mit ihm nach draußen in die Gartenabteilung. Dort versteckt er sie. In einer Tonne oder anderswo. Eine Stunde vor Mitternacht trifft er sich mit seinem Auftraggeber auf dem Parkplatz neben der Gartenabteilung. Flugs klettert er über den Zaun, kommt mit seiner »Ware« zurück und legt sie seinem Auftraggeber in den Kofferraum.

Bei einem derartigen Auftragsdiebstahl sieht er im Herbst 2019 zum ersten Mal den Mercedes E 500, noch silberfarben, mit dem später die Täter als »Fake-Taxi« von Dresden nach Berlin flüchten. Die Beute aus dem Baumarkt packt er in den Wagen und findet ihn »cool«. Später fährt er, so berichtet er, mindestens dreimal in der Luxuslimousine mit. Zweimal beim Abtransport von Diebesgut von einem Baumarkt – einmal sei es so viel gewesen, da hätten sie »mehrmals hin und her fahren« müssen. Besonders in Erinnerung ist dem damals zwanzigjährigen »Tollpatsch« die Fahrt in dem E 500 an einem Abend zu McDonald's geblieben – »weil da hinten 'ne Frau mit drinsaß, und ich durfte mich zu ihr nach hinten setzen«.

Auf seine Art »beschafft« er das, was Rabieh Remo bei ihm für den Einbruch ins Grüne Gewölbe geordert hat, sagt Abdul Majed Remmo: Aus dem Hellweg-Baumarkt in der Yorkstraße in Berlin-Kreuzberg klaut er die Äxte, mit denen die Täter die Vitrinen einschlagen, und von Obi eine neue Batterie und eine Starthilfe für den Audi, Krepppapier und Farbe für das gusseiserne Gitter vor dem Einstiegsfenster.

Abdul Majed Remmo berichtet seinem Zwillingsbruder Mohamed, was er von Rabieh Remo erfahren hatte: Alsbald soll ein Juwelencoup im Grünen Gewölbe in Dresden steigen. Mohamed Remmo ist auf der Zinne. Fühlt sich betrogen. Glaubt, hinter seinem Rücken sei der Plan für einen Einbruch im Dresdner Schloss weiterentwickelt worden. »Die anderen haben meine Idee geklaut«, schäumt er. Keiner von ihnen hätte die Idee zu diesem Bruch gehabt. »Ich war sauer und führte mich auf wie ein Kind, dem das Spielzeug weggenommen wurde«, resümiert er in der Rückschau. Wutschnaubend geht er zu einem der Drahtzieher – und letztendlich wird entschieden, dass er mitmachen darf. Der Tatplan, erfährt er wenige Wochen vor der Tat, ist schon sehr ausgefeilt.

Als Letzter, zwei Wochen vor der Tat, wird Bashir Remmo zum Einbruchskommando geholt. Einer der Drahtzieher sprach ihn an, berichtet er, und erläuterte ihm den Tatplan – ohne Details zu verraten. Seine Aufgabe: Schmiere stehen und beim »Bergen der Beute« helfen, und zwar für die Verbringung vom Einstiegsfenster zur Schlossmauer sorgen. Während des Gesprächs gewinnt Bashir Remmo den Eindruck, jemand sei abgesprungen – auch wenn ihm das nicht ausdrücklich gesagt wird.

Damit steht das Einbruchskommando – zwei Wochen vor dem Jahrhundertdiebstahl. Es soll ein »Blitzeinbruch« werden, berichtet Rabieh Remo – »rein, raus«. Bei den Planungen hätte es »drei Risikobereiche« gegeben: die Brandstiftung im Pegelhaus und die beiden Einstiege im Grünen Gewölbe. Die anderen drei Aufgaben im Einbruchskommando hätten »absichernde Funktionen« gehabt. Er selbst war einer der Einsteiger, der andere der bislang nicht identifizierte »X«. Und Wissam Remmo war der Brandstifter im Pegelhaus.

Im Lichte der Einlassungen der Angeklagten in dem Grüne-Gewölbe-Strafprozess steht außer Frage, dass schon viele Monate vor dem Einbruch etliche Auskundschaftungen in Dresden erfolgten. Nicht präzise zu rekonstruieren war durch wen, wann und wie im Einzelnen.

Nach den Einlassungen der Angeklagten gab es niemanden, der sie mit Insiderwissen über das Grüne Gewölbe versorgte. Auch im Prozess gab es keine Anhaltspunkte für eine Quelle im Objekt. Und die Staatsanwaltschaft stellte die Ermittlungsverfahren gegen Museumswachleute ein, mangels hinreichenden Tatverdachts. Und schließlich: Hätte es tatsächlich einen heißen Insidertipp gegeben, wie etwa beim Einbruch des Remmo-Kommandos ins Berliner Bode-Museum, hätte es der Ausspähung des Grünen Gewölbes über mehr als anderthalb Jahre nicht bedurft.

»SCHNEIDEFAHRT«

Sechs Nächte bevor sie das Einbruchskommando bilden, fahren die sechs Männer nach Dresden. Ihr Ziel: Erkundungen und Vorbereitungen. In der Nacht vom 18. zum 19. November 2019, von Montag auf Dienstag.

Um 23 Uhr fährt die Reisegruppe in Berlin los – in zwei Wagen: Der Mercedes E 500 ist bereits taxibeige foliert. Unterwegs werden die Nummernschilder gewechselt, die B-Schilder gegen DD - GM 7538: Die Dublette eines Kennzeichens, das ein Dresdner Taxi gleicher Bauart trägt. Die Täter haben sie anfertigen lassen – nach einer

»Vorlage« von Wissam Remmo, wie er berichtet: Er hatte das Originaltaxi samt Kennzeichen am Dresdner Flughafen fotografiert.

Der Audi S6 Avant ist noch dunkelblau und trägt das Kennzeichen B - ED 4777. Ebenfalls die Dublette eines Kennzeichens, das für einen baugleichen Wagen ausgegeben wurde. Er gehört einer Frau, die am Britzer Damm in Berlin-Neukölln wohnt.

In Dresden schlendern die sechs Männer wenige Minuten vor halb drei über die Sophienstraße. Vorbei an Mauer und Zaun vor dem Historischen Grünen Gewölbe. Nach zwanzig Minuten klettern drei von ihnen über die 2,23 Meter hohe Mauer. Dabei wuchten sie eine lange dunkle Tasche hinüber. Vor der Mauer bleibt Mohamed Remmo. Er steht Schmiere, mimt einen Angetrunkenen. Dass er nicht zu »Höherem« berufen wurde, nicht mit über die Mauer klettern durfte, hat, wie er vermutet, seinen Grund darin, dass er zu fett ist – er wiegt um die 120 Kilo. Er hat die Aufgabe, die Tasche zu schleppen – bis er sie über die Mauer schiebt. Sie wiegt einen halben Zentner.

Hinter der Mauer verharren Wissam Remmo und Rabieh Remo einige Minuten. Warten ab, ob Alarm ausgelöst wird. Aber nichts passiert. Dann testen sie den Außenschutz des Museums. Vor dem späteren Einstiegsfenster hätten sie sich »von unten links nach oben rechts bewegt«, berichtet Wissam Remmo später: »Wir haben alles ausprobiert – sind geklettert, gesprungen.« Aber nichts geschah. »Wir haben mehrfach ausprobiert, ob der Scanner auslöst und Wachleute kommen«, berichtet Rabieh Remo. »Da nichts passierte, gingen wir davon aus, dass das Einstiegsfenster nicht überwacht wird.« Er ist verblüfft, dass er sich hinter dem Zaun, direkt vor der Fensterfront des Grünen Gewölbes, »so frei und unbemerkt bewegen« kann.

Aus der schwarzen Reisetasche ziehen die Remmos eine hydraulische Lukas-Rettungsschere. Das silberfarbene blaue Rohr ist knapp einen Meter lang und hat auf der einen Seite eine Art Kopf – mit zwei gebogenen Schneidemessern. Auf Knopfdruck fahren sie zusammen – mit einer Druckkraft von über einhundert Tonnen.

Hydraulische »Rettungsschere« von Lukas

Wegen eines solchen Gerätes hatte es vor dem Diebstahl Zoff unter den Männern des Einbruchskommandos gegeben. Einst besaß Wissam Remmo mindestens fünf davon – erbeutet hatte er sie bei einem Einbruch in den Showroom des Herstellers Lukas in Erlangen im Dezember 2018. Aber dann kamen ihm die Ermittler auf die Spur – durch DNA-Material am Tatort. Er fürchtet nach einer Durchsuchung bei ihm, dass bei ihm etwas von seiner Beute gefunden werden und ihm der Diebstahl »angelastet werden« könnte. Deshalb wirft er die Geräte im Sommer 2019 in die Spree in Berlin-Spandau. In der Nähe des Müllheizkraftwerks Ruhleben.

Als er davon seinen Komplizen berichtet und ihnen klar wird, dass das hydraulische Wunderwerkzeug für den Dresdner Beutezug nicht mehr zur Verfügung steht, ist der Jammer groß. Sie sind stocksauer. Das schildert drei Jahre später Wissam Remmo im Grüne-Gewölbe-Strafprozess, am 17. Januar 2023. Zwei Tage später steigen an dem Heizkraftwert Polizeitaucher in die eiskalte Spree, knapp über dem Gefrierpunkt – und sie haben mehr Erfolg als bei dem Einsatz dreieinhalb Wochen zuvor: Aus dem Wasser holen sie fünf Akkuspreizer und -schneider und ein Netzkabel. Vier der Geräte stammen aus dem Einbruch in Erlangen.

Zurück in den Herbst 2019: Die Remmos wären nicht die Remmos, wenn es ihnen nicht gelungen wäre, rechtzeitig das von ihnen benötigte Einbruchswerkzeug zu beschaffen. Von befreundeten Kräften – wem auch immer, im Strafprozess war es nicht herauszubekommen – leihen sie sich hydraulische Lukas-Gerätschaften aus. Auch sie stammen aus einem Einbruch. Der Streit in dem Remmo-Einbruchskommando ist beigelegt.

Die Nacht vom 18. auf den 19. November 2019, Viertel vor drei – Dresden, Residenzschloss, Westflügel, Erdgeschoss, das Fenster ganz links außen: Wissam Remmo schiebt die scharfen Schneidemesser der hydraulischen Schere um eine der unteren Gitterstreben. Rabieh Remo assistiert ihm. Stemmt das 25-Kilo-Gerät mit seinen kräftigen Oberarmen nach oben. Ratzfatz durchschneidet die hydraulische Schere die Strebe. Gegen Ende des Schnitts gibt es ein lautes, helles Geräusch. Ähnlich einem Glockenklang – die Spannung des Metalls. Deshalb spielen die Täter, so berichtet Wissam Remmo später, laute »Musik aus einem Rekorder« ab. Sie knacken sechs weitere Streben. Das Ganze dauert nur Sekunden, blickt er zurück: Eine letzte Strebe, die achte, durchtrennen sie nicht, damit das Dreieck, das sie in dem Gitter freigeschnitten haben, nicht herausfällt. Es ist 61 Zentimeter breit, mit Schenkeln von 53 und 52 Zentimetern. Fast geometrischakkurat: ein gleichschenkliges Dreieck.

Um die sieben durchtrennten Streben wickeln Wissam Remmo und Rabieh Remo Malerkreppband und sprühen dunkle Farbe aus einer Spraydose darüber. Aber da gibt es einen Schönheitsfehler, wie sie schon im Schein der Taschenlampe erkennen. Auch aus mehreren Metern Entfernung, von der anderen Seite des Schlosszauns, ist nicht zu übersehen, dass die Farbe nicht so richtig passt. Das bekommt später Abdul Majed nachdrücklich gesagt, der die Spraydose in Berlin bei

Obi geklaut hatte. Aus diesem Grund patrouillieren Mitglieder der Remmo-Eingriffsgruppe vorbei an dem Gitter, das mit Klebeband fixiert worden war, um es im Auge zu behalten.

Keine halbe Stunde nachdem das Trio über die Mauer geklettert war, klettert es auf die Sophienstraße zurück und verschwindet Richtung Elbe. Niemand hat etwas mitbekommen. Drei Stunden nach Mitternacht. Rabieh Remo wundert sich, dass alles »so leicht gelingen kann«. Später, vor Gericht, erläutert Wissam Remmo, der Schneideexperte der Gruppe, wie er mit der hydraulischen Lukas-Schere arbeitete: »Die Bedienung des Gerätes ist sehr einfach, der Schieber lässt sich nur in die eine und in die andere Richtung schieben.« Entweder fahren die Schneidemesser zusammen und zertrennen alles, was sich zwischen ihnen befindet – oder sie öffnen sich wieder. Bereit zum nächsten Schnitt. Einfacher geht's nicht.

Noch in der Nacht teilt sich die Remmo-Reisegruppe auf. Drei fahren zurück nach Berlin – Mohamed und Wissam Remmo sowie ein Unbekannter, so sagen die beiden. Der Mercedes, in dem sie fahren, passiert um 5:18 Uhr die KESY-Kontrollstelle auf der A13 bei Großräschen Richtung Berlin. Achtzig Kilometer nördlich von Dresden. Die drei anderen bleiben in Dresden: Bashir Remmo, Rabieh Remo und ein weiterer Mann. Hier haben sie, so sagen zwei der Angeklagten, eine »Übernachtungsmöglichkeit«. Wo, wie und bei wem, bleibt ihr Geheimnis.

ERKUNDUNGEN

Am nächsten Tag, Dienstag, 19. November 2019, kreuzt Rabieh Remo in dem blauen Audi S6 Avant durch Dresden. Er sucht nach einem Platz, wo er den Wagen in Flammen aufgehen lassen kann. Möglichst unbemerkt. Zunächst jedenfalls. Konsens ist in der Einbrechercrew, dass der Wagen gleich nach der Tat in Brand gesteckt wird. Unter Kriminellen gilt die heiße Spurenvernichtung als die effizienteste Methode. Wo – das ist noch nicht abschließend geklärt. Seine Komplizen sind für das Abfackeln auf dem Ikea-Parkplatz an der A4 an der Auffahrt Dresden-Neustadt. Aber der gefällt Rabieh Remo nicht: zu dicht an der Autobahnauffahrt nach Berlin. Er fürchtet, dass, wenn dort das Fluchtfahrzeug ausbrennt, die Ermittler sofort einen Bezug zur Bundeshauptstadt herstellen. Deshalb sucht er nach einem alternativen Abfackelort. Fündig wird er an der Einfahrt zur Tiefgarage in der Kötzschenbroder Straße 8. Ideal, findet er: Sie liegt in einer Seitenstraße auf dem Weg vom Grünen Gewölbe zur Autobahnauffahrt Neustadt. Zweieinhalb Kilometer von ihr entfernt.

Später an diesem Dienstag beschäftigten Rabieh Remo auch die lausig kaschierten Schnittstellen am Gitter vor dem geplanten Einstiegsfenster. Von der Sophienstraße aus, der Straße vor dem Grünen Gewölbe, sieht er, dass bei Tageslicht die Manipulationen nicht zu übersehen sind. Er beobachtet Passanten, die vorübergehen – und dass offensichtlich niemand etwas mitbekommt. Auch Bashir Remmo und andere Remmos kommen an diesem Tag vorbei, weil ihnen die unzureichende Tarnung keine Ruhe lässt. Aber auch sie stellen fest, dass niemand etwas bemerkt. Auch nicht die Mitarbeiter der Staatlichen Kunstsammlungen.

In der nächsten Nacht, der vom 19. auf den 20. November, wollen Rabieh Remo und seine Komplizen die Vorbereitungen für den Juwelendiebstahl in Dresden weiter vorantreiben. Um mit dem B-Kennzeichen an ihrem Audi nicht aufzufallen, besorgen sie sich ein Dresdner Kennzeichen. In der hintersten Ecke des Mitarbeiterparkplatzes der Dresdner Stadtwerke am Kraftwerk Mitte schraubt Bashir Remmo die Nummernschilder DD - BJ 1940 vom Nissan Pixo einer Sekretärin. Rabieh Remo steht Schmiere. Niemand bekommt etwas mit.

So rollt in der nächsten Nacht der Audi mit dem Dresdner Kennzeichen durch die Stadt. Der Remmo-Spähtrupp macht sich mit der Umgebung des Grünen Gewölbes vertraut.

Auf dem Nachtprogramm von Wissam Remmo und Bashir Remmo steht für halb zwei der Besuch des Pegelhauses. In der oberen Etage knacken sie das Schloss der Fluchttür mit einem Schraubenzieher. Durch den 1,20 Meter niedrigen Rahmen schieben sie sich ins Pegelhaus. Drinnen schauen sie sich eine halbe Stunde lang um. Im Mittelpunkt ihres Interesses steht der Stromverteilerkasten: Ihn wollen sie in der Tatnacht in Flammen aufgehen lassen – kurz vor dem Einbruch ins Grüne Gewölbe.

Das Remmo-Kommando hofft, durch die Brandstiftung das Residenzschloss komplett vom Stromnetz abzukoppeln. Rabieh Remo berichtet, jemand von den Einbruchsplanern hätte ihm gesagt, dass man bei einem früheren Besuch im Pegelhaus einen Plan gefunden hätte, der gezeigt hätte, dass die gesamte Stromversorgung des Residenzschlosses von dem Stromverteilerkasten im Pegelhaus abgehe. Werde hier die Verbindung gekappt, sei es zappenduster – im ganzen Residenzschloss und damit auch im Grünen Gewölbe. Möglicherweise funktioniere auch die Alarmanlage nicht mehr. Zum Zweck der Orientierung hätten sie bei den Vorbereitungen auch mehrere Stromkästen in der Umgebung des Grünen Gewölbes aufgebrochen, sagt Wissam Remmo.

Grundannahme der Remmos für diese Idee sei gewesen, lässt Wissam Remmo von seinem Verteidiger vortragen, dass an »Brücken Stromkabel zusammenlaufen«. Die Inspiration für die geplante Brandstiftung im Dresdner Pegelhaus stamme vom Megablackout in Köpenick: der größte Stromausfall der jüngeren Berliner Geschichte – ein Dreivierteljahr vor dem Einbruch ins Grüne Gewölbe. Verursacht durch Bauarbeiten an der Salvador-Allende-Brücke. Arbeiter hatten aus Versehen zwei Hochspannungsleitungen angebohrt: In über 30 000 Haushalten fällt der Strom aus. Straßenbahnen bleiben stehen. Schulen machen dicht. Telefon- und Mobilfunknetze funktionieren nicht mehr. Die Heizkraftwerke Köpenick und Friedrichshagen müssen abgeschaltet werden. Über dreißig

Stunden vergehen, bis die Havarie beseitigt ist. Bis Köpenick wieder unter Strom steht.

Eingedenk dessen bringt Wissam Remmo fünf Nächte vor dem Jahrhundertdiebstahl zwei Kochtöpfe im Pegelhaus in Position, beschafft bei Woolworth: Einen schiebt er unter zwei Elektroschaltschränke, den anderen in eine Kabelrinne unter eine Leitung. Dann gießt er Kraftstoff hinein. Jeweils ungefähr fünf Liter. Nach einer halben Stunde gehen die beiden Männer. Rabieh Remo verspritzt aus einem Feuerlöscher, den er im Pegelhaus entdeckt hat, Löschpulver in dem Raum, um ihre Spuren zu vernichten. Drei Minuten nach zwei fliegt der Feuerlöscher in die Elbe. Sie fließt keine hundert Meter am Pegelhaus vorbei.

Eine knappe Viertelstunde später. Viertel nach zwei. Auf der Marienbrücke macht der blaue Audi des Spähtrupps eine Kehrtwende über den durchgezogenen Mittelstreifen – wer außer Rabieh Remo in ihm sitzt, konnte nicht geklärt werden. Anschließend überholt er einen Pkw, der sich hinter ihn hängt. Eine Zivilstreife der Polizei, wie Rabieh Remo erkennt. Zwei Stunden zuvor, kurz nach Mitternacht, war ihm der Wagen schon einmal aufgefallen, in der ausgestorbenen Innenstadt.

An einer Ampel, die gerade auf Grün springt, macht der Audi eine 180-Grad-Wende und jagt in die Gegenrichtung davon. Vollgas. Auf der regennassen Könneritzstraße beschleunigt er auf über 120 km/h. Fährt über zwei rote Ampeln. Im Rückspiegel sieht der Mann am Steuer, dass die Scheinwerfer hinter ihm immer kleiner werden. Gegen seine PS-Rakete hat der Dresdner Polizeiwagen keine Chance.

Später tauscht der Spähtrupp an dem Audi die DD-Kennzeichen zurück gegen die B-Dublettenkennzeichen. So passiert der Wagen, fünf Stunden nachdem er den Zivilstreifenwagen abgehängt hat, mit der Dublette B - ED 4777 den KESY-Kontrollpunkt auf der A13 bei Großräschen. Achtzig Kilometer nördlich von Dresden. Richtung Berlin. 7:32 Uhr.

Der Vorfall mit der Zivilstreife gibt Rabieh Remo zu denken. Er fürchtet, dass der blaue Audi in Dresden »verbrannt« sein könnte – und ihn deshalb die Polizei sofort anhält, falls sie ihn noch einmal sieht. Auch hat er Sorge, dass der Audi mit dem Mercedes zusammen gesehen worden sein könnte. Deshalb bringt Rabieh Remo den Audi nach seiner Rückkehr in Berlin am 20. November 2019 zum »Umfolieren«, vermutlich in eine Hinterhofwerkstatt. Die blaue Farbe wird mit Folien überklebt. Unten silberfarben. Oben schwarz. Dafür zahlt Rabieh Remo 1200 Euro. Aus seiner Tasche – er war es, der durch sein sinnfreies Wendemanöver das Interesse der Zivilstreife auf den Audi zog.

Durch das Umfolieren gibt es ein logistisches Problem für die kommende Nacht: Für die nächste Spähtour nach Dresden fehlt ein Pkw. Rabieh Remo organisiert einen Golf. Von einem Bekannten, der ein Reinigungsunternehmen betreibt und der den Wagen bei Sixt anmietet.

Die Übergabe erfolgt am Abend des 20. November 2019. Wissam Remmo sitzt im Café Macka in der Ringbahnstraße 70 in Berlin-Tempelhof. Ein Treffpunkt arabischstämmiger Männer. Bis tief in die Nacht rauchen sie Shisha und spielen Karten. An der Wand hängen zwei Spielautomaten. Dort erhält keine Stunde vor Mitternacht Wissam Remmo die Schlüssel für den gemieteten Sixt-Golf von einem Bekannten.

Er steigt ein und fährt Richtung Dresden – mit mindestens einem bislang Unbekannten. Um 1:53 Uhr passiert der Sixt-Golf mit dem Kennzeichen M - ZB 7438 die KESY-Kontrollstation auf dem Weg nach Dresden.

Eine gute Stunde später, um 3:09 Uhr, kommen drei Männer zu der Schlossmauer vor dem späteren Einstiegsfenster des Residenzschlosses. Zwei klettern über sie in den Bärengarten. Einer hält vor der Schlossmauer Wache. Nach acht Minuten kommen die beiden zurück. Eine halbe Stunde später klettert noch einmal ein Mann über die Mauer. Ebenfalls für acht Minuten. Der Sinn des Mauerübersteigens ist nach dem Einbruch klar. Egal, wie man es anstellt: Auch wenn man sich acht Minuten vor dem Einstiegsfenster aufhält, passiert – nichts. Ist man bereits nach fünf Minuten wieder weg, wie die Einbrecher in der übernächsten Nacht, umso besser.

Am Morgen fährt der VW Golf wieder zurück nach Berlin. Um 7:22 Uhr passiert er die KESY-Kontrollstelle achtzig Kilometer nördlich von Dresden. Um 8:20 Uhr ist der Spähtrupp wieder in der Bundeshauptstadt.

Eine allerletzte Spähfahrt, die fünfte dokumentierte in der Woche vor dem Einbruch, erfolgt eine Nacht vor der Tat – mit dem Mercedes: Am 23. November erscheinen zwei Männer um 22:15 Uhr an der Schlossmauer und blicken eine Minute lang durch die Streben des Zauns – Richtung späteres Einstiegsfenster. So als ob sie sich vergewissern wollten, dass das Krepppapier noch hält und niemand im Bärengarten auf der Lauer liegt. Anschließend inspizieren sie die Baustelle auf der Augustusbrücke. Vergewissern sich, dass der Fluchtwagen über Fuß- und Radweg neben der Baustelle noch immer passt und die Baustellenabsperrung vor der Brücke sich öffnen lässt, indem zwei Teile wie Türflügel nach hinten geschoben werden. Kurz nach Mitternacht, um 0:07 Uhr, nehmen die Männer die Zufahrt zur Tiefgarage in der Kötzschenbroder Straße ein letztes Mal vor der Tat in Augenschein. Dass sie aus Richtung Berlin kamen und auch dorthin wieder zurückfuhren, belegen die Scans der KESY-Anlage achtzig Kilometer nördlich vor Dresden: Aus Richtung Berlin passierte der Wagen die Kontrollstelle um 21:17 Uhr. Retour kommt er um 0:48 Uhr.

POLIZEIKONTROLLE

Drei Tage vor der Tat bekommt Bashir Remmo die Nachricht, er soll sich bereithalten. Von einem aus dem Einbruchskommando – mehr verrät er nicht. Bald gehe es los. Sonntagnachmittag, 24. November 2019, erreicht ihn das Zeichen: Heute Nacht!

Treffpunkt für ihn, Rabieh Remo und Mohamed Remmo ist die Wohnung von Mohamed Remmos Eltern in Berlin-Britz, Buschkrugallee. Kurz vor Mitternacht. Von dort aus wollen sie nach Tempelhof fahren. Dort stehen der Mercedes und der Audi für die Fahrt nach Dresden bereit.

Bei der Fahrt zum Treffpunkt, der Wohnung von Mohameds Eltern, geraten vier Remmos in eine Polizeikontrolle in Berlin-Charlottenburg. Die Beamten gewinnen einen bösen Verdacht. Aber die Remmos können ihn entkräften – nur deshalb wird der Jahrhundertdiebstahl möglich:

Weil Bashir Remmo keinen Führerschein besitzt, holt ihn sein kleiner Bruder Jihad in seinem Wagen in Charlottenburg ab, um ihn in die Buschkrugallee zu bringen. Mit im Wagen sitzen Rabieh Remo und Abdul Majed Remmo. Kurz vor 23 Uhr stoppt der weiße Golf VII an einer roten Ampel, Kantstraße Ecke Kaiser-Friedrich-Straße. Rechts neben ihm hält ein Wagen. Von dort aus werden sie gemustert, bemerken die vier Remmos im Golf. Zwei Männer und eine Frau blicken interessiert herüber – Anlass dafür bietet auch die geöffnete hintere Scheibe auf der Beifahrerseite des Golf. Es ist Ende November und die Temperatur liegt kurz über dem Gefrierpunkt. Kein Zweifel für die Remmos, dass sie in den Fokus einer Zivilstreife geraten sind. Sie tuscheln Hektisches im Golf. Nervöse Blicke nach rechts. Die Ampel springt auf Grün. Jihad gibt Gas. Prescht durch schmale Straßen. Hinterher der Zivilwagen. »Das Abbiegen in die Seitenstraßen ergibt überhaupt keinen Sinn«, befindet im Verfolgerfahrzeug ein Polizeiobermeister. So stoppen die Beamten des Berliner Polizeiabschnitts 25 den Golf vor dem Haus Krumme Straße 28. Sie sehen: Keiner der Insassen ist angeschnallt. Der Fahrer macht einen nervösen Eindruck. »Allgemeine Verkehrskontrolle«, sagt einer von ihnen zu Jihad Remmo: »Bitte Führerschein und Fahrzeugschein.« Ein Beamter lässt sich von allen Insassen die Ausweise zeigen und gibt die Personalien per Funk an die Einsatzleitzentrale durch. Ergebnis:

Zur Fahndung ist keiner ausgeschrieben. Die Polizeimeisterin in Zivil macht weiter – das »übliche Prozedere«, wie sie es später formuliert. »Verbandskasten, Warndreieck, bitte!« Jihad Remmo öffnet den Kofferraum. Kurz hebt er die Bodenplatte an. Der Blick der Beamten fällt auf eine weiße Tüte. Sofort lässt Remmo die Platte fallen. Zu spät. »Was ist in der Tüte?«, will ein Beamter wissen. Das müsse er nicht sagen, erwidert Jihad Remmo. Der Beamte gewinnt den Eindruck, dass der Fahrer ihm etwas verheimlichen will – und dessen Nervosität ansteigt.

Der Polizist will der Sache auf den Grund gehen. Vom Rufbereitschafts-Staatsanwalt lässt er sich einen Durchsuchungsbeschluss für den Wagen telefonisch geben. Über Funk fordert er als Verstärkung einen zweiten Streifenwagen an.

Als der da ist, müssen die vier aussteigen und sich nebeneinander aufstellen. Vor dem Tor des Hauses Krumme Straße 28. Alle vier tragen »moderne Jogginganzüge mit Winterjacken darüber«, registriert einer der Beamten. »Nicht aufmüpfig« nimmt er sie wahr. Sondern lässig-cool nach der Devise: »Was wollt ihr von uns eigentlich? Bringt doch eh alles nichts!«

Einer aus dem Quartett beginnt den anderen etwas auf Arabisch zu sagen. Ein Polizist verbietet es. Bei der Durchsuchung des Golf sehen die Beamten in der weißen Tüte eine Kuhfuß-Brechstange und zwei Bolzenschneider. »Was haben Sie denn damit vor?«, fragt ein Polizeioberkommissar. »Das Werkzeug benötigen wir«, antwortet einer der Remmos, »um ein Kraftfahrzeug zu reparieren«. Der Oberkommissar stutzt, kann nicht nachvollziehen, »wie damit ein Fahrzeug repariert werden soll«. Aber trotzdem legt er die Tüte mit dem Einbruchswerkzeug zurück in den Kofferraum. »Wir konnten die Werkzeuge keiner konkreten Tat zuordnen, deshalb gab es keinen Grund für eine Sicherstellung«, erläutert das Verhalten später die Polizeimeisterin. In Berlin sei es »nicht ganz ungewöhnlich, wenn jemand so was im Kofferraum hat.«

Nach vierzig Minuten dürfen die vier Männer wieder einsteigen, 23:40 Uhr. Die nach dem Bußgeldkatalog für das Nichtanschnallen fälligen dreißig Euro verlangt keiner der Beamten von einem der Remmos. Der Polizeiobermeister verabschiedet sich: »Ich wünsche ihnen noch einen schönen Abend.«

Jihad Remmo fährt los. Sofort ist Thema im Golf, was von der Kontrolle zu halten ist. Ahnt die Polizei, was sie vorhaben? Oder war die Kontrolle purer Zufall? Werden sie jetzt observiert? Wegen der Werkzeuge im Kofferraum? »Halt an, wir steigen aus«, sagt Bashir zu Jihad Remmo: »Fahr du nach Hause« – den Grund nennt er später: Er will nicht, dass sein jüngerer Bruder in den Juwelendiebstahl hineingezogen wird. Das Misstrauen ist begründet. Dem weißen Golf folgen durch die Nacht zwei unscheinbare Zivilfahrzeuge des Berliner Polizeiabschnitts 25. Angefordert hat sie über Funk einer der Beamten, die die Kontrolle in der Krumme Straße durchgeführt hatten. Aus einem der Observationsfahrzeuge sehen die Beamten, wie aus dem Golf, nicht weit von der Kontrollstelle entfernt, drei Männer aussteigen. Der Fahrer fährt weiter. Allein. In Richtung seiner Wohnung – in Kreuzberg. Sie folgen ihm über fünf Kilometer. Dann brechen sie die Observation ab. Auf dem Lützowufer, in der Nähe vom Grand Hotel Esplanade. Sie glauben, der Mann am Steuer fährt nach Hause – und dass sich die drei Aussteiger ebenfalls auf den Heimweg gemacht haben. Einbruchsgefahr gebannt. Denken sie.

Währenddessen fahren Bashir Remmo & Co. in einem Taxi durch Berlin zur Buschkrugallee in Britz. Wegen der Polizeikontrolle sind sie spät dran. Die Zeit drängt. In der Buschkrugallee erwartet sie Mohamed Remmo. Unterschiedliche Versionen gibt es darüber, was Abdul Majed Remmo nach der Ankunft dort tat. Nach seiner Darstellung blieb er in der Wohnung seiner Eltern und half ihnen beim Einpacken von Umzugskartons. Die Dresdner Strafkammer nimmt ihm das nicht ab. Aufgrund mehrerer Indizien kommt sie zu dem Schluss, dass er mit den anderen zunächst zu dem Treffpunkt in Tempelhof gefahren sei, ebenfalls in einem Taxi – und dann weiter nach Dresden. Zum Einbruch ins Grüne Gewölbe. Einen konkreten Tatbeitrag von Abdul Majed Remmo habe die Strafkammer nicht feststellen können, sagt der Vorsitzende. Weder im Inneren des Grünen Gewölbes noch eigenhändig bei einer der Brandstiftungen.

ANFAHRT

In Tempelhof gibt es Zoff, weil Wissam Remmo ziemlich zugekokst ankommt. Seine Komplizen sind aufgebracht. Einer nennt ihn einen »Junkie«. Andere werden aufbrausend. Deshalb darf er – anders als geplant – nicht ans Steuer des Mercedes, sondern muss hinten Platz nehmen. Kurz nach halb zwei fahren die beiden Wagen in Tempelhof los. Am Steuer der beiden Autos – so sagen die Remmos später vor Gericht – »X und Y«.

Der Mercedes und der Audi fahren dicht hintereinander. Um 2:51 Uhr passieren sie den KESY-Scanner auf der A13 bei Großräschen. Achtzig Kilometer vor Dresden. Der Mercedes ist schon als Fake-Taxi hergerichtet – mit dem Dresdner Taxi-Doublekennzeichen DD - GM 7538. Der Audi trägt noch die Berliner Dublette B - ED 4777.

Dresden – keine Stunde später: Der Mercedes biegt von einer Einfallstraße, der Leipziger Straße, auf einen dunklen Parkplatz ab, bei Burger King. Dort sind schon seit Stunden alle Lichter aus. Die Männer steigen aus und huschen einhundertfünfzig Meter weiter zur Kötzschenbroder Straße. Dort wartet der Audi. Nicht weit von der Einfahrt zur Tiefgarage.

Im Audi S6 Avant wird es eng. Sechs ausgewachsene Kerle quetschen sich auf fünf Plätze. Zwei von ihnen sind Kleiderschränke von über einhundert Kilogramm: Mohamed Remmo und Rabieh Remo. Um 3:43 Uhr startet der Audi Richtung Grünes Gewölbe. Sieben Minuten später rollt er in die Sophienstraße – jetzt trägt er die Nummernschilder DD - TS 2008: Um nicht aufzufallen, haben sie die Täter auf ihrem Weg in die Stadt angeschraubt. Kurz zuvor hatten sie die Schilder von einem Golf Sportsvan in der Nähe der Tiefgarage abgeschraubt. Der Audi stoppt zwischen Pegelhaus und Residenzschloss.

Zwanzig Minuten später, 4:12 Uhr, erfasst eine Kamera die sechs Männer an der 150 Meter entfernten Mauer zum Residenzschloss. Zwei Männer bleiben vor ihr stehen. Vier klettern hinüber. Ab 4:22 Uhr. Unter ihnen: Rabieh Remo und Bashir Remmo. Sie durchtrennen die letzte Gitterstrebe, die achte, und heben das abgetrennte Dreieck behutsam aus dem Gitter. Mit einem hydraulischen Lukas-Rettungszylinder stoßen sie den linken Fensterflügel auf – und warten auf das Startsignal. Nicht eingesetzt wird das Widerlager, das die Einbrecher im Bärengarten deponiert haben, vor der Fassade zum Grünen Gewölbe. Sein Einsatz sei nicht notwendig gewesen, erläutert Rabieh Remo, weil »das Fenster so leicht zu öffnen war«.

Eine knappe halbe Stunde nach dem Mauerüberstieg – der Timecode der Videoaufzeichnung zeigt 4:49 Uhr – gehen Wissam und Mohamed Remmo, die vor der Schlossmauer Schmiere standen, zum Pegelhaus.

Mohamed Remmo bleibt vor ihm stehen, beobachtet die Gegend. Wissam Remmo zieht zwei Absperrgitter vor der Augustusbrücke zur Seite, damit der Audi, ohne anzuhalten, auf die Brücke durchfahren kann. Drinnen, im Pegelhaus, spritzt Wissam Remmo mit Benzin aus einer Radfahrertrinkflasche eine Lunte zu einem der beiden mit Benzin gefüllten Woolworth-Töpfe – und zündet sie an. Den Inhalt des anderen Woolworth-Topfes entflammt er mit einem brennenden Taschentuch. Er wirft es hinein. Als draußen Mohamed Remmo schwarzen Rauch aus dem Pegelhaus aufsteigen sieht, greift er zu seinem »Arbeitshandy« und gibt das Startsignal an den Einbruchstrupp, der im Bärengarten darauf wartet. In diesem Augenblick gehen die Straßenlaternen aus.

Doch die Strom-Hoffnung der Remmos entpuppt sich als Irrtum: Denn durch den flambierten Stromverteiler gehen nur die Straßenlaternen aus. Nicht aber die Lichter im Residenzschloss. Seit 1998 hängt es nicht mehr am Stromverteiler im Pegelhaus.

EINBRUCH

Durch das Loch im Gitter zwängen sich Rabieh Remo und »X«. Sie landen im Pretiosensaal und flitzen – Rabieh Remo mit der Taschenlampe in der Hand – durchs Wappenzimmer ins Juwelenzimmer. Aus ihrer Tasche ziehen sie zwei Äxte – die Stiele sind ungefähr einen halben Meter lang, und dreschen wild auf das Glas der dreiteiligen Vitrine ein: 56 Hiebe in einer Minute. Dann greifen sie durch die Löcher im Glas, raffen ihre Beute zusammen und stopfen sie in einen Sack – 21 Schmuckstücke mit über 4300 Diamanten und Brillanten aus drei Schmuckgarnituren.

»Probleme« gab es beim Zusammenraffen der Beute, berichtet später »Frontmann« Rabieh Remo, weil die Pretiosen mit den Angelschnüren befestigt waren, sodass deshalb »einiges in der Vitrine geblieben« sei. Die Klinge des Degens aus der Diamantrosengarnitur zerbricht. »Ein bisschen unterschätzt« hätte er seine Aufgabe schon, sagt später Rabieh Remo. Auf dem Rückweg aus dem Grünen Gewölbe versprüht sein Komplize Schaum mit einem Feuerlöscher aus dem Audi, um Spuren zu verwischen. Vor dem Einstiegsfenster steht Bashir, der die Tasche mit der Beute entgegennimmt und sie über die Mauer weiterreicht.

Währenddessen ist Wissam Remmo mit dem Audi vor der Schlossmauer vorgefahren. Vor ihr steht Mohamed Remmo, der die Tasche und den Sack mit der Beute entgegennimmt. In einer Art Spontanaktion spritzt Wissam Remmo Felgenreiniger auf die Schlossmauer, um Spuren zu vernichten – später finden sich dort rötliche Farbanhaftungen, wohl Rückstände des Felgenreinigers. Um die eigenen Spuren zu vernichten, hatte Mohamed Remmo zuvor die Idee gehabt, einen Teppich über die Überstiegsstelle an der Schlossmauer zu legen. Aber seine Komplizen verwarfen sie als zu kompliziert. Seine Idee war nicht verkehrt: Denn genau an dieser Mauer, an der Rückseite der Mauerkrone, wurden die entscheidenden Spuren gefunden, DNA-Material von vier Remmos.

FLUCHT

Die Kofferraumklappe senkt sich. Um 5:01:57 Uhr jagt der Audi mit den sechs Remmos davon: keine fünf Minuten nachdem ihr Einstieg begonnen hatte. Anderthalb Minuten bevor der erste Streifenwagen eintrifft.

Über die Augustusbrücke und die Leipziger Straße rast Wissam Remmo teilweise mit über Tempo 100 – kann das sein? Keine vier Stunden ist es her, da wirkte er auf seine Komplizen so zugekokst, dass sie ihn, entgegen der Planung, nicht ans Lenkrad des Mercedes ließen.

Das sei plausibel, erklärt später im Grüne-Gewölbe-Strafprozess der psychiatrische Gutachter Jan Lange, weil Kokain, durch die Nase geschnupft, »im Minutenbereich« wirke. Es stellen sich Euphorie, überhöhte Zuversicht und das Gefühl von Stärke und Unangreifbarkeit ein. Unterdrückt werden Hunger, Durst und Müdigkeit. Das Abflauen der Wirkung beginne, erläutert der Gutachter der Strafkammer, nach ungefähr einer halben Stunde und sei deutlich nach einer Stunde festzustellen. Da für ihn bei Wissam Remmo am Tatmorgen keine Ausfallerscheinungen ersichtlich gewesen seien, sei für ihn auch eine verminderte Schuldfähigkeit nicht ersichtlich. So war Wissam Remmo beim Einbruch ins Grüne Gewölbe wohl gedopt, aber voll schuldfähig.

Drei Minuten nach Abfahrt am Grünen Gewölbe rollt der Audi in die Einfahrt zur Tiefgarage in der Kötzschenbroder Straße. Geplant ist, den Wagen hier, fünf Meter unterm Erdboden, in Brand zu stecken – wie, das »sollte sich vor Ort ergeben«, sagt Mohamed

Remmo. In diesem Augenblick fährt zur Verblüffung aller das Garagentor hoch – ihnen kommt ein Mercedes mit einer Frau am Steuer entgegen. Eine Augenblicksentscheidung. Ein spontanes, komplettes Umdenken der Juwelendiebe: Wissam am Steuer des Audi quetscht sich an diesem Wagen vorbei und fährt in der großen Garage nach hinten durch, vor die Stellfläche zum Hausaufgang Nr. 12. Die sechs Männer springen aus dem Auto.

Mohamed Remmo gibt die Tasche und den Sack mit den Juwelen Wissam Remmo, der sie zum Mercedes trägt. Fünf Liter Benzin schüttet Rabieh Remo in den Audi. Da er fürchtet, selbst in Flammen aufzugehen – er nimmt an, Benzin an Fingern und Kleidung zu haben, übernimmt es Mohamed Remmo, die Lunte anzustecken. Das alles einmal mehr, um ihre Spuren zu vernichten.

Die sechs Männer eilen zu dem bereitstehenden Fake-Taxi. Eine clevere Idee der Remmos – wann kommt schon ein Polizist auf die Idee, ein Taxi zu kontrollieren? Zu sechst in dem Mercedes geht die Fahrt nach Berlin. Am Steuer, so bekunden später Angeklagte im Prozess, saß einer der von ihnen nicht genannten Mittäter, und zwar »Y«, der vor dem Einstiegsfenster gewartet hätte. Unterwegs, während der Mercedes E 500 mit einem Affenzahn über die Autobahn Richtung Berlin fegt, mit Tempo 180 und noch mehr, macht der Sack mit der Beute die Runde im Wagen. Jeder darf hineingreifen, die Juwelen durch seine Finger gleiten lassen und sich anschauen, was sie erbeutet haben. Trotz der Dunkelheit funkeln die Diamanten. Jeder ist stolz auf den Coup. Ein Teil des Sachsenschatzes – in der Luxuskarosse der Remmos auf dem Weg nach Berlin. Dort, auf der Rückbank, hätte er gesehen, sagt Rabieh Remo später, dass die Klinge des Degens aus der Diamantrosengarnitur »schon kaputt«, der Griff von der Klinge getrennt gewesen sei.

Folgt man den Erklärungen der Angeklagten, muss sich die Beute gleich nach der Ankunft in Berlin in Luft aufgelöst haben. Ob sie jemand mitgenommen hat, ob sie bei jemandem abgeliefert wurde, wo sie hingekommen ist – keiner der Angeklagten sagt etwas dazu. Alle geben sich kenntnislos. »Vom Verbleib weiß ich nichts«, sagt beispielsweise Rabieh Remo. Über seine Rückkehr nach Berlin an diesem Morgen, am 25. November 2019, berichtet er: Als Erstes sei er zu seinen Eltern gefahren. Dort hätte er sein Handy abgeholt, das er dort deponiert hätte. Dann sei er zur Schule gegangen.

WARUM?

Was war das Motiv für den spektakulären Juwelendiebstahl? Natürlich erhoffte sich jeder Täter einen Vermögensvorteil. Aber das war nicht das ausschlaggebende Motiv. Denn die Versilberung sollte nicht alsbald erfolgen, sondern irgendwann. Eines fernen Tages. Für die Akteure kam es auf den Prestigegewinn an. Das war ihre Triebfeder.

Übereinstimmend berichten die Täter, dass die Verwertbarkeit der Beute als gut eingeschätzt wurde. Aber für die Verwertung hätte noch kein Plan existiert – man hätte sich noch keine großen Gedanken gemacht: Vor der Versilberung wollte man erst einmal Gras über die Sache wachsen lassen. Bis dahin sollte die Beute im sicheren Versteck bleiben. Zudem hätten »Personen« im Hintergrund angeboten, sich um die Verwertung der Beute zu kümmern, lässt Rabieh Remo über seinen Anwalt ausrichten: Auch hätte »die Möglichkeit des Umschleifens im Raum gestanden«.

Unisono erklären die Remmos im Gerichtssaal, eine prozentuale Aufteilung des Erlöses sei nicht verabredet worden. Auch kein Mindesthonorar, Vorschuss oder Ähnliches. Ebenso wenig hätte es einen Auftraggeber gegeben. Was jeder bekommt, sollte erst bei der Erlösaufteilung geklärt werden.

Mohamed Remmo sagt, er sollte weniger als die beiden namentlich nicht genannten Mittäter erhalten, aber das Gleiche wie Bashir Remmo. Und der berichtet, ihm sei zugesichert worden, er werde

»zufrieden sein«. Abdul Majed Remmo erklärt, ihm sei gesagt worden, »dass man mich nicht vergessen werde«. Ihm sei klar gewesen, dass er »eine gute Summe« erhalten würde – sein Zwillingsbruder und sein bester Freund seien mit von der Partie gewesen: Bei den Remmos zählt Vertrauen. Unter allen Tätern bestand ein ausgeprägtes Vertrauensverhältnis.

So richtig rosig erschien Rabieh Remo seine Zukunft durch den Bruch: Er ging davon aus, wie sein Anwalt erklärte, »dass er nach der Verwertung Millionär« sei – auch wenn er keine »konkrete Zusage« für seinen Beuteanteil erhalten hätte.

Ein stärkeres Motiv als der unbezifferte Vermögensvorteil in ferner Zukunft ist der Prestigegewinn als Teilnehmer am »Jahrhundertdiebstahl« – innerhalb des Clans und in der ganzen Neuköllner Szene. Dort ist die Teilnahme an einem spektakuläreren Bruch imagefördernd. Gut für den Status. Steigernd fürs Renommee. Man denke nur an den »gesellschaftlichen Aufstieg« innerhalb der Szene, den Wissam Remmo nach dem Goldmünzendiebstahl erlebt und genossen hatte: Auf einmal war er »der Meisterdieb, mit dem alle reden und feiern wollten«. Er befand sich in einer Art »Höhenrausch« und genoss die gesellschaftliche Anerkennung.

Für Bashir Remmo war der Einbruch ins Grüne Gewölbe ein »Abenteuer«, zu dem er sich hätte »hinreißen lassen«. Und Mohamed Remmo war stinksauer, als er mitbekam, dass der Einbruch ohne ihn steigen sollte. Für ihn ist das Ganze eine »Mutprobe«. Er will auf jeden Fall mit dabei sein – in seinem Leben hätte er noch nichts so richtig auf die Reihe gebracht.

Kurzum: Jeder war stolz, bei dem Kommandounternehmen mit dabei sein zu dürfen, bei dem extrem prestigeträchtigen Megaklau. Hinzu kam Abenteuerlust. Und dann auch noch die Perspektive, eines schönen Tages viel Geld zu bekommen.

KAPITEL 11

WOHER KOMMEN DIE REMMOS?

Die Vorfahren der Remmos, die heute in Berlin wohnen, lebten vor hundert Jahren in der Provinz Mardin im Südosten der heutigen Türkei an der Grenze zu Syrien. Knapp dreitausend Kilometer Luftlinie entfernt. Südostanatolien. Eine arabische Enklave mit knapp fünfzig ärmlichen Dörfern. Die Remmos gehören zur arabischen Volksgruppe der Mhallami und sprechen einen arabischen Dialekt. Keine kurdische Sprache. Weil die Gruppe ihren Dialekt selbst »Mhallami« nennt, wird sie nach ihm benannt. Heute verstehen sich die Mhallami als Araber, teilweise auch als arabischsprachige Kurden oder als Aramäer. Zu den vierzehn Hauptfamilien der Mhallami gehören neben den Remmos auch die Miris und die Al-Zeins. Sie alle erlangen nach der Jahrtausendwende in der Bundesrepublik unrühmliche Clanbekanntheit.

Vor hundert Jahren war in Mardin die wirtschaftliche Lage noch düsterer als heute; die Landschaft karg. Die meisten sind Hirten und Bauern. Um ihre wirtschaftliche Situation zu verbessern, ziehen Anfang der Zwanzigerjahre die ersten Mhallami über Syrien in den Libanon. Vor allem in die Hafenstädte Tripolis und Beirut. Zunächst einige Hundert. Tausende folgen. Die Wirtschaftsregion Beirut zieht sie an wie ein Magnet. Das »Paris des Nahen Ostens« – in den Fünfziger- und Sechzigerjahren.

»Einmal angekommen, bewohnen sie muslimische Viertel rund um das Zentrum der Stadt, um bessere Chancen auf Beschäftigung zu haben und um Fahrtkosten zur Arbeit zu sparen«, berichtet der Migrationsforscher Ralph Ghadban, Jahrgang 1949, geboren in Haouche Hala im Libanon. Angesichts seiner praktischen Erfahrungen als Leiter der Beratungsstelle für Araber beim Diakonischen Werk in Berlin und seiner wissenschaftlichen Analysen kennt wohl niemand die Migrationsgeschichte der Remmos so gut wie er. Sein Resümee zur Situation in Beirut: »Unter schwierigen hygienischen Bedingungen hausten sie in Blechbaracken und waren in den nahe liegenden Gemüse- und Obstmärkten beschäftigt.«

Die eingewanderten Mhallami werden von Regierung und Staatsverwaltung im Libanon nicht gemocht. »Sie werden geduldet, aber möglichst ignoriert, als ob sie nicht existierten«, resümiert Ghadban. »Die Mhallami wurden von allem, was den anderen Bürgern zur Verfügung stand, ausgeschlossen.« Sie dürfen keine freien Berufe ergreifen und auch nicht im öffentlichen Dienst arbeiten. Ihnen bleibt nichts anderes übrig, als von ihrer Körperkraft zu leben. Etwa als Lastenträger. Oder im Schlachthof.

Die Mhallami bleiben unter sich, bilden »kleine Ghettos«, die durch Geburten und Familiennachwuchs über die Jahre immer größer werden – und leben im Elend: »Da sie dadurch in der sozialen Skala ganz unten rangierten, vermied die Bevölkerung den Kontakt zu ihnen«, skizziert Ralph Ghadban ihre Situation. »Als ich noch in Beirut lebte, wusste ich wenig über sie; wenn sie sich untereinander stritten, was in ihren Ghettos oft vorkam und für Außenstehende unverständlich war, machten die Libanesen einen Bogen um sie und warteten auf die Polizei, die dann erschien und alle Streitenden verprügelte.«

Angesichts der Isolierung wie auch der fehlenden sozialen und staatlichen Unterstützung »rückten die Familien enger zusammen«, berichtet Ghadban in seiner migrationshistorischen Analyse, »und die mitgebrachten Clanverhältnisse verstärkten sich, der Einzelne war ganz auf seine Familie angewiesen«. Das Zusammenwohnen mehrerer Familien sei dadurch erleichtert gewesen, dass sie alle eng untereinander verwandt gewesen seien. Differenzen innerhalb der Gruppe hätten die Ältesten in den Clans geregelt: »Man vermied jede fremde Einmischung und beachtete die Gesetze wenig, damit blieb die Blutrache genauso virulent wie in ihrer Heimat.«

Über die Jahre im Libanon wird die wirtschaftliche Situation der Mhallami kaum besser als einst in der Türkei. Aber sie bleiben, weil sie sich sicherer fühlen als in ihrer Heimat.

Zum Hoffnungsschimmer wird für sie ein Schlupfloch in der Berliner Mauer: Nach dem Ausbruch des Bürgerkriegs im Libanon im April 1975 kommen die ersten »Libanon-Flüchtlinge« nach Westberlin – via Ostberlin: die Mhallami-Kurden ebenso wie »Palästinenser« und »Libanesen«. Die Reise ist unkompliziert, wenn man den Flugpreis aufbringen kann. Nicht einmal ein Visum ist erforderlich: Im Libanon kauft sich der Reisende ein Ticket der DDR-Fluglinie Interflug von Beirut nach Berlin-Schönefeld. Von dort aus fährt er im Bus mit einem Transitvisum für fünf DDR-Mark zum Ostberliner Bahnhof Friedrichstraße. Dort lassen ihn die DDR-Grenzer in Anbetracht seines Transitvisums passieren. Mit der S-Bahn fährt er weiter in den Westteil der Stadt; dort gibt es keine Einreisekontrollen. Auf diese Weise kommen die Ersten mit dem Nachnamen Remmo 1976 in Westberlin an.

Ralph Ghadban erinnert sich noch gut an seinen ersten Kontakt mit den Mhallami; er war erstaunt. 1976 bat ihn das Sozialamt Kreuzberg um Unterstützung – zusammen mit einigen Landsleuten hatte er in Berlin die Libanon Hilfe e. V. gegründet: In den letzten Tagen seien über zweihundert Flüchtlinge aus dem Libanon eingetroffen, wurde ihm vom Amt mitgeteilt. Das Obdachlosenheim sei voll. Die Mitarbeiter wüssten nicht, wie sie mit den Flüchtlingen umgehen sollten. Es fehlten Sprachkenntnisse. »Ich ging mit einer Kollegin hin«, berichtet Ghadban, »und wir waren erstaunt zu entdecken, dass es sich nicht um Libanesen handelte, sondern um Kurden aus dem Libanon. Das war mein erster Kontakt zu der Personengruppe der Mhallami. Sie sprachen ein gebrochenes Arabisch, ich konnte sie aber verstehen.«

Die Behörden in Berlin seien mit einer neuen Gruppe von Menschen konfrontiert gewesen: Sie hätten nicht nur eine andere Kultur, Sprache und Mentalität gehabt, sondern auch andere Erfordernisse mit sich gebracht. »Anders als die Gastarbeiter, die normalerweise im Beruf standen und mehr mit dem Arbeitsamt als mit dem Sozialamt zu tun hatten – der Bezug von Sozialhilfe führte in der Regel zum Verlust der Aufenthaltserlaubnis und zur Ausweisung –, standen diese Flüchtlinge unter der Obhut des Sozialamts, das für alles sorgen musste, von der Unterkunft bis zur medizinischen Versorgung und den Unterhalt.«

Die Durchreisemöglichkeit von Ost- nach Westberlin unterbindet die DDR 1986 – auf Druck aus Bonn und München: Der bayerische Ministerpräsident Franz Josef Strauß hatte gute Kontakte zum Honecker-Regime. Zur Voraussetzung für ein Transitvisum via Ostberlin macht die DDR, dass der Reisende ein Anschlussvisum besitzt. Dadurch rauscht die Zahl der Asylanträge in Westberlin 1987 nach unten: von 33 auf 5 Prozent gegenüber dem Vorjahr – gemessen am Anteil der Anträge in der Bundesrepublik insgesamt.

Aber schnell wird eine Umgehung entdeckt und praktiziert. »Viele in Ostberlin ansässige Araber, hauptsächlich Studenten, verdienten ein Vermögen, indem sie Einladungen für Flüchtlinge ausstellten, die pro Kopf 300 bis 500 Dollar kosteten«, berichtet Ghadban. »Damit konnten die Eingeladenen das begehrte Visum für die DDR erhalten, von wo sie nach Westberlin eingeschleust wurden.« Eine teurere Variante: Die Einreise als Tourist nach Ostberlin, dafür musste ein Hotel gebucht werden. Egal wie: »Am Ende landeten wieder voll gebuchte Flugzeuge in Berlin-Schönefeld«, bilanziert der Migrationsforscher, »diesmal aber mit ›Touristen‹ und ›eingeladenen‹ Besuchern.« Das Schlepperwesen sei seinerzeit einfach gewesen. Beschränkt habe es sich »auf einige Reisebüros im Libanon, die Flugtickets für Interflug und die Beratung für das Transitvisum sowie den Übergang nach Westberlin lieferten. Mehr Infrastruktur brauchte man nicht, um nach Westeuropa zu gelangen.« Als der Flughafen in Beirut wegen des Bürgerkriegs geschlossen ist, fliegen die Mhallami und andere mit Interflug von Damaskus in Syrien nach Berlin-Schönefeld.

Der Zuzug Zigtausender Mhallami erfolgt unterhalb des Radarschirms deutscher Statistiken: Ein großer Teil kommt ohne Pass, kann nur ein »Laissez-passer«-Papier vorweisen. Eine Art Berechtigung des Libanons zur Ausreise auf Nimmerwiedersehen. Die Berliner Behörden registrieren Mhallamis als »Staatenlose«, nicht anders als die Palästinenser, weil es – in der Mitte der Achtzigerjahre – keinen Staat Palästina gibt. So tauchen Mhallamis und »Palästinenser« als solche in keiner behördlichen Statistik auf. »Problematisch wurde dies«, blickt Migrationsforscher Ghadban zurück, »als später innerhalb dieser Gruppen die Kriminalität überdurchschnittlich hoch wurde.« Sie seien »einfach unsichtbar« gewesen – »trotz ihrer Omnipräsenz im Bereich der Kriminalität«. In der Kategorie »Staatenlos« hätten sie unter den Migranten die überwiegende Mehrheit ausgemacht.

Die Erwartung der Remmos und anderer Mhallamis sei hoch gewesen: »Für ihre Versorgung standen ihnen in Berlin damals, genau wie allen Sozialhilfebeziehern, zuerst die Kleiderkammer und die im Rathauskeller gelagerten Möbel aufgelöster Wohnungen zur Verfügung. Wer dort nicht fündig wurde, dem standen Neuanschaffungen zu. In meiner Zeit als Betreuer für Flüchtlinge habe ich immer wieder Fälle erlebt, in denen die Familien gebrauchte Möbel und Kleider mit Erfolg ablehnten. Die hohen Erwartungen wurden erfüllt.«

Die, die aus dem Libanon nach Berlin kamen, waren – so berichtet Ralph Ghadban, damals Leiter der Beratungsstelle für Araber beim Diakonischen Werk in Berlin – »zum größten Teil Analphabeten ohne Bildung und brachten wenig berufliche Qualifikation mit«. Gefehlt habe den Flüchtlingen häufig auch die Motivation: »Dass sie im Netz des Wohlfahrtstaates angekommen waren, stellte eine enorme Verbesserung ihrer materiellen Situation dar, verglichen mit dem Libanon bedeutete dies einen Aufstieg von der untersten Stufe der sozialen Skala bis zur gut situierten Mittelschicht.« So seien die »Ärmsten der Armen«, die im Libanon als Flüchtlinge keine positive Lebensperspektive gehabt hätten, die Mhallami ebenso wie die Palästinenser, »konsumhungrig« nach Deutschland gekommen – »aber nicht weil sie keine Konsumgüter in ihrem Herkunftsland gehabt hätten«, fasst Ghadban zusammen, »sondern weil sie ausgegrenzt waren und unterdrückt wurden«. Sie hofften »in Deutschland auf ein besseres Leben, mussten jedoch feststellen, dass sie unerwünscht waren, man verweigerte ihnen die Teilnahme am Wohlstand«. Das Resümee des Migrationsforschers: »Sie schlugen zurück. Die Clankriminalität ist ihre Antwort.«

KAPITEL 12

DER AUFSTIEG DER REMMOS

Nachdem die ersten Remmos Mitte der Siebzigerjahre in Westberlin über den Flughafen Berlin-Schönefeld angekommen waren, legten sie »einen beachtlichen sozialen Aufstieg« in Deutschland hin, analysiert Ralph Ghadban, »herbeigeführt durch die kriminelle Anhäufung von Reichtum und die Ausplünderung des Wohlfahrtstaats«.

Derzeit sind die Remmos der mächtigste Clan in Berlin – einer von anderthalb Dutzend Clans, die in der »deutschen Hauptstadt der Clans« kriminell unterwegs sind.

Zur Remmo-»Großfamilie« rechnet die Berliner Polizei derzeit über eintausend Menschen. Natürlich sind nicht alle kriminell. Aber ein nicht unerheblicher Teil ist es – direkt oder verwoben. Wie Personen, die Beute verstecken oder Tatwerkzeuge bei sich bunkern. Das Dunkelfeld ist erheblich.

Nach den Erkenntnissen der Berliner Polizei umfasst der Stammbaum dreizehn Zweige. Aus dem Dresdner Einbruchskommando kämen die meisten aus der »Kernfamilie 1«. Eine zentrale Rolle bei ihr spielt Issa Remmo. Ein schlanker Typ, zweite Hälfte fünfzig. Graue

Haare. Grauer Vollbart. Er hat fünfzehn Geschwister und zwölf Kinder. Issa Remmo sei schlauer als der Wolf, wird ihm nachgesagt. »Ich bitte Sie«, erklärt er einem *Spiegel-TV*-Reporter, »wenn mein Sohn Fehler macht – und ich sage ihm: Mach keinen Fehler. Was soll ich tun? Soll ich mich umbringen? Soll ich mich aufreißen?«

»Diese Familie zeichnet ein starkes Maß an Abschottung aus«, sagt Stefan Majchrzak vom Landeskriminalamt Berlin, es seien »hierarchisch-patriarchalische« Strukturen. Zugeschnitten auf »ein Familienoberhaupt«.

Der einstige Bezirksbürgermeister in der Berliner Heimat der Remmos, Heinz Buschkowsky, SPD-Mitglied und engagiert für die Integration von Migranten, analysiert als »Risikofaktoren für Kriminalitätserscheinungen in den Einwanderungscommunitys«: »mangelnde Bildung, eigene Gewalterfahrungen, Erziehungsstil der Machokultur, ständiger Geldmangel, gepaart mit religiöser Selbsterhöhung.«

Kämen diese Faktoren zusammen und habe »das Wertgefüge unserer Gesellschaft – umschrieben mit Begriffen wie Disziplin, Fleiß, Ordnung, Rücksichtnahme, Toleranz und Respekt vor anderen – keinen Eingang in die Persönlichkeitsentwicklung des jungen Menschen gefunden, dann ist eine randständige Karriere recht wahrscheinlich«. Buschkowskys These bestätigen etliche Karrieren von Remmos, die während seiner Amtszeiten (1991 bis 1992, 2001 bis 2015) in Neukölln aufwuchsen.

Die »Erfolgsgeschichte« der Remmos erfolgt weitgehend im Finsteren. Keine amtliche Statistik weist aus, was sie tatsächlich ergaunern. Und natürlich erst recht nicht eine Remmo-Erfolgsstatistik.

Heute ist die Kriminalität des Remmo-Clans eines der Großprobleme der Berliner Polizei. Es geht um Organisierte Kriminalität. Um Diebstahl, Raub, Erpressung, Schutzgelderpressung, Drogen- und Waffenhandel und einiges mehr. »Die Clanzugehörigkeit stellt dabei eine verbindende, die Tatbegehung fördernde oder die Aufklärung der Tat hindernde Komponente dar«, heißt es zum Wesenskern der »Clankriminalität« im »Lagebild Organisierte Kriminalität« der Polizei Berlin 2021 – »wobei die eigenen Normen und Werte über die in Deutschland geltende Rechtsordnung gestellt werden können.«

Spektakuläre Straftaten, bei denen es gelingt, eine Beteiligung der Remmos nachzuweisen, sind oft nichts anderes als die Spitzen von Eisbergen – wie der Sparkasseneinbruch in Berlin-Mariendorf, der Goldmünzenklau aus dem Bode-Museum, der Einbruch ins Dresdner Grüne Gewölbe und der Geldtransporterüberfall auf dem Berliner Ku'damm.

In der Entwicklungsgeschichte der Remmos ist Deutschland ökonomisch ein Riesensprung nach vorne gewesen – nach einem sehr langsamen sozialen Aufstieg im Libanon. Derart wirtschaftlich paradiesische Zustände haben sie bislang noch nicht erlebt. Nicht mehr Ghettos und Flüchtlingslager wie im Libanon, sondern ordentliche, vom Staat bezahlte und oftmals von ihm auch bereitgestellte Unterkünfte. So ist für sie der Zuzug nach Deutschland »eine enorme Verbesserung«, kommentiert Flüchtlingsforscher Ghadban 2000 in seiner Studie *Die Libanon-Flüchtlinge in Berlin – Zur Integration ethnischer Minderheiten*: »Es ist, als ob sie im Libanon mehrere soziale Stufen erklommen hätten, von der alleruntersten bis zur mittleren Stufe der Mittelschicht. Sie verdienen alle zum Beispiel mehr als ein Professor an der Amerikanischen Universität in Beirut.«

WIE FUNKTIONIEREN DIE REMMOS?

Einen derartigen »kurdisch-arabischen Clan« müsse man sich »vorstellen wie einen mittelständischen, hierarchischen Familienbetrieb«, schreiben Thomas Heise und Claas Meyer-Heuer in ihrer grundlegenden Analyse *Die Macht der Clans*. Sein wichtigster Geschäftszweck sei »Geld verdienen«.

Die drei Geschäftsfelder seien »eher traditionsorientiert als modern und eher handgreiflich als technisiert und auf jeden Fall breit gefächert«:

Erstens »Handelstätigkeit«, wie »An- und Verkauf von Drogen, Waffen und Edelmetallen aller Art«. Hier werde wohl das meiste Geld verdient. Zweitens Einbrüche in Banken, Kaufhäuser oder bei Juwelieren. Drittes Standbein seien Dienstleistungen in der Sicherheitsbranche. Es gehe um den Schutz in der Gastronomie, im Rotlichtmilieu und in der Musikbranche: Die »brillante Geschäftsidee« sei, »dass die Clans Lösungen anbieten können für Probleme, die es ohne sie gar nicht erst gäbe«: eine »Art Perpetuum mobile, das sich immer dreht und sich seine eigene Konjunktur« kreiere. Gerade die Sicherheitsbranche. Beredterweise zieht sie die Remmos und ihr Umfeld geradezu magisch an. So etwa träumte Bashir Remmo, einer aus dem Grüne-Gewölbe-Einbruchskommando, von der »Ausbildung zum Personenschützer« – bevor er an der Sachkundeprüfung scheiterte und als Baustellenwachmann arbeitete. Und keine zwei Wochen nachdem Denis W. »wie ein Remmo-Bruder« als Wachmann im Bode-Museum arbeitete, gab er die entscheidenden Insidertipps an das Remmo-Einbruchkommando. Für 100 000 Euro.

Teil der Remmo-Erfolgsgeschichte ist auch, dass in der Welt der Clans ein »Outsourcing« praktisch nicht vorkommt. Wer bei der kriminellen Partie dabei ist, gehört entweder zum Clan, das die Regel, oder befindet sich im Akzeptanzstatus »wie ein Bruder«.

In den Clan kommt man durch Geburt, aus ihm heraus gewöhnlich durch den Tod. So sind an Remmo-Straftaten regelmäßig nur Männer beteiligt, bei denen außer Frage steht, dass sie gegenüber Außenstehenden wie ein Grab schweigen: gegenüber der kriminellen Konkurrenz, der Polizei, der Staatsanwaltschaft, den Gerichten und natürlich auch den Journalisten.

Kennzeichnend für die Erfolgsgeschichte ist auch, dass die Remmos immer wieder eine verblüffende Kreativität bei ihren Taten an den Tag legen. Ständig auf neue verbrecherische Ideen kommen. Etwa die Flucht mit einem hochmotorisierten Fake-Taxi oder die Müllmannverkleidung bei dem Geldtransporterüberfall mitten in Berlin.

Von Kreativität bestimmt war auch der Haftbefehlcheck von *Taymur* Rammo am Heiligabend 2014. Um herauszubekommen, ob nach dem Sparkasseneinbruch in Berlin-Mariendorf gegen ihn ein Haftbefehl vorlag, rief am 24. Dezember 2014, zwei Monate nach der Tat, ein Mann bei der Berliner Polizei an und behauptete, in Rammos Wohnung in Berlin-Tempelhof sei eingebrochen worden. In ihr treffen zwei Streifenwagenbeamte einen Mann an; auf dem Küchentisch sehen sie eine Duldungsbescheinigung mit den Personalien von *Taymur* Rammo – der Mann erklärt, es sei sein Papier. Für die Beamten ist der Fall klar, sie wissen, dass gegen *Taymur* Rammo seit drei Wochen ein Haftbefehl vorliegt. So bringen sie den Mann aus der Wohnung zur Gefangenensammelstelle. Dort stellt sich nach einer halben Stunde heraus, dass sie einen falschen Mann eingeliefert haben – seine wahre Identität ist Rabieh Remo: Fünf Jahre später ist er Frontmann beim Einbruch ins Grüne Gewölbe. Erkenntnisgewinn für *Taymur* Rammo: Nun weiß er, dass gegen ihn ein Haftbefehl vorliegt. Er bleibt in der Türkei.

Das Heranwachsen der Clankriminalität verlief in Deutschland nicht im Verborgenen, sondern war nachzulesen. Ausführlich beispielsweise in der *Zeitschrift für Jugendkriminalität und Jugendhilfe* 2007 in einem – damals viel beachteten – Fachbeitrag von Oberstaatsanwalt Roman Reusch, dem Leiter der Spezialabteilung für junge Intensivtäter der Staatsanwaltschaft Berlin. Seine schonungslose Analyse »Intensivtäter in Berlin« sorgte nicht nur in Fachkreisen für Diskussionsstoff. Schlüsselaussagen von ihm sind auch im *Spiegel*, in der Berliner *B.Z.* und anderswo zu lesen.

Der Oberstaatsanwalt berichtet, Teil des »Geschäftskonzepts« der Familien seiner Klientel sei, dass »als völlig normale Gegebenheit vorausgesetzt« werde, »dass ihre Männer früher oder später Haftstrafen zu verbüßen haben«.

In ihrem persönlichen Umfeld erlebten die jungen Männer, »dass ihr Vater, die älteren Brüder, Cousins, Onkel etc. ebenfalls kaum lesen und schreiben können und trotzdem ›dicke Autos‹ fahren«.

Die meisten »seiner Täter« wüchsen generell »in einem Umfeld auf, in dem – jedenfalls für junge Männer – die Begehung auch schwerster Straftaten zur völligen Normalität gehört, weshalb die meisten auch schon in strafunmündigem Alter delinquent werden. Sie wissen zwar, dass ihr Handeln grundsätzlich verboten ist, dies schert sie jedoch wenig. Sie haben eine Selbstbedienungsmentalität entwickelt, die darauf abzielt, sich zu nehmen, was immer sie wollen und wann und so oft sie es wollen. Ihre Taten dienen in erster Linie der Finanzierung eines aufwendigen Lebensstils, den sie sich bei ihrem Bildungs- und Ausbildungsstand durch Arbeit nie leisten könnten. Außerdem erlangen sie durch ihr ›Gangstertum‹ in ihrem Umfeld ein durch Arbeit ebenfalls nicht erlangbares Sozialprestige. Sie mieten sich hochwertige Autos, wofür sie in bar zahlen, und fahren an Schulen und anderen Jugendtreffpunkten vor, um mit ihrem Lebensstil anzugeben.«

Örtlich betrachtet seien die Täter am häufigsten in ihren Wohnbezirken kriminell zugange: »Hier kennen sie sich aus, haben jederzeit halbwegs sichere Rückzugsräume, genießen ›Respekt‹, das heißt, man fürchtet sie.«

Das Fazit des Oberstaatsanwalts: »Das delinquente Leben bedeutet für die Täter im Allgemeinen Genuss pur, man muss ihnen daher schon einen Grund geben, es aufzugeben und sich auf den ungleich mühevolleren und keineswegs ähnlich kurzfristig gewinnbringenden Weg des Lernens und Arbeitens zu begeben.« Nicht zu erreichen sei dies häufig »mit bloßen als solchen empfundenen Belästigungen wie Betreuungsweisungen, Freizeitarbeiten etc.« Vielmehr müsse man ihnen klarmachen, »dass sie ab sofort nur noch die Wahl zwischen ›Knast‹ und dem ruhmlosen ›normalen‹ Leben haben. Diese Einsicht ist bei der Mehrzahl unserer Täter nur durch persönliches Erleben des Haftvollzuges zu erzielen.«

Einladungen in die Talkshows *hart aber fair* und *Anne Will* kann er nicht folgen, weil seine Behörde ihm das nicht genehmigt – Berliner Justizsenatorin war zu der Zeit Gisela von der Aue (SPD). So mancher Politiker möchte das brisante Thema unterm Deckel halten.

Später wird Reusch zum Leitenden Oberstaatsanwalt ernannt. Seine Analyse beschreibt nicht nur die Situation im Jahr 2007 treffend, sondern hat heute noch immer Relevanz, weil sie zeigt, wie diejenigen sozialisiert wurden, die jetzt bei den Remmos in der ersten Reihe stehen.

KAPITEL 13

DIE PARALLELGESELLSCHAFT DER REMMOS

Der Remmo-Clan hat sich über die Jahre zu einer Parallelgesellschaft entwickelt. Ein starkes Clanzusammengehörigkeitsgefühl führt regelmäßig zu einer Parallelgesellschaft: »Ein soziales Milieu, das sich von der Mehrheitsgesellschaft abschottet«, erläutert Migrationsforscher Ralph Ghadban, »und ein alternatives Wertesystem befolgt.« Dazu gehört, dass die Autorität des Staates nicht akzeptiert wird, sei es aus kulturellen, sei es aus religiösen Gründen; und ebenso, dass Konflikte mehr oder minder eigenständig geregelt und gelöst werden.

Bezeichnend für die Remmo-Parallelgesellschaft ist, dass sie Deutschland als Beutegesellschaft betrachtet. Schon sehr früh, in den Neunzigerjahren, hatte der ehemalige Leiter einer Beratungsstelle beim Diakonischen Werk und spätere Migrationsforscher Ghadban beobachtet, »dass die Menschen ihr Leben mit Sozialhilfe planten und keine Bedenken hatten, ohne Ausbildung und Beruf zu heiraten und viele Kinder zu zeugen. Sozialhilfe wird als festes Einkommen betrachtet und Schwarzarbeit als zusätzliche Einnahmequelle. Für manche kommt auch die übrige Kriminalität wie Raub und Diebstahl hinzu.«

Die Struktur von Familie und Clan sind patriarchisch. An der Spitze steht regelmäßig der älteste Mann, der bestimmt, was getan wird. An zweiter Stelle folgt sein ältester Sohn, der das Kommando übernimmt, wenn der Vater ausfällt. Die Aufgabe der Frauen ist auf Kinder und Familie ausgerichtet. Von den Frauen erfordert die Clanmentalität »totalen Gehorsam gegenüber dem Mann«, erläutert Ghadban, »die Idee einer Emanzipation existiert in dieser Gruppe nicht«. Die Rollen innerhalb des arabischen Clans bringen die Clanexperten Heise und Meyer-Heuer auf den – sehr – kurzen Nenner: »Die Söhne brechen ein, die Frauen verstecken die Beute, die Brüder waschen das schmutzige Vermögen und das Oberhaupt trifft die strategischen Entscheidungen.«

Viele Remmos sprechen nur holprig Deutsch. Oftmals klingt es prollig-vulgär. Aggressiv. Beispielsweise, wenn Männer erklären, dass sie ihren Gesprächspartner, dessen Mutter, dessen Schwester oder wen auch immer alsbald »ficken« werden. Untereinander sprechen die Remmos den arabischen Dialekt Mhallami, den Dialekt der Volksgruppe in der Türkei und im Libanon. Viele, die auch einen arabischen Dialekt sprechen – neben der Hochsprache besteht Arabisch aus einer Vielzahl von Dialekten – verstehen ihn nicht.

Bezeichnend für die Parallelgesellschaft ist auch, dass die Clans vielfach versuchen, durch »Rudelbildung« die Staatsgewalt zurückzudrängen, Polizisten nicht zum Zuge kommen zu lassen. Es gibt Straßen in Neukölln, in die keine Streifenwagenbesatzung mehr alleine fährt. Beliebtes Motto: »Die Polizei? Kann kommen, kann gehen. Keiner hat was gesehen.«

In dem Gesamtgefüge ist die Geburtenrate eine wichtige Komponente. Ziel in der Parallelgesellschaft sei, »eine möglichst hohe Geburtenrate zu erreichen«, sagt Ghadban, »um die Familie zu stärken«.

So ist eine hohe Kinderzahl für Remmo-Familien selbstverständlich. Nicht selten sind es ein halbes bis zu einem Dutzend. Oder noch mehr. Je mehr Söhne eine Frau gebärt, desto höher steigt ihr Ansehen in der parallelen Welt. Es geht um die Stärkung des Clans. Und deshalb wachsen die Strukturen exponentiell.

Was unterscheidet die Werteordnung der bürgerlichen Gesellschaft von derjenigen der Parallelgesellschaft? Im Grunde genommen sind es zwei unterschiedliche Zivilisationsmodelle, erläutert Ghadban: »Das westliche Modell, das auf dem autonomen, mündigen Individuum beruht, und das islamische Modell, das auf der Gruppe« – beispielsweise der Großfamilie – »basiert und die Autonomie und Mündigkeit des Individuums einschränkt.«

Hinzu tritt eine spezielle Moral der Mhallamis bei Straftaten. Anders als bei anderen Migrantengruppen, wie beispielsweise den Palästinensern und den Libanesen, sei für sie trotz Bürgerkrieg und anderer Verwerfungen ein Diebstahl noch ein Diebstahl, berichtet Ghadban: Man könne die Tat verharmlosen. Aber sie bleibe ein Delikt. Hingegen betrachteten die Mhallami »mit ihrer Clanmentalität diese Delikte nicht als Straftaten, daher konnte kein Problem zwischen Eltern und Kindern entstehen, weil beide dieselben Moralvorstellungen teilten und die Untaten der Kinder keine Emanzipation von der Autorität des Vaters bedeuten«.

Das Entstehen der Parallelgesellschaft – und damit auch der kriminellen Clans – führen Thomas Heise und Claas Meyer-Heuer in ihrer Analyse *Die Macht der Clans* auf drei Faktoren zurück. Erstens auf die »völlig verfehlte Integrationspolitik der Bundesrepublik in den Achtziger- und Neunzigerjahren«. Sie habe dazu geführt, dass die Neuankömmlinge praktisch keiner geregelten Arbeit nachgehen konnten. Zweitens auf die bundesdeutsche »Rechtsauffassung«, in »deren Raster das Individuum als asoziales, parasitäres und unmoralisches Wesen überhaupt nicht vorkam«. Stattdessen habe der Einzelne als »benachteiligt«, »fehlgeleitetet« oder als »Opfer der Verhältnisse«

gegolten. Und dritter Faktor: das »Selbstverständnis der Clan-Mitglieder selbst«. Sie hätten »im Verhalten der Bundesrepublik und ihrer Behörden nichts anderes als eine Schwäche sehen können«.

Die Entstehung, der »Siegeszug« der Remmo-Parallelgesellschaft war nur möglich, weil Behörden und Politik über Jahrzehnte die Brisanz des Themas nicht wahrhaben wollten. Die einen, weil sie, politisch determiniert und benebelt von »Multikulti «und »Gutmenschentum«, die desaströse Entwicklung unterm Deckel halten wollten, um ihr politisches Standing nicht zu gefährden. Aber für Interessierte war seinerzeit natürlich kein Geheimnis, was in Berlin und anderswo passierte: Nachzulesen beispielsweise in den Analysen des Migrationsforschers Ghadban *Die Libanon-Flüchtlinge in Berlin – Zur Integration ethnischer Minderheiten* in den Jahren 2000 und 2008 und der Situationsanalyse 2007 von Oberstaatsanwalt Reusch, Leiter der Spezialabteilung für junge Intensivtäter in Berlin. Damit war alles gesagt. Nachdem die Feststellungen des Oberstaatsanwalts für Furore in den Printmedien gesorgt hatten, bekam er ein TV-Auftrittsverbot – unter der Berliner SPD-Justizsenatorin Gisela von Aue. Neben den Vertuschern des brodelnden Konfliktfelds gab es natürlich auch Ahnungslose, jedenfalls solche, die heute in der Rückschau so wirken. Sie gaben sich in Talkshows und anderswo in den Medien als »Sicherheitsexperten« – mutmaßlich ohne jemals mitbekommen zu haben, was Ghadban, Reusch und andere zu den tickenden Clanzeitbomben in Berlin erklärt hatten.

Demgegenüber die Remmo-Perspektive zum Thema Parallelgesellschaft: schwacher Staat, starker Clan.

KAPITEL 14

SPUREN DER REMMOS

Die Masse der Straftaten des Remmo-Clans erfolgt »in der Fläche« – in Berlin-Neukölln und drum herum: Kreuzberg, Schöneberg, Treptow. Diebstahl, mit Waffen und gemeinschaftlich, Raub, Erpressung, Schutzgelderpressung, Drogenhandel und vieles mehr aus dem Strafgesetzbuch. Wie Spitzen von Eisbergen aus den Polarmeeren ragen aufsehenerregende Straftaten der Remmos aus dem »gewöhnlichen Kriminalitätsgeschehen« heraus. Die nähere Betrachtung einiger dieser spektakulären Taten zeigt, mit welchem kriminellen Know-how und mit welcher kriminellen Energie die Remmos zu Werke gehen, um hemmungslos Werte der Gesellschaft und der Bürger zu ihrer Beute zu machen.

DIE SCHLIESSFACHPLÜNDERUNG IN DER SPARKASSE BERLIN-MARIENDORF

Über zehn Millionen Euro Beute – innerhalb einer Nacht: Das ist das Ergebnis eines der ertragreichsten Remmo-Kommandounternehmen. In der Nacht vom 18. auf den 19. Oktober 2014 räumten drei Männer im Keller der Sparkasse in Berlin-Mariendorf die Kundenschließfächer aus. Bis heute ist die Beute verschwunden.

Zur Vorbereitung der Tat dient sieben Wochen zuvor ein doppelter Autoklau. Am Abend des 28. August 2014 knacken bis heute unbekannte Täter einen Safe in einem Renault-Autohaus in Berlin-Tempelhof, Germaniastraße – nach Feierabend. Zwischen halb acht und halb neun. In die Hände fallen ihnen einundzwanzig Pkw-Schlüssel von noch nicht ausgelieferten Neufahrzeugen. Mit zwei von ihnen fahren sie vom Hof: einem silberfarbenen Mégane RS Trophy und einem Laguna Kombi. Um zu verhindern, dass Spuren von ihnen im Autohaus gefunden werden, schnappen sie sich einen Feuerlöscher im Flur und überziehen die Räume mit Löschschaum. Und so können die Kriminaltechniker keine Spuren von ihnen im Autohaus finden.

Der silberfarbene Renault Mégane RS Trophy stoppt in der Nacht vom 18. auf den 19. Oktober 2014 vor der Sparkassenfiliale am Mariendorfer Damm 118 in Berlin-Tempelhof. Drei Männer steigen aus. Auf dem Gehweg vor der Filiale öffnen sie einen Schachtdeckel. In dem Schacht kappt einer von ihnen die Telefonleitungen, um 1:13 Uhr. So kann aus der Sparkasse kein Alarm mehr an die Sicherheitszentrale des Wachunternehmens gesendet werden.

Eine Viertelstunde später, um 1:27 Uhr, läuft aus der Mariendorf-Filiale in der Sicherheitszentrale die Meldung ein: »Routine fehlt.« Der Mitarbeiter vor den Monitoren interpretiert die Nachricht als Mitteilung über einen technischen Defekt und gibt von Hand »Routine besteht« ein. Dadurch werden weitere Fehlermeldungen bei ihm unterbunden. Der Meldung geht er nicht weiter auf den Grund. So fährt kein Wachmann zu der Sparkassenfiliale, um nachzuschauen, was los ist.

Der Mann in der Sicherheitszentrale meint, »ein Testprogramm zur Klärung der Frage, ob es sich um einen technischen Defekt handelt, durchgeführt zu haben«, stellt später das Landgericht Berlin fest: »Dabei sei er zu dem Ergebnis gelangt, dass ein solcher vorliege. Ob diese Einschätzung zutreffend gewesen sein könnte, konnte in der Hauptverhandlung nicht geklärt werden.«

Acht Minuten nach dem Kappen der Telefonleitungen hebelt das Trio mit Brecheisen eine Notausgangstür der Sparkassenfiliale auf, huscht hinein, stemmt eine weitere Tür auf und eilt in den Keller. In ihm stehen 331 Kundenschließfächer. Bis 6.30 Uhr brechen die Täter fast alle auf – mit Ausnahme von acht. In fünf Stunden: 323 geknackte und ausgeräumte Schließfächer. Wie die Mafia – nur eben mitten in Deutschland.

Den Tätern fällt in die Hände, wovon Diebe sonst nur träumen: Herrenarmbanduhren in Gold und in Silber – mit Diamanten und ohne. Von Rolex, Ebel, Breitling und Junghans. Manschettenknöpfe, Barren und Münzen aus Platin, Gold und Silber. Armreife – silbern, golden und mit Elfenbein verziert. Juwelen, Fingerringe in Silber, Weißgold und Gold – besetzt mit Saphiren, Rubinen und Diamanten. Ohrringe in Gold. Teure Perlenketten. Diamantbesetzte Broschen. Krawattennadeln mit Perlen. Elfenbeinschmuck. Silbertaler. Historische Füllfederhalter. Eine historische Briefmarkensammlung. Goldene Ketten, Goldgürtel, Krügerrandmünzen, Zahngold, Edelsteine, goldene Taschenuhren, Silberbesteck und türkische Goldtaler.

Gesamtschaden: 10,329 Millionen Euro. Im Löschwasser entdecken Feuerwehrmänner 290 000 Euro. Zieht man die Löschwasserscheine von dem Betrag ab, beläuft sich die Beute auf 10,039 Millionen Euro. Davon 5,4 Millionen Euro Bargeld, die den Tätern in die Hände gefallen sind.

Nachdem sie alles eingepackt haben, überziehen sie die Räume mit Löschschaum aus einem Feuerlöscher der Sparkasse, um ihre Spuren zu verwischen. Den Feuerlöscher nehmen sie mit.

Der diebische Höhepunkt der Nachtveranstaltung – von Sonnabend auf Sonntag: Um 6:34 Uhr entert das Trio den Technikraum der Sparkassenfiliale, baut den Server aus und nimmt ihn mit. Auf ihm befinden sich die Videoaufnahmen der Überwachungskameras.

Um ihre Spuren im Keller zu vernichten, schüttet einer der Täter Benzin aus, drei bis fünf Liter, und legt eine Lunte mit einer Benzinspur bis zu dem Notausgang, durch den sie gekommen sind.

Viertel vor sieben entzündet *Taymur* Rammo die Lunte – das hätte er nicht getan, wenn er geahnt hätte, was er anrichtet: Das Kommandounternehmen fliegt komplett aus dem Ruder und in die Luft. Aus dem ausgeschütteten Benzin hat sich ein explosives Benzin-Luft-Gemisch entwickelt. Ein irrsinnig lauter Knall. So als ob ein »Böller in einer Mülltonne explodiert«, berichtet ein Ohrenzeuge. Die Explosionswucht wirbelt durch den Keller und die Geschäftsräume im Erdgeschoss. Wände stürzen ein. Scheiben zerbersten. Fensterrahmen fliegen auf den Mariendorfer Damm. Das Feuer, das der Explosion folgt, macht die Arbeitsplätze der Sparkassenmitarbeiter unbenutzbar. Die ganze Filiale ist verwüstet. Ein Trümmerfeld.

Aus dem Inferno flüchtet *Taymur* Rammo. Er hastet über Glassplitter und Holzteile eines herausgeflogenen Fensterrahmens. Drei Meter vor dem Gebäude trifft ihn ein herausgebrochenes Fenster am Hinterkopf. Eine Platzwunde – sie blutet stark. Sein Blut tropft auf das Kopfsteinpflaster. Das wird ihm strafrechtlich zum Verhängnis.

Vier Tage nach der Tat verschwindet *Taymur* Rammo in die Türkei. Drei Monate später wird er aufgrund eines Haftbefehls in Rom gefasst. In der Jacke hat er einen gefälschten Reisepass, am Arm eine 5500 Euro teure Rolex.

Taymur Rammo ist der Onkel von Abdul Majed Remmo aus dem Grüne-Gewölbe-Komplex, vierzehn Jahre älter. Auch sein Lebensweg ist typisch für die Neuköllner Sozialisation eines späteren Remmo-Gangsters: 1985 in Berlin-Neukölln geboren, wächst er dort mit fünfzehn Geschwistern auf – 1982 waren seine Eltern als Flüchtlinge mit vierzehn Kindern aus dem Libanon gekommen. Eingeschult wird er mit sieben. Die erste und vierte Klasse muss er wiederholen. Häufig schwänzt er den Unterricht. Ab der fünften Klasse besucht er die Sonderschule. In der achten Klasse verlässt er sie ohne Abschluss. Einen Beruf erlernt er nicht. Er »bewegte sich bereits in jungen Jahren in einem kriminellen Umfeld in Berlin-Neukölln und kam dadurch auch in Kontakt zu Cannabis und schließlich vor allem Tilidin«, einem starken Schmerzmittel mit euphorisierender Wirkung, stellt das Landgericht Berlin fest. »Seinen Drogenkonsum finanzierte er vor allem durch Diebstähle und Apothekeneinbrüche.«

In dem Schließfach-Strafverfahren vor dem Landgericht Berlin erklärt er auf der Anklagebank, er habe weder mit dem Diebstahl der beiden Autos noch mit dem Zehn-Millionen-Schließfachklau etwas zu tun. An jenem Sonntagmorgen im Oktober sei er von der Explosion kurz vor sieben böse überrascht worden. Vor der Sparkasse sei er gewesen, weil er sich mit einem Bekannten an einer Ecke treffen wollte, um ihm sechzig Gramm Cannabis zu verkaufen. Es hätte in seiner Jacke gesteckt – fertig verpackt in Tüten. Plötzlich hätte er schräg rechts hinter sich ein Geräusch gehört. An die Explosion könne er sich nicht mehr erinnern. Von ihr sei er überrascht worden. Er wisse nur noch, dass ihm schwarz vor Augen geworden sei. Als er wieder zu sich gekommen sei, hätte er unter Schock gestanden – und gedacht, dass »die Geldautomaten gesprengt worden« seien.

Dann hätte er seine stark blutende Kopfwunde bemerkt und auch, dass eine Hand voller Blut gewesen sei. Nichts wie weg hätte er gewollt– wegen seiner »Jackentasche voller Gras«. Mit der Polizei, die jeden Moment auftauchen konnte, habe er keinen Ärger haben wollen. Aber auch ohne die Betäubungsmittel wäre er vermutlich abgehauen, schiebt er nach, weil er »zu schlechte Erfahrungen mit der Polizei« in seinem Leben gemacht hätte.

Deshalb habe er das Gras in der Nähe vergraben – auf dem Spielplatz im Volkspark Mariendorf, mit den bloßen Händen, unter Stacheln und Dornen. Dann sei er mit seinem Auto nach Hause gefahren – nach Berlin-Kreuzberg, sieben Kilometer entfernt.

Kein Wort glaubt ihm die 37. große Strafkammer des Landgerichts Berlin. Sie stellt fest, dass seine Darstellung dem Spurenbild am Tatort widerspreche. Aber eindeutig seien die Blutspuren auf dem Kopfsteinpflaster ihm zuzuordnen: Die Häufigkeit der DNA-Merkmale sei »deutlich seltener als 1 unter 100 Milliarden«, sagt eine Kriminaltechnikerin im Strafprozess. »Somit stammen alle fünf Blutspuren vom Angeklagten«, urteilt die Strafkammer und verurteilt ihn zu einer Freiheitsstrafe von acht Jahren – wegen »Diebstahls in Tateinheit mit besonders schwerer Brandstiftung und in weiterer Tateinheit mit fahrlässigem Herbeiführen einer Sprengstoffexplosion«.

Nicht geklärt werden konnte in dem Prozess, wer alles zu dem Einbruchskommando gehörte. Nur von *Taymur* Rammo fanden sich Spuren am Tatort. Das Gericht ging von »mindestens zwei unbekannten Mittätern« aus und die Ermittler davon, dass es ein Remmo-Team war. Zum Verbleib der Beute ergaben sich auch in dem Gerichtsverfahren keine Anhaltspunkte.

Und dann auch wieder die Remmo-typische Spurenvernichtung am Tatmittel Kraftfahrzeug: Keine zwei Wochen nach dem Sparkasseneinbruch wird der Renault Mégane in der Kleingartenkolonie Waldfrieden in Berlin-Johannisthal aufgefunden – auf einem Versorgungsweg zu einem Restaurant. Ohne Kennzeichen und vollständig ausgebrannt. Den Renault Laguna stellen Polizisten vier Monate nach dem Einbruch in Berlin-Tempelhof sicher. Ohne Kennzeichen. Aber vollständig gereinigt. An keinem der Wagen können Kriminaltechniker personenbezogene Spuren entdecken.

Opfer der Remmos ist nicht nur die Sparkasse in Berlin: Erst zehn Monate nach dem Einbruch konnte sie wieder öffnen – seither gibt es dort keine Schließfächer mehr. Die Renovierungskosten betrugen über eine Million Euro. Auch zahlreiche Schließfachmieter sind Opfer der Remmos: Da sie sich einen derartigen Bruch nicht vorstellen konnten, hatten die meisten keine Versicherung für den Inhalt ihres Schließfachs abgeschlossen; auch die Berliner Sparkasse hatte den Inhalt nicht versichert. Die Sparkasse zahlte an ihre einstigen Schließfachmieter Erstattungen aus Kulanzgründen – maximal die Hälfte des nachgewiesenen Inhalts. Den Rest bekamen sie nicht ersetzt.

DER DIEBSTAHL DER »BIG MAPLE LEAF« AUS DEM BODE-MUSEUM

Bis zum Einbruch ins Grüne Gewölbe galt der Diebstahl der »Big Maple Leaf« aus dem Berliner Bode-Museum 2017 als der größte Kunstdiebstahl der jüngeren deutschen Geschichte. Der reine Materialwert des Goldes betrug 3,3 Millionen Euro. Nur zwei der mindestens vier Täter des Einbruchskommandos konnten überführt und verurteilt werden: Ahmed und sein Cousin Wissam Remmo. Ein Wachmann aus dem Museum versorgte sie mit Insiderinformationen.

Bode-Museum auf der Berliner Museumsinsel

Der Fall zeigt, mit welcher Akribie und kriminellen Energie die Remmos bei Großprojekten zu Werke gehen. Auf die Remmo-Raffinesse war die Stiftung Preußischer Kulturbesitz, zu der auch das Bode-Museen gehört, nicht eingestellt. Nicht anders als die Staatlichen Kunstsammlungen Dresden beim Einbruch ins Grüne Gewölbe.

Ahmed Remmo

Auch der Verlauf von Ahmed Remmos Jugend ist typisch für die Talente unter den Remmo-Nachwuchsgangstern aus Berlin-Neukölln.

Ab dem elften Lebensjahr kümmert sich der Sozialpädagogische Dienst des Jugendamts um ihn. Dem Amt fiel er durch »Gewaltvorfälle« in der Schule auf. Hinzu kam mehrmaliges »respektloses Verhalten« gegenüber Lehrerinnen. Ein kleiner Macho, der sich ganz groß gibt. Von Frauen lässt er sich nichts sagen. Und er klaut alles Mögliche – von Handys bis zu einen Porsche Macan Turbo im Wert von 145 000 Euro – und fängt Schlägereien an.

Geboren wurde er in Berlin als zweites von sieben Geschwistern am 27. Februar 1998. Seine Eltern kamen aus dem Libanon nach Deutschland. Zusammen mit seinen Geschwistern und Eltern wächst er in Berlin-Neukölln auf. Mit mehreren Brüdern schläft er in einem Zimmer. Als es zu eng wird, mietet sein Vater im benachbarten Hausaufgang eine weitere Wohnung. Ahmed und seine Brüder nutzen sie als Rückzugsort. Das Sozialamt zahlt.

Die »Gewaltvorfälle«, die bei ihm schon in der Grundschule das Jugendamt auf den Plan rufen, erfolgen zusammen mit seinem ein Jahr jüngeren Bruder Abdul Majed, urteilt später das Landgericht Berlin. Dem angeblichen »Tollpatsch« im Grüne-Gewölbe-Komplex. Suspendierungen und Schulwechsel folgen. Das Jugendamt reagiert mit mehreren »ambulanten Erziehungshilfen« – wie »Psychotherapie« und »sozialpädagogischer Familienhilfe«. Alles vergeblich. Ahmed Remmo will partout nicht. Um Abhilfe zu schaffen, soll er im Diagnose- und

Behandlungszentrum des Klinikums Neukölln untersucht werden. Doch er weigert sich. Wegen seines »nicht tragfähigen Verhaltens« wird er nach zehn Monaten aus einem Schulprojekt hinausgeworfen. Juli 2012. Er ist vierzehn. Für ihn kann keine geeignete Schule gefunden werden. Nach einem Intermezzo in einer Sekundarschule lebt Ahmed Remmo in den Tag hinein. Er fällt durch Straftaten auf.

Mit achtzehn beginnt er eine Ausbildung zum Metallbauer. Nach zwei Monaten wird ihm gekündigt, weil er unentschuldigt gefehlt hat. Sein Fehlen erklärt er später damit, dass ihm der Arbeitsweg zu weit und die Tätigkeit zu anstrengend gewesen sei. Wieder geht er keiner geregelten Tätigkeit nach.

Das Amtsgericht Berlin-Tiergarten verurteilt ihn wegen vierzehn Straftaten – im Alter zwischen vierzehn und achtzehn. Diebstahl, Diebstahl mit Waffen, gemeinschaftliche gefährliche Körperverletzung, Betrug, Urkundenfälschung. In einem Laden plündert er abgestellte Handtaschen von Frauen und erbeutet dabei Bargeld, Notebooks, Fotoapparate und ein Handy. Aus einem Geschäft klaut er eine 90-Euro-Jacke, nachdem er in der Umkleidekabine die Diebstahlsicherung abgeknipst hat.

Und immer wieder brutale Körperverletzungen. Ahmed Remmo ist ein flinker und kräftiger Fighter. Er kämpft mit Faustschlägen, Kniestößen und Fußtritten – und nicht selten mit tatkräftiger Unterstützung seiner Clanmitglieder. Beispielsweise im Juli 2016: In einem Spätkauf in Berlin-Neukölln gerät der Achtzehnjährige in Streit mit dem Ladenbesitzer. Mit drei anderen Remmos schlägt er den Mann zusammen. Dem Opfer eilt sein Schwiegersohn zu Hilfe. »Darauf sprang der Angeklagte auf den Zeugen zu und versetzte ihm einen Fußtritt und rang den sich wehrenden Zeugen zu Boden«, stellt später das Amtsgericht Tiergarten zu dem fest, was Ahmed Remmo an diesem Nachmittag um 15:45 Uhr tat. »Noch als der Zeuge am Boden lag, schlugen der Angeklagte, Abdul Majed Remmo und der unbekannt gebliebene Mittäter den Zeugen mit Kniestößen und traten mit Füßen auf ihn ein. Schließlich schlug der Angeklagte noch mit Fäusten auf den Zeugen ein.«

Sein dreistestes Ding: Mit siebzehn stiehlt er einen 145 000 Euro teuren Porsche Macan Turbo auf dem Berliner Kurfürstendamm – mit einem als Starter funktionierenden Schlüsseldummy, der im Wagen liegt: 400 PS, Höchstgeschwindigkeit 266 km/h, Beschleunigung von null auf hundert in 4,8 Sekunden.

Der Porsche fällt einer Funkstreifenbesatzung auf. Zwei Streifenwagen nehmen die Verfolgung mit Blaulicht und Martinshorn auf. Ahmed Remmo flüchtet Richtung Neukölln. An einer roten Ampel an der Kreuzung Hermannstraße/Werbellinstraße kommt der Verkehr zum Stehen. Ahmed Remmo lenkt den Porsche über einen Gehweg. Dabei kollidiert er mit einem Ampelmast. Kurz darauf stellt er den Wagen auf dem Gehweg ab, flüchtet zu Fuß und versteckt sich auf dem Balkon einer Erdgeschosswohnung. Dort fassen ihn die Beamten. Sie stellen fest, dass er ein Einhandmesser mit einer acht Zentimeter langen Klinge in der Hosentasche und keine Fahrerlaubnis hat. Dafür verurteilt ihn das Amtsgericht Tiergarten »wegen Diebstahls mit Waffen in Tateinheit mit unerlaubtem Entfernen vom Unfallort und mit vorsätzlichem Fahren ohne Fahrerlaubnis« zu vier Wochen Dauerarrest und einer sechsmonatigen Sperre für die Erteilung der Fahrerlaubnis.

Hinzu kommen vier Verfahren gegen Ahmed Remmo, die die Berliner Justiz einstellt oder bei denen sie von einer Verfolgung absieht – obwohl es sich um alles andere als strafrechtliche Lappalien handelt: schwerer Raub, gemeinschaftlicher räuberischer Diebstahl, Sachbeschädigung sowie gemeinschaftlicher Wohnungseinbruch.

Wachmann Denis W.

Denis W. ist ein ehemaliger Klassenkamerad von Ahmed Remmo. Geboren 1998 als Kind türkischstämmiger Eltern in Saarbrücken, wächst er in der Nähe der Landeshauptstadt auf; zusammen mit seiner zwei Jahre älteren Schwester. 2013 kommt er nach Berlin, in die Oberschulklasse, die auch Ahmed Remmo besucht. Beide freunden sich an, verbringen viel Freizeit miteinander und verlassen die Schule ohne Abschluss. Der Kontakt bleibt bestehen. Oftmals leben sie gemeinsam in den Tag hinein. Sie wohnen bei ihren Eltern und fahren häufig durch Berlin – zum Teil mit Fahrzeugen, die auf Familienangehörige zugelassen sind oder von ihnen angemietet wurden.

Denis W.s Berufsleben ist unstet: Er bricht eine Ausbildung im Einzelhandel ab, arbeitet wenige Monate als Handyverkäufer und dann als Vermittler von Handyverträgen. Zeitweise bezieht er Sozialleistungen – in »Bedarfsgemeinschaft« mit seiner Familie.

Mehrmals kommt er mit dem Strafgesetz in Konflikt, so die Feststellungen der Staatsanwaltschaft Berlin: Diebstahl, Betrug. Mit sechzehn stiehlt er der stellvertretenden Schulleiterin die Handtasche.

Mit achtzehn – Ende 2016 – absolviert er eine Ausbildung im »Sicherheitsbereich«. Zum 1. März 2017 stellt ihn ein Wachschutzunternehmen als Sicherheitskraft ein – ungeachtet seiner einschlägigen Vorstrafen. Es bewacht mehrere Museen in Berlin. Unter anderen das Bode-Museum. Dort erlangt der Neunzehnjährige Kenntnis von der »Big Maple Leaf«-Goldmünze, von deren Wert, den Räumlichkeiten und den Sicherheitsvorkehrungen.

Vorbereitungen

Die Freunde Ahmed Remmo und Denis W. hecken aus, die Goldmünze zu klauen. »Diese Idee konnte auf der Grundlage entstehen«, urteilt später das Landgericht Berlin, »dass Denis W. um das ›Know-how‹ bzw. die Erfahrung von Ahmed Remmo und dessen Familienmitgliedern bei der Begehung von Straftaten, insbesondere von Eigentumsdelikten wusste, welche die praktische Durchführbarkeit eines solchen Vorhabens sicherstellen würden. Ahmed Remmo wiederum vertraute seinerseits Denis W. wie ›einem Bruder‹; er wusste, dass

Denis W. auch nach der Tat ›dichthalten‹ und ihn – Ahmed Remmo – und ggf. unterstützende Familienangehörige nicht verraten würde.«

Der Wachmann hat eine Schwachstelle im Sicherheitssystem des Museums entdeckt: das rechte Fenster im Männerumkleideraum des Wachpersonals in der zweiten Etage, in dem die Spinde stehen. Es lässt sich mit einem Vierkantschlüssel öffnen und ist, jedenfalls tagsüber, das ist sicher, nicht in das Alarmsystem des Museums eingebunden. Damit ist es die Achillesferse der »Durchbruchsicherung«: Auf sie kann nur Verlass sein, wenn alle Außenfenster des Gebäudes permanent scharf geschaltet sind.

So wird Denis W. »Bindeglied« zu den Remmos. Grundvoraussetzung für eine Kooperation mit Nichtclanmitgliedern ist für die Remmos, dass sie ihnen, wie in diesem Fall, blind vertrauen können. Vor allem, dass sie bei der Polizei und vor Gericht keinen Mucks zur Sache sagen.

Eile ist geboten, weil die Goldmünze am 28. März 2017 abgeholt und ins Kulturforum am Potsdamer Platz zur Ausstellung »Alchemie. Die große Kunst« gebracht werden soll. Seit sieben Jahren ist die Goldmünze im Münzkabinett des Bode-Museums ausgestellt – in einer Vitrine aus Sicherheitsglas in der zweiten Etage. Das gute Stück ist etwas größer als eine Autofelge und schwerer als eine Waschmaschine: Es hat einen Durchmesser von 53 Zentimetern bei einer Dicke von 3 Zentimetern und wiegt 100 Kilogramm. Auch wenn alle von »Goldmünze« sprechen, ist es tatsächlich eine Goldplatte mit Gravur in Münzform, versehen mit einer Abbildung von Queen Elizabeth II.

Als technischer Meilenstein galt das Goldstück zum Zeitpunkt seiner Herstellung 2007: Ein Novum sein Goldreinheitsgehalt – 99,999 Prozent. Das Stück ist eine Dauerleihgabe von Boris Fuchsmann, einem Düsseldorfer Immobilienunternehmer und Kunstmäzen mit ukrainischen Wurzeln. Kurz nachdem er die Münze ersteigert habe, berichtet er, habe ihn das Bode-Museum angerufen und gefragt, ob er sie dem Museum zur Verfügung stellen könne.

Die »Big Maple Leaf« im Bode-Museum

Wissam und Ahmed Remmo stellen ein mindestens vierköpfiges Einbruchskommando zusammen: Zwei der Mittäter bleiben unbekannt – im Strafverfahren werden sie als »P 3« und »P 4« bezeichnet.

Zehn Nächte vor dem Einbruch begeben sich zwei Männer auf eine erste Auskundschaftungstour, machen sich mit den örtlichen Gegebenheiten vertraut – »wahrscheinlich die Angeklagten Wissam und Ahmed Remmo«, urteilt später das Landgericht Berlin. In der Nacht vom 16. auf den 17. März 2017 steigen sie am S-Bahnhof Hackescher

Markt um 2:06 Uhr ins Gleisbett und gehen Richtung Friedrichstraße. Sie werden von den Überwachungskameras auf dem Bahnsteig aufgenommen. Ihre Köpfe halten sie so, dass die Objektive ihre Gesichter nicht erfassen. Zudem haben sie Mützen tief ins Gesicht gezogen. Der eine trägt eine Schiebermütze, der andere ein Adidas-Basecap. Nach zweihundert Metern erreichen sie das Bode-Museum, es liegt rechts von ihnen – und nach sechzehn Minuten klettern sie auf den Bahnsteig zurück. Anders als bei den nächsten beiden Einstiegen ins Gleisbett haben die Männer keinen Rucksack und auch keine Tasche dabei. Sie kommen harmlos daher – nicht anders als bei den ersten Ausspähungen im Grünen Gewölbe. Wären sie erwischt worden in der Märznacht, zwei Stunden nach Mitternacht, wäre ihr Gang auf dem Gleisbett vermutlich für eine Schnapsidee Halbstarker auf dem nächtlichen Heimweg gehalten worden. Schlimmstenfalls hätten sie wegen einer Ordnungswidrigkeit herangezogen werden können: für das Betreten der Bahnanlagen. Mit einigen Euro. Aber sie werden nicht erwischt – und so machen sie weiter. Nichts ist aufgefallen, auch wenn die gut bewachte Wohnung von Bundeskanzlerin Angela Merkel schräg gegenüber der Museumsfassade liegt, Am Kupfergraben.

Die Generalprobe – sechs Nächte vor dem Einbruch: Diesmal steigen drei Männer – Wissam und Ahmed Remmo sowie »P 3« – am S-Bahnhof Hackescher Markt ins Gleisbett. Auf dem Weg zum Bode-Museum nehmen sie, wahrscheinlich an der Unterführung durch den Monbijoupark, eine Leiter auf, die ihnen »P 4« anreicht. Über sie klettern die Einbrecher vier Meter hoch auf das Dach eines Hausvorsprungs des Museums, der bis an die Bahntrasse reicht. Auf dem Dach stehen sie direkt vor dem geplanten Einstiegsfenster. Vor dem Fenster befindet sich eine »Sicherheitsscheibe«, 2,20 mal 2,57 Meter groß. Gehalten wird sie von sechs Bolzen. Einen flexen sie mit einem Trennschleifer durch, um zu checken, ob diese Scheibe auch nachts nicht in die Alarmanlage eingebunden ist. Sie ist es nicht – es gibt keinen Alarm. Was die drei nicht wissen: Das Fenster war von der

»Durchbruchsicherung« vor zwei Jahren abgekoppelt worden, wie das Landgericht Berlin später feststellt – weil es wegen eines Defekts dort viele Fehlalarme gegeben hatte.

Durch den Einsatz des Trennschleifers ist die fünf Quadratmeter große Scheibe in viele kleine Teile zersprungen. Aber sie fallen nicht raus, weil sie von einer Folie zusammengehalten werden. Auf dem Rückweg klettern die drei Männer mit der Leiter von der Bahntrasse auf den Fußweg im Monbijoupark.

Am nächsten Morgen entdeckt ein Wachmann des Bode-Museums die zersplitterte Scheibe und den beschädigten Bolzen – nicht aber, dass es sich um das Resultat von Einbruchsvorbereitungen handelt. Für den Austausch der Scheibe holt die Stiftung Preußischer Kulturbesitz am nächsten Tag ein Angebot ein. Bevor die neue Scheibe da ist, sind die Remmos da.

Die »Big Maple Leaf« in der Schubkarre

Am Tag vor dem Einbruch arbeitet Denis W. als Aufsicht in der Tagesschicht im Bode-Museum. Kurz bevor er um 18:15 Uhr das Haus verlässt, öffnet er mit einem Vierkantschlüssel in der Männerumkleide den rechten Fensterflügel. Jetzt kann das Fenster von außen aufgedrückt werden.

Neun Stunden später steigen Wissam und Ahmed Remmo sowie »P 3« abermals ins Gleisbett am S-Bahnhof Hackescher Markt. Diesmal haben sie einen Rucksack dabei. In ihm stecken ein Bolzenschneider, ein Seil und vier Plastikkeile. Unterwegs, an der Unterführung im Monbijoupark, wuchten sie mehrere Gegenstände aufs Gleisbett hoch – von unten hilft »P 4«, der die Sachen mit einem Auto angeliefert hat: eine ausziehbare Aluleiter, eine Axt mit einem Stiel von 80 Zentimetern, eine Schubkarre und ein Transportrollbrett. Mit der Leiter klettern die drei auf den Gebäudevorsprung vor dem Fenster zur Männerumkleide.

Vier Meter hoch: Der Gebäudevorsprung an der Bahntrasse, über dessen Dach die Täter ins Bode-Museum einstiegen

Mit dem Bolzenschneider durchtrennen sie drei weitere Bolzen – der Trennschleifer bei der Generalprobe hat sich wohl als nicht so effizient erwiesen. Auf einmal ein Mordsgetöse: Die ganze Scheibe rauscht nach unten. 340 Kilo Glas fliegen aufs Vordach. Die Scheibe ist aus den beiden verbliebenen Halterungen gebrochen. Aber niemand scheint etwas von dem Getöse mitbekommen zu haben.

Gegen 3:20 Uhr sehen die drei Männer, dass im Treppenhaus ein gedämpftes Licht angeht. Darauf haben sie gewartet. Sie wissen: Das »Wächterlicht« wurde eingeschaltet, weil jetzt ein Wachmann seine Runde im Museum dreht – und dass deshalb die Alarmanlage im »inneren Museumsbereich« und in den Ausstellungsräumen unscharf geschaltet wurde. Sie drücken den rechten Fensterflügel des 1,60 Meter hoch gelegenen Fensters zur Männerumkleide auf, klettern hinein und flitzen durch den Verwaltungstrakt ins Münzkabinett. In den Raum 243, zur »Big Maple Leaf«. Diesen »Weg zur Goldmünze« bewältigen die Täter »definitiv ohne einen Schlüssel«, stellt später das Landgericht Berlin fest. Der Nachtwächter, der währenddessen seinen Rundgang macht, bekommt von alldem nichts mit – drei Etagen tiefer streift er durchs Haus. Durch den Keller. Es ist ein Fehler im System, den die Remmos erkannt haben und ausnutzen. »Durch die Beleuchtung der jeweiligen Bereiche mit einem Notlicht war es für die Täter von außen zu erkennen, wo sich das Wachpersonal ungefähr aufhielt«, urteilt das Kammergericht Berlin: »Dadurch war es den Tätern möglich, unbemerkt bis zur Goldmünze vorzudringen und mit der Beute wieder zu entkommen.«

Zwei Täter zerschlagen die Scheiben der Glasvitrine – womit, kann die Berliner Strafkammer nicht klären. Sie heben die Goldmünze auf das mitgebrachte Rollbrett. Währenddessen sorgt der dritte Mann für den schnellen Abtransport: Unter die geöffneten Türen schiebt er die mitgebrachten Plastikkeile, damit sie nicht zufallen können. Mit der Beute auf dem Rollbrett jagen die Einbrecher zurück in die Männerumkleide und wuchten die 100 Kilo schwere Platte durchs Fenster auf das Vordach des Museums. Von dort aus lassen sie die Goldmünze auf den Bahndamm plumpsen – zu dieser Zeit gibt es keinen S-Bahn-Verkehr. Die drei hasten die Leiter hinunter, wuchten die Goldmünze in die Schubkarre und eilen mit ihr entlang des Bahndamms zur Unterführung Monbijoupark. Dort werfen sie die Goldmünze auf den Gehweg und seilen sich mit einem dort zuvor angebrachten Seil ab. Es ist sieben Meter lang. Unten nimmt sie »P 4« in Empfang. Ohne Licht fahren sie in einem Wagen mit ihrer Beute über den Gehweg im James-Simon-Park zur Burgstraße. Dort verliert sich ihre Spur. Fünf Minuten vor drei. Keine Stunde nachdem die drei am Hackeschen Markt ins Gleisbett gestiegen sind.

Einen Tag später erhält der Eigentümer der »Big Maple Leaf« Boris Fuchsmann den Anruf aus Berlin, seine Münze sei gestohlen worden. »Ein Witz«, denkt er und antwortet: »Der 1. April ist aber erst in drei Tagen.« Denn nach seinem Dafürhalten ist es »absolut unmöglich, eine 100 Kilogramm schwere Münze aus einem Museum mitzunehmen«.

Aber so war es nun eben. Den Remmos gelang es – einen Tag bevor die Münze aus dem Museum weggebracht werden sollte. Die Münze taucht nie wieder auf. Sie »wurde zeitnah zerteilt, wahrscheinlich unter Verwendung eines Trennschleifers«, schreibt die 9. große Strafkammer des Landgerichts Berlin in ihrer Entscheidung: »Zumindest zwei 4,49 und 5,98 Kilogramm schwere Teile der zerstückelten Goldmünze wurden kurz nach der Tat zum Preis von etwa 33 000 Euro pro Kilogramm verkauft.« Sehr wahrscheinlich sei »auch der Rest der Beute zu ähnlichen Konditionen veräußert« worden.

Wissam und Ahmed Remmo attestiert die Kammervorsitzende Dorothee Prüfer drei Superlative, und zwar »Dreistigkeit, Mut und Risikobereitschaft ganz besonderer Güte« – zudem ein »hochprofessionelles Vorgehen«. Sie spricht vom »Coup des Lebens«. Das Strafmaß für die beiden: jeweils vier Jahre und sechs Monate Jugendstrafe. Denis W. erhält eine Jugendstrafe von drei Jahren und vier Monaten. Er hätte – wie von vornherein vereinbart – für seine Beschaffung von Interna und die Fensteröffnung aus der Verwertung der Goldmünze einen Anteil von mindestens 100 000 Euro erhalten. Freigesprochen wird der vierte Angeklagte W., ein Bruder von Ahmed, vier Jahre älter: Aus tatsächlichen Gründen, weil ihm »eine Beteiligung an der ihm vorgeworfenen Tat nicht nachgewiesen werden konnte«. Bis heute unbekannt ist der Rest der Einbruchscrew. Zumindest »P 3« und »P 4«.

Dauerleihgeber Boris Fuchsmann erhält für seine gestohlene Goldmünze nur die Hälfte der Versicherungssumme von 4,2 Millionen Euro. Das Kammergericht entscheidet, dass eine versicherungsrechtliche »Gefahrerhöhung« dadurch herbeigeführt worden sei, dass das Einstiegsfenster der Herrenumkleide »aus der Öffnungssicherung herausgenommen« wurde, um Fehlalarme zu unterbinden. Deshalb verurteilte es das Versicherungsunternehmen nur zur Zahlung der Hälfte der Versicherungssumme, 2,1 Millionen Euro. Die restlichen 2,1 Millionen Euro überweist die Stiftung Preußischer Kulturbesitz im August 2022 an Boris Fuchsmann.

Der Müllmann-Überfall auf einen Geldtransporter am Kurfürstendamm

Es geschah am helllichten Tag im Herzen Berlins. Kurfürstendamm Ecke Bleibtreustraße – 19. Februar 2021. Mehr im Herzen geht aus der alten Westberliner Sicht nicht. Der Boulevard Kurfürstendamm. Vor der Filiale der Berliner Volksbank stapeln kurz nach zehn zwei Mitarbeiter eines Sicherheitsunternehmens auf einer Sackkarre Geldkassetten aus ihrem hellblauen Geldtransporter.

Im Herzen von Berlin, Kurfürstendamm 46: Ein Polizist stellt die Sackkarre der Geldtransportfahrer sicher, auf der über 600.000 Euro gestapelt lagen

Plötzlich, nachdem die dreizehnte Geldkassette auf der Sackkarre steht, stürmen auf die beiden Geldtransporteure von hinten vier »Müllmänner« zu – alle in Orange gekleidet: Ihre Kleidung ähnelt der der Mitarbeiter der Berliner Stadtreinigung. »Runter, runter«, hört ein Sicherheitsmann hinter sich und sieht eine Pistole in der Hand des »Müllmanns«. »Dann zog er meine Dienstwaffe aus dem Holster«, berichtet der Sechzigjährige später. »Ein zweiter Täter sprühte mir was ins Gesicht …« Pfefferspray. Genauso blitzschnell wird sein achtunddreißigjähriger Kollege von einem anderen »Müllmann« entwaffnet und kampfunfähig gesprüht. Der Räuber schubst ihn zurück in die Fahrzeugschleuse, drückt ihn auf den Boden und sprüht ihm aus einer Entfernung von weniger als dreißig Zentimetern Pfefferspray ins Gesicht. Währenddessen packen zwei Täter fünfzehn Geldkassetten und eine Münzgeldtasche in einen mitgebrachten weißen Transportsack.

Der abgefackelte Flucht-Audi: Sichergestellt auf dem Parkplatz eines Supermarktes in Berlin-Schöneberg

Ein silberfarbener Audi A6 Avant kommt herangeprescht. Am Steuer sitzt ein fünfter »Müllmann« in Orange. Die vier springen mit ihrem Transportsack hinein. Beute: 648 500 Euro. Kleines Missgeschick: Der Transportsack ist so prall gefüllt, dass die Kofferraumklappe des Audi nicht zugeht. Einer der Täter hält sie von innen fest.

Neun Kilometer entfernt entdeckt die Polizei den Wagen in Schöneberg – auf einem Kaufland-Parkplatz: Die Täter haben ihn in Brand gesteckt. Knapp einen Monat vor der Tat war er gekauft und später mit den falschen Kennzeichen B - RC 1675 versehen worden.

Durch das Pfefferspray leiden die beiden Geldtransporteure auch noch am nächsten Tag unter starken Augen- und Hautreizungen. Der eine bekommt die Bilder vom Überfall nicht mehr aus seinem Kopf; der andere leidet unter »Flashbacks«. Beide benötigen für längere Zeit psychologische Hilfe.

Traumatisiert ist auch ihr Kollege, der den Überfall hinterm Steuer aus der gesicherten Fahrerkabine des Geldtransporters verfolgte: Für ihn war es »die Hölle«, wie er sagt – er wusste nicht, ob seine Kollegen noch leben oder schwer verletzt sind. Vier Monate lang ist er krankgeschrieben. Keiner der drei Männer arbeitet später wieder als Geldtransportfahrer.

Knapp einen Monat nach der Tat wird Muhamed Remo verhaftet. Ihn überführte seine tropfende Nase: Seine DNA wurde auf dem Pullover des Sicherheitsmitarbeiters entdeckt, der auf dem Boden des Geldtransporters lag. Dorthin gekommen sein kann sie nur, weil Muhamed Remo das Gesicht seines Opfers aus nächster Nähe mit Pfefferspray einsprühte. »Mir lief immer die Nase«, sagt er später, »wegen des Kokains.« Deshalb habe er sich während des Überfalls »mehrfach ins Gesicht« gefasst.

Von der Beute hätte er 70 000 Euro erhalten, sagt er: Nichts davon sei mehr da. Mit einem Teil habe er Schulden bezahlt – und den Rest für Feiern, Kokain und Alkohol bis zu seiner Festnahme ausgegeben. Sie erfolgte fünf Wochen nach dem Überfall.

Brutal durchgeführte Geldtransporterüberfälle wie auf dem Ku'damm gelten mittlerweile als hippe und quicke Geldbeschaffungsaktionen in Clankreisen. So wie am 2. März 2023 in Mecklenburg-Vorpommern – Beute 3,1 Millionen Euro. Auf der A20-Autobahnauffahrt Gützkow schiebt sich vor einen Geldtransporter, der auf dem Weg zur Bundesbankfiliale in Neubrandenburg ist, um 6:20 Uhr ein roter Nissan Terrano und bremst ihn aus. An der hinteren Stoßstange des Transporters klebt ein Mercedes: Die Räuber haben den Geldwagen in die Zange genommen. Und nach rechts kann er nicht entweichen, weil die Räuber dort eine Baustelle fingiert haben – mit Betonklötzen und Straßenverkehrsschildern. Als der Geldtransporter steht, sprühen Maskierte die Windschutzscheibe mit schwarzer Farbe zu. Dann feuern sie mit Maschinenpistolen auf den Transporter. »In diesem Augenblick bekam ich Todesangst«, sagt einer der beiden Geldtransportfahrer. Mit Spezialwerkzeug öffnen die Täter die gepanzerte Hecktür zu den Millionen und holen sie heraus. Dann setzen sie den Geldtransporter und das Stoppfahrzeug in Brand. Den Mercedes stellen sie zehn Kilometer südlich in einem Wald ab, stecken ihn ebenfalls an und fahren in einem dritten Wagen davon – bis heute ist er unbekannt.

Allein in Berlin gibt es derzeit drei unaufgeklärte brutale Geldtransporterüberfälle.

Zurück zu dem Geldtransporterüberfall auf dem Ku'damm. Der Einunddreißigjährige hat einen typischen Remmo-Gangster-Lebenslauf – er ist der drei Jahre ältere Bruder von Rabieh Remo, dem »Frontmann« des Grüne-Gewölbe-Einbruchskommandos: Geboren 1990 in Berlin als ältestes von neun Geschwistern einer Kurdenfamilie aus dem Libanon. Schulabgang ohne Abschluss. Mit zwölf beginnt er das Boxen. Will Profiboxer werden. Aber den Plan muss er wegen einer Stichverletzung mit einundzwanzig aufgeben. Er holt den mittleren Schulabschluss nach. Eine Ausbildung zum Bürokaufmann bricht er ab. »Einer geregelten und langfristigen Arbeit ging der

Angeklagte auch in den folgenden Jahren, die durch diverse Haftaufenthalte geprägt waren, nicht nach«, fasst das Landgericht Berlin seinen weiteren Lebensweg zusammen: »Vielmehr entschied er sich für einen kriminellen Lebenswandel, in dessen Rahmen er … Schulden anhäufte, sich von seinen Kindern entfremdete und große Mengen Geld für Kokain und Luxusartikel ausgab, ohne dass ihm hierfür legal erlangtes Geld in ausreichendem Maße zur Verfügung stand.«

Sein Bundeszentralregisterauszug hat zehn Einträge – zwischen 2005 und 2016. Alles Remmo-typisch: Diebstahl, Körperverletzung, gefährliche Körperverletzung, Fahren ohne Fahrerlaubnis.

Und wieder eine Junkiekarriere: Kokain, Schlafmittel, Tilidin, Cannabis, Alkohol und einiges mehr. Mit siebenundzwanzig beginnt er, urteilt später das Landgericht Berlin, »im Übermaß Kokain zu konsumieren«.

Sechzehn Tage vor dem Müllmann-Überfall kommt er aus der Untersuchungshaft. Nach sechs Monaten – eine Straßenverkehrsgeschichte. Verbotenes Kraftfahrzeugrennen. Einige Tage danach fragt ihn einer seiner späteren Komplizen, ob er bei dem Überfall auf einen Geldtransporter mitmachen wolle. Erwartete Beute: eine Million. Sein Anteil – geplant: 100 000 Euro. Er sagt zu.

Angesichts der klaren Spurenlage legt er ein Geständnis ab – nichts sagt er zu seinen Komplizen und zum Verbleib der Beute. Eine große Strafkammer des Landgerichts Berlin verurteilt ihn am 8. September 2021 »wegen besonders schweren Raubes in Tateinheit mit gefährlicher Körperverletzung« zu sieben Jahren Freiheitsstrafe. »Der Überfall war ein professionell geplantes und durchgeführtes Lehrstück der Schwerstkriminalität«, sagt der Vorsitzende Richter Sebastian Brinsa in der Urteilsbegründung.

Keine anderthalb Jahre nach diesen Worten ist Muhamed Remo wieder auf freiem Fuß: Am 3. Februar 2023 öffnet sich für ihn das Gefängnistor der JVA Moabit. Ein Behördenversagen: Weil Remo ein notorischer Kokser ist, »mehrjährig suchtkrank«, wie die Strafkammer im Müllmann-Überfall-Urteil schreibt, ordnete sie einen »Vorwegvollzug« an: Zunächst soll Remo von seiner Strafe ein Jahr und sechs Monate im Gefängnis absitzen. Dann ist er zu einer »Entwöhnungsbehandlung« im »Maßregelvollzug« unterzubringen. Für die Drogentherapie veranschlagt die Strafkammer – sie folgt dem Sachverständigen – zwei Jahre. Und dann – dritter Schritt: Nach Verbüßung der Hälfte der Strafe, die Zeit der »Entwöhnungsbehandlung« zählt mit, entscheidet die Strafvollstreckungskammer, ob er vorzeitig auf Bewährung entlassen wird oder in Haft bleibt.

Dieser Plan geht nicht auf, weil nach dem »Vorwegvollzug« kein Platz im Maßregelvollzug in Berlin frei ist. Deshalb entscheidet die Strafvollstreckungskammer am 3. Februar 2023, dass Remo aus der Haft zu entlassen ist – der Kern der juristisch komplexen Begründung: Freilassung, weil die »Organisationshaft«, in der er sich befand, übermäßig lange andauerte.

Muhamed Remo nutzt die Chance – und fliegt in die Türkei.

In Berlin folgt ein Schwarzer-Peter-Spiel. Alle involvierten Behörden erklären sich für unschuldig. Keiner will die Verantwortung übernehmen dafür, dass ein Remmo-Schwerverbrecher – keine anderthalb Jahre nach seiner Verurteilung – von der Justiz auf freien Fuß gesetzt wurde und über den Flughafen BER das Land verlassen konnte.

Die für den Maßregelvollzug zuständige Berliner »Senatsverwaltung für Wissenschaft, Gesundheit, Pflege und Gleichstellung« unter Leitung von Senatorin Ulrike Gote (Bündnis 90/Die Grünen), einer Geoökologin, erklärt, »realisiert« habe sich »ein Risiko, das in der Tat seit Jahren besteht«: »Noch gesteigert« worden sei es »durch eine wachsende Zahl an Überstellungen von Straftätern in den Maßregelvollzug«. Man hätte alle Möglichkeiten ergriffen, die Situation abzuwenden. Aber nun eben erfolglos. Es handle sich um ein »über viele Jahre entstandenes Problem«: »Strukturell lösbar« sei es nur »mit einer langfristigen Ertüchtigung von Gebäuden, einer Aufstockung von Personal und einer gesetzlichen Reform der wachsenden Zahl von Überstellungen in den Maßregelvollzug«. Die Erklärung der Behörde klingt so, als ob mit der Beseitigung des bestehenden »Risikos« nicht vor dem Sankt-Nimmerleins-Tag zu rechnen ist.

Entspannt teilt die Berliner »Senatsverwaltung für Justiz, Vielfalt und Antidiskriminierung« mit, »dass der Maßregelvollzug in Berlin von der Senatsverwaltung für Gesundheit, Wissenschaft, Pflege und Gleichstellung verantwortet wird«. Gleichwohl spricht die Senatorin Lena Kreck (Die Linke) von einem »strukturellen Problem, das wir haben«.

Und die Sprecherin der Generalstaatsanwaltschaft in Berlin erklärt gegenüber *Focus*, dass die Präsidenten vom Landgericht Berlin und Kammergericht Berlin sich »wegen dieser grundlegenden Defizite an die Senatsverwaltung für Justiz, Vielfalt und Antidiskriminierung« mit der Bitte gewandt hätten, »die für das Krankenhaus des Maßregelvollzugs zuständige Senatsverwaltung für Gesundheit, Pflege und Gleichstellung um Abhilfe zu ersuchen«. Doch Abhilfe erfolgte nicht. Die Kapazitäten im Krankenhaus reichten nicht aus.

Einen Monat nach seiner Haftentlassung steht Muhamed Remo am 2. März 2023 um zehn Uhr an der Pforte zum »Haftkrankenhaus des Maßregelvollzugs« in Berlin-Buch und bittet um Aufnahme. Dort wird ihm gesagt, so einfach sei das nicht möglich. Er möge in zwei Stunden wiederkommen. Das tut er – dann endlich, um zwölf Uhr mittags, hat er seinen Platz im Berliner Maßregelvollzug.

Die Vollstreckungsgeschichte des Geldtransporträubers zeigt in erschreckender Weise, wie sehr die Berliner Senatsverwaltung mit der realen Situation durch Remmo & Co. überfordert ist. Ihre Erklärungen sind Armutsselbstzeugnisse. Es geht nicht um eine Panne. Sondern um ein systemisches Versagen Berlins bei der Bekämpfung der Clankriminalität.

KAPITEL 15

DIE JUSTIZ UND DIE REMMOS

Wie die anderen Mhallami-Kurden akzeptieren die Remmos den Rechtsstaat nicht. Sie leben nach ihren eigenen Gesetzen in ihrer Parallelgesellschaft. Der bürgerlichen Gesellschaft stehen sie mit großer Ablehnung gegenüber. Aber sie betrachten sie als Beute.

Das zentrale Instrument, um sich in diesem Spannungsverhältnis strafrechtlicher Verfolgung zu entziehen, ist die »Mauer des Schweigens«. Es geht um einen generellen Selbstschutz des Clans. Diese Mauer hat viele Facetten: Beschuldigte und Zeugen sagen nichts gegenüber staatlichen Stellen, Zeugen werden eingeschüchtert, widerrufen ihre Aussagen, mitunter werden auch Ermittler eingeschüchtert.

Für die Mitglieder des Clans, egal ob als Beschuldigte oder Zeugen, gilt das »Gesetz des Schweigens«, das eiserne Gebot, keine Angaben zu justizrelevanten Sachverhalten gegenüber Dritten zu machen. Nicht gegenüber Polizeibeamten, Staatsanwälten und Richtern, nicht gegenüber Bekannten und Mithäftlingen, nicht gegenüber Journalisten. So sagten beispielsweise die sechs Angeklagten im Grüne-Gewölbe-Ermittlungsverfahren, die monatelang in Untersuchungshaft saßen, nichts zu Sache. Überhaupt nichts. Mittlerweile haben Clanmitglieder eine bemerkenswerte Routine im Nichtssagen entwickelt. Gegenüber der Justiz geben sich die Clanmitglieder am liebsten unschuldig.

Unterstützt und beraten werden sie dabei von erfahrenen Strafverteidigern. Oftmals aus der Premiumklasse. In Gerichtsverfahren tragen die in geschliffenen Worten und mit wohlsortierten Argumenten vor, warum ihr Mandant unschuldig ist oder nur deshalb auf der Anklagebank gelandet ist, weil er bedauernswerterweise den Nachnamen Remmo trägt. Und ebenso ein Standardargument ist die angebliche üble Vorverurteilung durch die Medien.

Sofern Angeklagte ausnahmsweise etwas sagen, wiegeln sie ab oder kommen mit der Wahrheit erst dann und auch nur scheibchenweise heraus, wenn ihnen angesichts der Beweislage nichts anderes übrig bleibt. Wie im Grüne-Gewölbe-Prozess.

Mitunter tragen sie auch, um ihre Unschuld »auszumalen«, erfundene und wie bei *Tausendundeiner Nacht* detailliert ausgeschmückte Erzählungen vor. Beispielsweise der angeklagte *Taymur* Rammo nach dem Schließfach-Sparkasseneinbruch in Berlin-Mariendorf – mit einer Beute von zehn Millionen Euro. Mit der Tat, sagte der Angeklagte den Richtern, habe er nichts zu tun. Sein Blut sei auf dem Kopfsteinpflaster vor der Sparkasse nur deswegen gefunden worden, weil er sich dort mit einem Bekannten verabredet hätte – es war Sonntagmorgen, Viertel vor sieben. Und dort hätte ihn von hinten ein Fenster am Hinterkopf getroffen, das gerade aus dem Haus herausgeflogen kam; aufgrund einer Explosion, ausgelöst von den Einbrechern. Die Strafkammer glaubte ihm nicht, weil die Spurenlage seinen Angaben widersprach.

Natürlich haben Beschuldigte wie Angeklagte das Recht zu schweigen. Auch ist von ihnen eine falsche »Aussage« grundsätzlich nicht strafbar. Anders ist das bei Zeugen. Zeugenpflicht ist Bürgerpflicht: Die falsche Aussage vor Gericht ist strafbar.

Zeugen aus dem Clanmilieu wissen, dass es am einfachsten für sie ist zu erklären, sie hätten nichts gesehen oder gehört – oder alles schon wieder vergessen. Derartige Erklärungen auf dem Zeugenstuhl – »Habe nichts gesehen«, »Ich kann mich nicht erinnern« – sind üblich in Clanprozessen, oftmals überheblich grinsend von dem Zeugen erklärt. Grundtenor: Ihr könnt mich alle mal gernhaben …

Zum Beispiel im Grüne-Gewölbe-Prozess. Von dem Cousin des Angeklagten Bashir Remmo wollte die Strafkammer im März 2023 wissen, ob die beiden an einem bestimmten Tag – eine Woche vor dem Einbruch im Grünen Gewölbe – über das Thema Einbruch telefoniert hätten. Der Vorsitzende nennt eine bestimmte Rufnummer und fragt den Zeugen, ob diese seinerzeit seine gewesen sei. »Weiß nicht«, antwortet der Sechsundzwanzigjährige ostentativ lustlos. Seine Rufnummer hätte sich geändert. Seine damalige wisse er nicht mehr. Der Vorsitzende hakt nach. »Fragen Sie mich nach vor einer Woche«, unterbricht ihn der Zeuge nassforsch, »an 2019 kann ich mich nicht erinnern.« Und das Thema Einbruch – wurde damals darüber vor der Tat gesprochen? »Auch daran kann ich mich nicht erinnern.« Der Mann kann gehen. Von der Strafprozessordnung vorgesehene Zwangsmittel für unbotmäßige Zeugen, wie etwa Beugehaft, beeindrucken niemanden, der auf den Straßen Neuköllns aufgewachsen ist. Im Gegenteil – dort lautet die Devise: »Knast macht Männer.«

Und ist die Aussage gegenüber Ermittlern bereits erfolgt, gibt es mehrere Möglichkeiten, sie aus der Welt zu schaffen. Beispielsweise über das Auskunftsverweigerungsrecht (§ 55 Strafprozessordnung), das dem Zeugen das Recht gibt, die Auskunft auf solche Fragen zu verweigern, deren Beantwortung ihm die Gefahr zuziehen würde, wegen einer Straftat verfolgt zu werden. »Da ein Opfer seine erste, in der Regel belastende Aussage nicht einfach zurücknehmen kann«, schreibt der Jurist Joachim Wagner in seinem Werk *Richter ohne Gesetz – Islamische Paralleljustiz gefährdet unseren Rechtsstaat*, raten Anwälte den Zeugen, eine Aussage in der Hauptverhandlung mit der Begründung zu verweigern, dass sie sich dabei selbst belasten würden, wegen der ersten, nun angeblich falschen Aussage. Mit dieser Strategie schlagen die Verteidiger zwei Fliegen mit einer Klappe: Das Opfer braucht in der Hauptverhandlung nicht mehr wahrheitsgemäß auszusagen und erweckt zugleich den Eindruck, dass die erste Aussage falsch war.« So wird Schindluder getrieben mit dem aus guten Gründen existierenden Auskunftsverweigerungsrecht im Strafverfahren.

Andere Variante: Der Zeuge, den Clanmitglieder zwingen, seine Aussage zurückzuziehen, nimmt alles auf seine Kappe. Macht sich zum Tölpel. So hatte während des Goldmünzenprozesses die Freundin des Angeklagten Ahmed Remmo, nachdem sich die beiden an einem Sonnabend in die Haare bekommen hatten, bei Polizei und Ermittlungsrichterin »ausgepackt«: Sie bezichtigte Ahmed, eine der drei Personen gewesen zu sein, die auf dem S-Bahnhof Hackescher Markt am Tattag und einige Tage zuvor ins Gleisbett gestiegen seien. Sie gab zu Protokoll, dass er sich mit ihr zusammen mehrfach auf YouTube die Aufnahmen von dem Trio auf dem Bahnsteig angeschaut habe, sie gemeinsam darüber gefeixt hätten und er gesagt hätte, es sei schön, »jetzt schon Millionär zu sein«.

Vier Tage später »widerrief« die Frau ihre Angaben und erklärte, sie hätte sich alles ausgedacht, ebenso, dass der Mann sie geschlagen hätte, weil sie ihm »eins auswischen« wollte. Ihre Zeugenaussage bei der Polizei widerrief sie – in der Ausbildung zum »Make-up-Artist« – per SMS.

Strategisches Ziel der Clanakteure ist, das Strafverfahren zu sabotieren, ihm die Beweismittel zu entziehen. Dazu zählt auch, dass sächliche Beweismittel verschwinden oder unbrauchbar gemacht werden. So wurde aus dem Flucht-Mercedes des Grüne-Gewölbe-Kommandos auf einem Sicherstellungsgelände der Polizei in Berlin-Biesdorf eine Woche nach der Sicherstellung das Navi geklaut und der Wagen in Brand gesteckt. Ähnliches geschah bei einem nach dem Goldmünzendiebstahl von der Polizei beschlagnahmten Audi A6. In ihm entleerten – auf dem Polizeisicherstellungsgelände in Berlin-Schöneberg – Unbekannte den kompletten Inhalt eines Pulverlöschers.

Diese Mauer des Schweigens führt auch dazu, dass es – ansonsten ein übliches strategisches Vorgehen von Staatsanwälten und Richtern – bei Remmo-Strafprozessen nicht gelingt, einen Angeklagten aus der Angeklagtenriege »herauszubrechen«, dadurch, dass ein deutlicher Strafrabatt für ein umfassendes – auch Mittäter belastendes – Geständnis geboten wird. Das Schweigen der Remmos ist eisern. Der Clan ist die Zukunft eines jeden Mitglieds. Die verliert es sofort bei einem »Verrat« an die verhasste bürgerliche Justiz. Und deshalb beißt sich ein Remmo eher die Zunge ab, als dass er etwas über seine Komplizen verrät. So sind Spurenvermeidung, Spurenbeseitigung, ausgebuffte Anwälte und eisernes Schweigen die Gründe, warum es die Strafverfolger so schwer mit den Remmos haben.

KAPITEL 16

WARUM WAR DER EINBRUCH DER REMMOS IM GRÜNEN GEWÖLBE MÖGLICH?

Planungsmängel, Pannen, Penner und Pech: Scheibchenweise offenbart der »Grüne-Gewölbe-Strafprozess«, dass der Jahrhundertdiebstahl nur wegen eklatanter Sicherheitsmängel möglich war. Der Befund wird mit jedem Prozesstag erschreckender: Den Remmos wurde es denkbar leicht gemacht.

Keine vier Minuten nachdem die beiden Einbrecher damit begonnen hatten, die Glasvitrine im Historischen Grünen Gewölbe im Dresdner Residenzschloss mit Äxten aufzuhacken, scheppert die Beute in dem Audi S6 Avant auf der Augustusbrücke über die Elbe: Mit Tempo 50 jagt er über den Fuß- und Radweg neben der Baustelle. Ein Blitzeinbruch. Wohl niemand hielt ihn für möglich. Außer den Remmos.

In Sachen Sicherheit des Grünen Gewölbes gaben sich die Vertreter der Staatlichen Kunstsammlungen Dresden stets davon überzeugt, dass sie gewährleistet sei. Grüne-Gewölbe-Direktor Dirk Syndram erklärte bei Wiedereröffnung der Schatzkammer 2006, er wolle die »Tradition« fortführen, »kaum Verluste durch Diebstahl« zu haben. In der Tat, diese Verluste waren gering: 1623 stahl der Schlossergeselle Wolf Stübich aus der Kunstkammer vierzig kleinformatige Teile – den Hauptschlüssel hatte ihm sein Chef, der Dresdner Hofschlosser, anvertraut. Stübich wurde verurteilt, an einem eisernen Galgen »zum Tode gebracht« zu werden. Den Galgen musste sein Chef auf eigene Kosten anfertigen lassen: weil er »gegen seine Pflicht dem Gesellen den Hauptschlüssel leichtsinnigerweise anvertraut hatte«. Am 13. Januar 1624 wurde der Schlossergeselle in Dresden gehängt.

Und der erste Inspektor des Grünen Gewölbes, Peter Ludwig Heinrich von Block, unterschlug ab 1814 Gegenstände aus dem Grünen Gewölbe und tauschte große und wertvolle Juwelen gegen kleine und minderwertige aus. Dafür wurde er zu vier Jahren Zuchthaus verurteilt. Der Besitz des manischen Sammlers wurde konfisziert. So auch seine einzigartige Schuhsammlung – mit den Zeremonialschuhen von Papst Pius VI., Stiefeln berühmter Feldherren und Pantoffeln aus aller Herren Länder. »Was mich verblendete, Verbrecher zu werden, war nicht Eigennutz«, erklärte er später seine Unterschlagungen im Grünen Gewölbe, »sondern ein reges Streben für Wissenschaft und Kunst bewog mich, die Sammlung mir nach und nach anzuschaffen, zu deren Erwerb ich in meinem Vermögen keine Hilfsquellen fand, und so griff ich nach mir anvertrauten Gütern.« Ein Glück für seine Nachwelt. So weist Marius Winzeler, Direktor des Grünen Gewölbes seit 2021, darauf hin, dass sich »bis heute seine einzigartige Schuhsammlung in der Dresdner Rüstkammer« befindet.

Wieder zurück ins einundzwanzigste Jahrhundert: Syndrams damaliger Chef, Martin Roth, Generaldirektor der Staatlichen Kunstsammlungen, sagte, das Grüne Gewölbe sei »gesichert wie Fort Knox«. Nur eben seien die Alarmsysteme »unsichtbar«. Und dessen Nachnachfolgerin Marion Ackermann, seit 2016 Generaldirektorin in Dresden, schrieb im *Ratgeber für Diebstahlschutz im Museum* des Deutschen Museumsbundes – erschienen im Februar 2021, rund ein Jahr nach dem Grüne-Gewölbe-Einbruch und rund ein Jahr vor Prozessbeginn: »Sicherheitssysteme in den Museen müssen permanent aktualisiert werden.«

Keines dieser Postulate überlebte den Praxistest in den frühen Morgenstunden des 25. November 2019. Schlagartig war alles anders. Immens die Fallhöhe. Der Fünf-Minuten-Blitzeinbruch sorgte dafür, dass das Bild eines praktisch unmöglichen Einbruchs im Grünen Gewölbe zerkrümelte wie eine Scheibe Dresdner Weihnachtsstollen im Hochsommer. Zutage förderten dies die Geständnisse und Zeugenaussagen in dem Grüne-Gewölbe-Prozess. Quintessenz: Die dreisten Täter hatten ein leichtes Spiel. Die Staatlichen Kunstsammlungen waren nicht gewappnet für einen derartigen Bruch. Und davon abgesehen lief eine Menge schief in Sachen Sicherheit.

Das alles vor dem Hintergrund, dass bei Museumsdiebstählen ein neuer Tätertyp unterwegs ist. Nicht mehr ein Klettermaxe, der sich die Fassade emporhangelt und mit einer Brechstange ein Fenster aufhebelt, sondern Hightechgangster: Ausgestattet mit hohem kriminellem Know-how und ebenso hoher krimineller Energie. Organisiert-Kriminelle. Clanmitglieder. Bezeichnend für ihr Vorgehen sind akribische und langfristige Vorbereitungen, kriminelle Routine, gepaart mit handwerklichem Geschick, Skrupellosigkeit, Schnelligkeit, Brutalität und Chuzpe.

Fazit aus alledem, was im Grüne-Gewölbe-Strafprozess bekannt wurde: Es gab einen Kardinalfehler und sieben gravierende Fehler.

Der Kardinalfehler war, dass die Verantwortlichen einen »Angriff von außen« nicht ernsthaft ins Kalkül gezogen hatten. Gerichtet war ihr Augenmerk auf einen »Angriff von innen«: Vor ihrem geistigen Auge hatten sie einen Besucher, der, nachdem er sich brav ein Ticket gekauft hat, in die Pretiosen greift und zu türmen versucht.

Vor diesem Hintergrund berichtete über seine Überraschung am Tatmorgen Grüne-Gewölbe-Direktor Dirk Syndram im Gerichtssaal:

»Als mich die Wache anrief und über den Einbruch informierte, dachte ich: Wie sind die durch die Tür gekommen?« Auf eine andere Idee sei er in diesem Augenblick nicht gekommen – und deshalb auch nicht darauf, dass die Täter durch ein Fenster eingestiegen sein könnten.

Hinzu trat seine Annahme, dass es praktisch keinen Markt für die zwei-, dreihundert Jahre alten raren Pretiosen gebe. »Ich persönlich habe immer gesagt«, erläutert der promovierte Kunsthistoriker seine Sicht der Dinge, »wer vernünftig ist, der kommt nicht auf die Idee, etwas aus dem Grünen Gewölbe zu klauen.« So gesehen handelten die Täter »unvernünftig«. Deshalb hatten sie Erfolg. Aber Dirk Syndram sagt auch: »Ich bin Kunsthistoriker, kein Experte für Sicherheit.«

Auch hätte niemand »mit einem nächtlichen Einbruch gerechnet«, sagte SKD-Sicherheitschef Michael John im Zeugenstand. Diese Annahme ist die grundlegende Erklärung dafür, warum das Unvorstellbare gelingen konnte – gegen Unvorstellbares wappnet man sich kaum. Motto bei Gesprächen zum Thema Sicherheit sei gewesen, sagt ein SKD-Mitarbeiter: »Ein Gitter, das den Zweiten Weltkrieg überlebt hat, wird uns heute auch noch schützen.«

Verblüffend ist die Grundannahme des SKD-Sicherheitschefs, weil zweieinhalb Jahre vor dem Einbruch in Dresden auf ganz ähnliche Weise die Goldmünze aus dem Berliner Bode-Museum gestohlen worden war: Auch dort kamen die Täter in der Nacht, um 3:20 Uhr, durch ein Fenster (im zweiten Obergeschoss) – ebenfalls, nachdem sie Tage zuvor den Schutz vor dem Fenster geknackt hatten: die Bolzen der »Sicherheitsscheibe«. Auch dort zerschlugen sie das Vitrinenglas mit Äxten und verschwanden mit ihrer Beute durch das Einstiegsfenster. Der Bode-Museum-Diebstahl ist die Blaupause für den Einbruch ins Grüne Gewölbe. In Dresden wurden aus ihm keine erkennbaren Konsequenzen gezogen. Das ist ein Teil des Debakels.

Sieben gravierende Fehler traten zu dem Kardinalfehler hinzu:

Erstens bekamen die Wachleute im Schloss von den offensichtlichen Ausspähungen der Täter unerklärlicherweise nichts mit – obwohl sie auf den Monitoren in der Sicherheitszentrale unübersehbar waren. Verblüffung, als im Gerichtssaal die Videoaufnahmen vorgeführt wurden: Sekundengenau ist dokumentiert, wie die Täter in der Woche vor der Tat gleich viermal ihren Bruch in aller Seelenruhe auskundschafteten, aufgenommen von vier Überwachungskameras, die auf die Westfassade des Residenzschlosses gerichtet sind. Zu sehen sind vier »Überstiege«: Finstere Gestalten – mal sind es vier, mal zwei –, die Bildqualität ist lausig, klettern über eine 2,23 Meter hohe Mauer in den Bärengarten, den »Vorgarten« des Grünen Gewölbes. Zwischen acht und vierzig Minuten später sieht man, wie sie auf die Sophienstraße zurückgeklettert sind. Sichergestellt wurden diese Aufnahmen nach der Tat von Kriminalbeamten auf den Festplatten der Überwachungsanlage.

Ungeklärt blieb in dem Verfahren, warum die Sicherheitsleute nicht reagierten. Sie verweigerten die Aussage. Gepennt? Woanders hingeschaut? Die Ermittlungen gegen sie hat die Staatsanwaltschaft eingestellt – drei Jahre nach der Tat. Mangels hinreichenden Tatverdachts.

Zweitens hat der »Außenschutz« des Grünen Gewölbes nicht funktioniert. Zur Tatzeit hing zwanzig Meter über dem Einstiegsfenster ein Scanner: Er legte einen unsichtbaren elektronischen Vorhang über die Fassade. Das Prinzip: Kommt ihm jemand zu nahe, löst er Alarm in der Sicherheitszentrale aus. Aber das funktionierte in der Tatnacht nicht, weil der Scanner elf Stunden vor dem Einbruch, um 18:19 Uhr, Alarm gemeldet hatte und anschließend nicht wieder scharf geschaltet worden war. So konnte das elektronische Auge nichts sehen – und das System nicht anspringen. Warum wurde der Scanner nicht wieder aktiviert? Abermals: Keine Antwort von den Nichtakteuren. Auch nicht gegenüber ihrem Vorgesetzten, wie der berichtete.

Und dann auch noch das »Loch« im unsichtbaren elektronischen Vorhang – und zwar exakt dort, wo die Täter das Dreieck aus dem Gitter herausgeschnitten hatten: Dieser »tote Winkel«, ungefähr ein

Drittel der Gitterfläche vor dem Einstiegsfenster, resultiert aus einem Mauervorsprung über dem Fenster. An ihm kommt ein Teil des Scanner-Lichtstrahls von oben nicht vorbei. »Wer ein bisschen Verständnis von Geometrie hat, konnte das sehen«, erklärte ein Wartungstechniker im Grüne-Gewölbe-Prozess. Diese Sicherheitslücke war sogar aktenkundig, berichteten Zeugen – seit über einem Jahrzehnt. Aber niemand sorgte dafür, dass sie geschlossen wurde. Etwa durch eine Lichtschranke, wie andernorts im Schloss. Und genau diesen »toten Winkel« des Fassadenscanners durch den Mauervorsprung entdeckt auch Wissam Remmo bei seinen Ausspähungen 2019, wie er vor Gericht berichtet. So wird dieses Fenster zum Einstiegsfenster der Remmos.

Drittens gab es kein »Alarmlicht«, das bei einer elektronischen Einbruchsmeldung automatisch alle Lampen im Gebäude angehen lässt. Andere Museen haben es. Im Grünen Gewölbe sollte in einem solchen Fall das Licht per Hand angeknipst werden. So die Dienstanweisung. Echt archaisch. Aber das tat der Sicherheitsmitarbeiter in der SKD-Zentrale nicht, wie sein Chef vor der großen Strafkammer im Hochsicherheitstrakt einräumte.

Die Folge sind Videoaufzeichnungen in blamabel-lausiger Qualität. Schemenhaft ist zu sehen, wie zwei dunkle Gestalten mit Äxten Vitrinenglas zerhauen. Noch am Tatabend stellen die Ermittler eine 31-Sekunden-Sequenz ins Netz. Wegen der schlechten Bildqualität hagelt es ätzende Kommentare. Für eine Fahndung sind die Aufzeichnungen ebenso unbrauchbar wie für eine Identifikation eines der Angeklagten im Gerichtssaal. Seit Jahrzehnten gibt es Kameras, die bessere Bilder liefern.

Viertens wurde das Gitter vor dem Einstiegsfenster fälschlicherweise für praktisch unbezwingbar gehalten. Bezwingen könne man es nur, gab ein Sicherheitsingenieur seine Überlegungen bei der Planung wieder, wenn man es »aufschneidet oder rausreißt«. Dazu brauche man Strom. Entweder per Kabel aus dem Schloss oder von einem

Lkw mit Generator. Beides falle auf – und scheide deshalb als zu vernachlässigende Wahrscheinlichkeit aus.

Ein Irrtum, wie der Einbruch beweist. Die Täter knipsten das Gitter mit einem hydraulischen Akkuschneidegerät durch – ein »Rettungswerkzeug«, entwickelt für Feuerwehr und Technisches Hilfswerk, um Unfallopfer schnell befreien zu können. »Jedes Hindernis schnell überwinden«, wirbt der Hersteller und erklärt: »Der Markt war beeindruckt von der Schneidleistung dieses Rettungsgerätes!« Es ist keinen Meter lang, wiegt 25 Kilo und schneidet mit einer Druckkraft von über 100 Tonnen via Knopfdruck auf einem Dashboard. So war die These des Sicherheitsstrategen fatal – ohne 220-Volt-Kabel keine Einbruchsgefahr. Sie hinkte dem Täter-Know-how weit hinterher. Ebenso zeigt diese irrige Grundannahme, dass, anders als von der SKD-Chefin postuliert, das Sicherheitssystem tatsächlich nicht »permanent aktualisiert« worden war.

Das Gitter geknackt hatten die Einbrecher bereits sechs Nächte vor dem Einbruch – und anschließend die durchtrennten Streben mit Malerkreppband umwickelt und mit Farbe übersprüht. Die Farbe passte nicht – es war dilettantisch gemacht. Dafür schämten sich die Remmos. Aber nichts fiel den Mitarbeitern der Staatlichen Kunstsammlungen auf.

Anders wäre es gewesen, wenn es – fünfter Punkt – Außenkontrollen gegeben hätte. Heute gibt es sie. Aber die Geschichte aus dem November 2019 ist fast so etwas wie ein Treppenwitz aus dem Residenzschloss. Nachdem die Remmos bemerkt hatten, dass die Achillesferse ihrer Vorbereitungen das schlampige Kaschieren der durchtrennten Streben des gusseisernen Fenstergitters war, blickten sie sich in den nächsten Tagen und Nächten x-mal ängstlich am Schlosszaun um, ob jemand etwas von ihrer Schlamperei mitbekommen hatte. Aber niemandem war etwas aufgefallen. Das Glück der Remmos.

Sechstens fanden keine praktischen Alarmübungen statt, wie Zeugen berichteten. So kam auch erst nach dem Einbruch heraus, bei zwei Rekonstruktionen von Kripobeamten, dass der Scanner auch anderswo an der Fassade nicht funktionierte. Für derartige Museen empfehlen Sicherheitsexperten ein oder zwei Alarmübungen pro Jahr. Aber die kosten natürlich. Zusätzliches Geld für die Museen. Das hätten die Staatlichen Kunstsammlungen nicht für ihren Sicherheitsdienstleister DWSI eingeplant gehabt, sagt deren Prokurist.

Und siebtens förderte der Strafprozess zutage, dass es weder ein umfassendes Sicherheitskonzept noch einen »Gesamtverantwortlichen« für die Sicherheit im Grünen Gewölbe gab. So antwortete Michael John – Leiter der SKD-Abteilung für »Bau, Technik, Sicherheit« – auf die Frage des Vorsitzenden Richters, wer »für die sicherheitsrelevanten Fragen« im Grünen Gewölbe zuständig sei, dass dies »eine schwierige Frage« sei. Und sodann zählte er ein halbes Dutzend sächsischer Institutionen auf. Kurzum: Es gebe nicht die »eine Person«, die für die Sicherheit zuständig sei.

John berichtet, dass bereits vor der Eröffnung des Historischen Grünen Gewölbes, 2002 und 2005, bei Sitzungen von den Staatlichen Kunstsammlungen und vom Staatsbetrieb Sächsisches Immobilien- und Baumanagement (SIB) festgestellt worden sei, dass wegen »Gebäude-Unregelmäßigkeiten nicht alle Fassadenteile durch den Scanner erfasst werden könnten«. Deshalb hätte man 2005 festgelegt, diese Flächen auf andere Weise abzusichern. Darüber gebe es ein Protokoll.

»Ich habe mich darauf verlassen, dass das SIB das genauso umsetzt, wie das in der Notiz festgelegt wurde«, sagt John. »Wenn ich gewusst hätte, dass das nicht passiert ist, dass es an dem Fenster eine Lücke gibt, hätte ich sofort gehandelt.« Plausibel ist das nicht: Ein Sicherheitschef hat bei zentralen Sicherheitsfragen wie einer Lücke im Alarmsystem darauf zu achten, dass sie geschlossen ist – und nicht den Hinweis abzuwarten, dass etwas nicht funktioniert.

Zudem zeigte der Sicherheitschef vor Gericht im Grüne-Gewölbe-Prozess seine Unwissenheit bei zentralen Fragen. Nicht zu beantworten vermochte er, von welcher Höhe der Außenfassade an die Scannerüberwachung einsetzte. Ein zentraler Aspekt in Sachen Sicherheit Grünes Gewölbe, weil ja vor dem Einstiegsfenster Besucher durch den Bärengarten gehen konnten. Auch bei der Frage, warum im Historischen Grünen Gewölbe kein automatisches Alarmlicht eingebaut war, eiert er herum. »Ich kann Ihnen die Frage nicht beantworten, nicht sagen, warum diese Option nicht realisiert wurde«, erklärt er – »technisch wäre es möglich gewesen.« Und so entsteht für viele Prozessbeobachter der Eindruck, dass nicht der Sicherheitschef Garant für die Sicherheit bei den Staatlichen Kunstsammlungen ist, sondern dessen verbale Qualligkeit ihr zentrales Problem.

Was es regelmäßig gab, waren – so berichteten Zeugen – unzählige Besprechungen, Konzepte, Dienstanweisungen und Ergänzungen. Plus etliche Abstimmungen zwischen den Staatlichen Kunstsammlungen, dem Staatsbetrieb Sächsisches Immobilien- und Baumanagement, dem Landeskriminalamt, dem Amt für Denkmalpflege, dem Sicherheitsunternehmen und einem Planungsingenieur. Aber all das vermochte das Debakel nicht zu verhindern – vielmehr dürfte all das die Ursache dafür gewesen sein. Und das ist zugleich der Grund, warum die Einbrecher ein so leichtes Spiel hatten. Organisierte Unverantwortlichkeit.

Bode-Museum, Grünes Gewölbe, Kelten-Römer-Museum in Manching: Dort, im oberbayerischen Landkreis Pfaffenhofen, stahlen drei Jahre nach dem Einbruch ins Grüne Gewölbe deutsche Berufskriminelle »ohne Migrationshintergrund« einen »keltischen Goldfund« im Wert von 1,6 Millionen Euro. Zuvor hatten sie Glasfaserkabel in der näheren Umgebung des Museums gekappt – und dadurch 13 000 Telekommunikationsnutzer vom Netz abgehängt.

Die ebenso brachialen wie ausgeklügelten Methoden der Remmos und anderer Museumseinbrecher haben die Strategen für museale Sicherheit alarmiert. In Anbetracht des Vorgehens eines neuen Tätertyps wurden in vielen Ausstellungshäusern Defizite entdeckt. Offen darüber sprechen will niemand, weil niemand Einbrecher auf eine Idee bringen möchte. Bei fast allen Museen ist der Sicherheitsbedarf deutlich gestiegen. Ihn erfasst keine Statistik. »Bei größeren Museen liegen die Ausgaben für die Sicherheit mittlerweile im niedrigen zweistelligen Prozentbereich des Gesamtbudgets«, sagt Remigiusz Plath vom Arbeitskreis Gebäudemanagement und Sicherheit im Deutschen Museumsbund, »in der Regel zwischen zehn und zwanzig Prozent: Tendenz steigend.«

Bei den Staatlichen Kunstsammlungen Dresden ist Michael John für die Sicherheit nicht mehr zuständig. Die SKD haben den Bewachungsauftrag neu ausgeschrieben und das Sicherheitsunternehmen auf Zahlung von 15 Millionen Euro verklagt. Und die Hoffnung, dass die drei noch fehlenden Exponate doch noch ins Grüne Gewölbe zurückkehren, ist nach alledem bei den Staatlichen Kunstsammlungen gering. Nicht ausgeschlossen erscheint den Experten, dass die drei Exponate nicht mehr existieren, weil Teile von ihnen stückweise durch das Herausbrechen von Brillanten oder heruntergeschliffen »zu Markte getragen« wurden. Im Grünen Gewölbe wurde nachgerüstet: »baulich, technisch und organisatorisch-personell«. Über sechs Millionen Euro wurden investiert – für Scanner und Kameras, Fenster mit Panzerglas und einiges mehr. So wäre nun »ein Einbruch in dieser Art nicht mehr möglich«, sagt Sachsens Kulturministerin Barbara Klepsch. Sicher ist jedenfalls: Den Vergleich mit Fort Knox traut sich heute niemand mehr.

QUELLEN

Quellen für dieses Werk waren in erster Linie die Aussagen von über einhundert Zeugen, fast einem Dutzend Sachverständigen und die »Geständnisse« von fünf der sechs Angeklagten im Grüne-Gewölbe-Strafprozess vom 28. Januar 2022 bis 16. Mai 2023 vor der 2. großen Strafkammer des Landgerichts Dresden. In einzelnen Fällen folgten Gespräche mit den Zeugen. Hinzu kamen Gespräche mit Strafverfolgern, Strafverteidigern und Mitarbeitern der Staatlichen Kunstsammlungen Dresden. Ebenso als Quellen dienten unveröffentlichte Gerichtsentscheidungen sowie insbesondere die Publikationen:

Barthe, Christoph/Gericke, Jan (Hrsg.): *Karlsruher Kommentar zur Strafprozessordnung*, 9. Auflage, 2023

Buschkowsky, Heinz: *Neukölln ist überall*, 2012

Delau, Reinhard: *August der Starke – Kurfürst, König, Kavalier*, 2013

Dresdner Hefte: *Rückkehr der Kunst – Dresden 1956/1958*, 2006

Erbstein, Julius: *Das Königliche Grüne Gewölbe zu Dresden – Eine Auswahl der wichtigsten Nummern*, 1892

Finger, Birgit: »Kunstraub mit Folgen – Die Kriegsbeute der Sieger«, *Sächsische Heimatblätter* 2/2019, S. 177

Generaldirektion der Königlichen Sammlungen: *Führer durch die Königlichen Sammlungen zu Dresden*, 1889

Ghadban, Ralph: *Arabische Clans – Die unterschätzte Gefahr*, 2020

Ders.: *Die Libanon-Flüchtlinge*, 2. Auflage, 2008

Ders.: *Islam und Islamkritik*, 2011

Gretzschel, Matthias: *Als Dresden im Feuersturm versank*, 2004

Großmann, Karin: »Der Schock von Dresden, so sehr erregt«, *Sächsische Zeitung*, 30. November 2019

Heise, Thomas/Meyer-Heuer, Claas: »Das Grundgesetz interessiert uns nicht«, *Spiegel TV*, 6. Oktober 2020

Dies.: »Die Macht der Clans«, *Spiegel TV*, 5. Oktober 2020

Dies.: »Der Rammo-Clan« (1), »Der Jahrhundertcoup« (2), »Issa« (3), »Bruder Nr. 7« (4), »Ein Toter und das KaDeWe«, *Spiegel TV*, 6. Juni 2023

Dies.: »Der Rammo-Clan: Eine kriminelle Dynastie«, *Spiegel TV*, 6. Juni 2023

Dies.: *Die Macht der Clans: Arabische Großfamilien und ihre kriminellen Imperien*, 2022

Helfrich, Jürgen: »Sachsens Prinzessin warnt die Juwelen-Diebe: ›Geben Sie die Schätze unverzüglich zurück‹«, *BILD*, 30. November 2019

Hinrichs, Per: »Die Jagd nach den Juwelen«, *Welt am Sonntag*, 30. April 2023

Jungmann, Jens: *Sachsens Glanz & Preußens Gloria*, 2012

Keyssler, Johann Georg: *Neueste Reisen durch Deutschland, Böhmen, Ungarn, die Schweiz, Italien und Lothringen*, 86. Schreiben, S. 1751 ff.

Klempnow, Ina/Römer-Menschel, Heike: »Aus dem Gerichtssaal: Prozesstagebuch zum Grünen Gewölbe«, 2022 f.

Knispel, Ralph: *Rechtsstaat am Ende – Ein Oberstaatsanwalt schlägt Alarm*, 2022

Landsberg, A. B. von: *Das Grüne Gewölbe in Dresden*, 1844

Locke, Stefan: »Deal und Diebstahl«, *Frankfurter Allgemeine Zeitung*, 12. Mai 2023

Ders.: »Ein Clan vor Gericht«, *Frankfurter Allgemeine Zeitung*, 29. Januar 2022

Mayer, Verena/Rietzschel, Antonie: »Nachts im Museum«, *Süddeutsche Zeitung*, 20. April 2022

Menzhausen, Joachim: *Einführung in das Grüne Gewölbe*, 1989

Meyer-Goßner, Lutz/Schmitt, Bertram: *Strafprozessordnung*, 66. Auflage, 2023

Meyer-Heuer, Claas: »Die Remmos und der Juwelenraub«, *Spiegel TV*, 24. November 2022

Ramm, Wiebke: »Jäger des verlorenen Schatzes«, *Spiegel online*, 24. Mai 2023

Dies.: »Ein einmaliger Diebeszug, zurückgegebene Juwelen – und ein paar milde Strafen«, *Spiegel online*, 17. Mai 2023

Rieckmann, Adina/Römer-Menschel, Heike/Klempnow, Ina: »Der Juwelen-Coup: Einbruch in die Dresdner Schatzkammer«, MDR-Fernsehen, 19. Dezember 2019

Römer-Menschel, Heike/Klempnow, Ina: »Ein Clan vor Gericht – Der Grüne-Gewölbe-Prozess«, MDR-Fernsehen, 9. Juni 2022

Römer-Menschel, Heike/Rieckmann, Adina: »Urteil zum Juwelendiebstahl im Grünen Gewölbe – Der Deal mit den Tätern aus dem Remmo-Clan«, MDR-Fernsehen, 9. Juni 2023

Rohr, Julius Bernhard von: *Einleitung zur Ceremoniel-Wissenschaft der großen Herren*, 1733

Schlottmann, Karin/Schneider, Alexander: »Weil Sie es können«, *Sächsische Zeitung*, 13. Mai 2023

Dies.: »Die Angeklagten schweigen«, *Sächsische Zeitung*, 29. Januar 2022

Schneider, Alexander: »Das Gangstermobil vom Grünen Gewölbe«, *Sächsische Zeitung*, 9. Mai 2023

Spiegel TV: »Clans auf Beutezug: Einbruch ins ›Grüne Gewölbe‹«, 20. Oktober 2021

Ebenda: »Clans auf Beutezug: Der Geldtransporter-Überfall«, 20. Oktober 2021

Ebenda: »Im Zweifel lebt die ganze Familie davon«, 21. Oktober 2021

Sponsel, Jean Louis: *Das Grüne Gewölbe zu Dresden – Eine Auswahl von Meisterwerken der Goldschmiedekunst in vier Bänden*, 1925

Ders.: *Führer durch das Königliche Grüne Gewölbe zu Dresden*, 1915

Staatliche Kunstsammlungen Dresden (Hrsg.): *Rückkehr 1958*, 2018

Stürmer, Michael: »Nichts ist mehr sicher. Sogar der Staatsschatz nicht«, *Die Welt*, 28. Dezember 2019

Syndram, Dirk: *Schatzkunst der Renaissance und des Barocks – Das Grüne Gewölbe zu Dresden*, 2004

Ders.: *Der Traum des Königs – Die Schätze des Grünen Gewölbes*, 2021

Ders.: *Die Juwelen der Könige*, 2006

Ders.: »Die ›polnischen‹ Rubine – Juwelengarnituren als politische Medien unter August dem Starken«, *Sächsische Heimatblätter* 2/2016, S. 116

Ders.: »Die Rückkehr des Grünen Gewölbes – Eine vollendete Vision«, in: Staatliche Kunstsammlungen Dresden (Hrsg.): *Das Grüne Gewölbe im Schloss zu Dresden – Rückkehr eines barocken Gesamtkunstwerks*, 2006

Ders.: *Prunkstücke des Grünen Gewölbes zu Dresden*, 2005

Syndram, Dirk/Kappel, Jutta/Weinhold, Ulrike: *Das Historische Grüne Gewölbe zu Dresden – Die barocke Schatzkammer*, 3. Auflage, 2016

Syndram, Dirk/Ufer, Peter: *Die Rückkehr des Dresdner Schlosses*, 2006

Verkehrsamt der Stadt Dresden: *Dresden – Deutschlands wundervolle Kunststadt*, 1930

Wagner, Joachim: *Richter ohne Gesetz – Islamische Paralleljustiz gefährdet unseren Rechtsstaat*, 2011

Wolff, Karsten: »Das Schweigen des Clans – Das Schicksal der gestohlenen Dresdner Juwelen«, 3sat, 27. November 2021

Ders.: »Museumsdiebe auf Beutezug – Der Dresdner Juwelenraub und seine Folgen«, 3sat, 22. April 2023

ZEITUNGEN, ZEITSCHRIFTEN UND SONSTIGE PUBLIKATIONEN:

Deutsche Presse-Agentur, *Der Spiegel*, *Cicero*, *Frankfurter Allgemeine Zeitung*, *Süddeutsche Zeitung*, *Sächsische Zeitung*, *Dresdner Neueste Nachrichten*, MDR-Sachsenspiegel, Deutschlandfunk, *BILD* Dresden, Medieninformationen der Polizei Sachsen und der Staatsanwaltschaft Dresden, Parlamentarische Anfragen Sächsischer Landtag.

BILDNACHWEIS

OpenStreetmaps; S. 11 Butz Peters; S. 13 picture alliance/dpa | Sebastian Kahnert; S. 18 picture alliance/dpa/dpa-Pool | Sebastian Kahnert; S. 22 picture alliance/dpa/dpa-Pool | Sebastian Kahnert; S. 29 picture alliance/dpa/dpa-Zentralbild | Sebastian Kahnert; S. 40 picture alliance / NurPhoto | Maxym Marusenko; S. 42 picture alliance/dpa/dpa-Zentralbild | Sebastian Kahnert; S. 46 picture alliance/dpa/dpa-Zentralbild | Sebastian Kahnert; S. 52 picture alliance/dpa/dpa-Zentralbild | Sebastian Kahnert; S. 60 picture alliance / imageBROKER | Thomas Robbin; S. 64 picture alliance/dpa/dpa-Zentralbild | Sebastian Kahnert; S. 72 picture alliance/EPA-EFE | FILIP SINGER; S. 119 picture alliance / REUTERS | Hannibal Hanschke; S. 121 picture alliance/dpa/dpa-Zentralbild | Oliver Killig; S. 123 picture alliance/EPA-EFE | CLEMENS BILAN; S. 130 picture-alliance / akg-images | akg-images; S. 131 picture alliance / ZB | Robert Michael; S. 142 picture alliance / Arkivi/akpool GmbH | -; S. 143 picture alliance / Deutsche Fotothek/Richard Peter sen./dpa-Zentralbild/ZB | Deutsche Fotothek; S. 148 picture-alliance/ ZB | Ulrich Hässler; S. 149 picture-alliance/ ZB | Matthias Hiekel; S. 150 picture-alliance/dpa | DB Arnd Wiegmann; S. 151 picture alliance / ASSOCIATED PRESS | MATTHIAS RIETSCHEL; S. 155 Staatliche Kunstsammlungen Dresden; S. 158 picture alliance/AP Photo | Uncredited;

S. 176 picture alliance/dpa/AFP Pool | Jens Schlueter; S. 178 picture alliance / EPA | MATTHIAS RIESCHEL / POOL; S. 200 Butz Peters; S. 205 picture-alliance/ dpa/dpaweb | Oliver Killig; S. 212 picture-alliance/ dpa/dpaweb | Marcus Führer; S. 255 picture alliance / Paul Zinken/dpa | Paul Zinken; S. 261 picture alliance / dpa | Marcel Mettelsiefen; S. 264 Butz Peters; S. 267 picture alliance/dpa | Bernd von Jutrczenka; S. 268 picture alliance/dpa | Bernd von Jutrczenka

ÜBER DEN AUTOR

Dr. jur. Butz Peters, geboren 1958, ist Journalist und Rechtsanwalt. Der Autor mehrerer Beststeller zur Inneren Sicherheit arbeitete als Hörfunk- und Fernsehreporter für ARD und ZDF. Er war Nachfolger von Eduard Zimmermann als Moderator der ZDF-Sendung *Aktenzeichen XY … ungelöst* und Leiter des Ressorts Rechtspolitik beim Norddeutschen Rundfunk. Peters lebt in Dresden und hat den Prozess um den Juwelendiebstahl im Grünen Gewölbe als Prozessberichterstatter verfolgt.

Auch als **E-Book** erhältlich

352 Seiten
20,00 € (D) | 20,60 € (A)
ISBN 978-3-7423-2110-7

Rodriguez-Santos, Asier

Die AMG-Bande

Wie ich als Kopf einer der meistgesuchten Verbrecherbanden mit Überfällen Millionen machte

Es ist der dreisteste Coup der 2010er-Jahre! Zwei Männer verkleiden sich als Kuriere eines Werttransportunternehmens, betreten kaltblütig ein Geschäftsgebäude und entwenden die Weihnachtseinnahmen – in Höhe von 1,8 Millionen Euro. Nur durch einen Zufall bekommt die Polizei die Gangster zu fassen. Nun erzählt Ex-Bandenchef Asier Rodriguez-Santos, wie sie mit einer spektakulären Raubserie in nur zwei Jahren knapp 3 Millionen Euro erbeuteten. Die Gangster nutzten die Strukturen arabischer Clans für ihre Raubzüge und setzten für ihre ausgeklügelten Coups Insiderwissen und akribische Planung ein. Zudem bauten sie auf PS-starke Boliden als Fluchtwagen und fuhren auch privat Luxuskarossen, was ihnen in der Presse ihren Namen einbrachte: die AMG-Bande.

riva